David
el ungido

Tomo 1

David
el ungido

Dr. Kittim Silva

De la serie *Sermones de grandes personajes bíblicos*.

Tomo 1: David el ungido, © 2002 por Kittim Silva y publicado por Editorial Portavoz, filial de Kregel Publications, Grand Rapids, Michigan 49501. Todos los derechos reservados.

EDITORIAL PORTAVOZ
P.O. Box 2607
Grand Rapids, Michigan 49501 USA

Visítenos en: www.portavoz.com

ISBN 978-0-8254-1681-1

4 5 6 7 edición / año 13 12 11

Impreso en los Estados Unidos de América
Printed in the United States of America

CONTENIDO

Dedico este libro al Rdo. Raúl Serrano Mercado, director del **Teen Challege** de Aguadilla, Puerto Rico. Un ministro de estilo, de clase, de protocolo; que bajándose, Dios lo subía siempre en alto. Fue un Jonatán que jamás dejó que su arco volviera atrás. Con Raúl hemos perdido un arma de guerra, hemos perdido una batalla; pero no hemos perdido la guerra. Sin embargo, algo sí sabemos: que fue un "arco de guerra".

1953—1998

PRÓLOGO

En *David el ungido* he buscado retratar a un líder que desde el oscuro cuarto del anonimato como pastor de ovejas va emergiendo hacia la claridad, hasta llegar a ser el rey proclamado por la así llamada "casa de David" y la renombrada "casa de Saúl".

David, que muchos críticos del texto bíblico lo ven como un personaje inventado que encarna el heroísmo nacional en la llamada "saga" israelita, es una figura heroica y temerosa de Dios para los que con devoción aceptan su participación en los hechos históricos de Israel.

También se perfila como un músico excelente. Un adorador de Dios que con su música ministraba al perturbado rey Saúl. Su promoción a comandante del ejército israelita lo sitúa en un plano de éxito y además, hace que las debilidades e inseguridades de un rey como Saúl salgan a relucir.

A pesar de todo el mal fraguado de parte de Saúl, *David el ungido* sabe respetar su investidura como rey, prefiere huir de él a lugares desiertos, y aun rechaza la tentación de sus hombres que le piden que mate a Saúl.

David reconocía, que aunque ungido como rey, no tenía la autoridad para dictar el fin del rey Saúl. Prefirió esperar, no adelantarse al plan de Dios para su vida y malograr el propósito divino.

Jonatán —el propio hijo de Saúl, el primogénito con el derecho al trono—, en reunión privada con el ungido, de manera ceremonial abdica al trono y reconoce a David con el derecho a ser rey.

Una paradoja de mansedumbre y bravura, aceptación y rechazo, fidelidad y traición, victorias y luchas… se destacan en la vida de *David el ungido*. Es también un paradigma de fe, esperanza y amor.

Por otro lado, David —un líder con un corazón conforme a Dios—, es también un líder débil que cede a tentaciones humanas, pero que con arrepentimiento emerge perdonado y restaurado.

David el ungido

David el ungido presenta a un líder que desde joven es consagrado para una posición, pero que no manifiesta la autoridad de la misma hasta que la muerte no le pone fin a la comisión del ya no-ungido rey Saúl.

En cada uno de nosotros hay un David que se debe manifestar con sus fortalezas y fragilidades. Y un Saúl que en algún momento buscará asomarse en nuestra personalidad, el cual debe ser impedido para que no lo haga.

Todos estos sermones escritos fueron expuestos ante la congregación de la *Iglesia Pentecostal de Jesucristo de Queens*, que junto a mi esposa Rosa M., pastoreamos. Le animo a leer este libro, enseñarlo y a ponerlo en práctica en su vida y ministerio. Oro a Dios para que esta cadena homilética de 65 sermones, enriquezca su vida espiritual y le motive en la realización de su ministerio.

Obispo Kittim Silva B.
Queens, Nueva York
12 de mayo de 2002

LA ELECCIÓN DEL UNGIDO

"Envió, pues, por él, y le hizo entrar; y era rubio, hermoso de ojos, y de buen parecer. Entonces Jehová dijo: Levántate y úngelo, porque éste es. Y Samuel tomó el cuerno del aceite, y lo ungió en medio de sus hermanos; y desde aquel día en adelante el Espíritu de Jehová vino sobre David. Se levantó luego Samuel, y se volvió a Ramá" (1 S. 16:12-13).

Introducción

Jehová habló a Samuel su profeta y lo hizo con pregunta y respuesta (1 S. 16:1 cp. 16:2). La voluntad de Dios para con los creyentes muchas veces es pregunta y es respuesta (Éx. 3:11-12; Hch. 16:30-31).

Con una interrogante Jehová le confirma a Samuel que Saúl ya no era su voluntad para el pueblo. ¿Será usted o seré yo la voluntad de Dios en el ministerio donde estamos? ¿Nos habrá desechado Dios, pero todavía cumplimos con el tiempo de la posición? ¿Estaremos en posición sin ministerio?

La voluntad de Dios fue directa, pero no específica a Samuel: *"Llena tu cuerno de aceite, y ven, te enviaré a Isaí de Belén, porque de sus hijos me he provisto de rey"* (1 S. 16:1).

A Samuel le llegó palabra de revelación en cuanto al lugar y a la familia, pero no al ungido. Dios le manifestó su voluntad progresiva. Entender la voluntad progresiva de Dios exige obediencia, tiempo y paciencia. Se necesita saber esperar en Él.

Ante la interrogante de Samuel y su temor a Saúl: *"¿Cómo iré? Si Saúl lo supiera, me mataría"* Dios le dio por excusa el propósito de que iba a ofrecerle sacrificio a Él y que ya allá invitaría a Isaí (1 S. 16:2-3).

Notemos las palabras de Dios: *"y yo te enseñaré lo que has de*

David el ungido

hacer; y me ungirás al que yo te dijere" (1 S. 16:3). Samuel tenía que aprender lo que era la voluntad de Dios y tenía que hacer la voluntad de Dios. Nadie será el ungido porque quiera serlo o porque lo elijan como ungido; será el ungido porque Dios mismo lo elige y lo separa.

Una persona puede ser electa a una posición religiosa, pero solo Dios puede llamarla a esa posición. Esa es la razón por la cual hoy día tenemos tantos problemas con personas que han sido electas a posiciones sin llamado de Dios.

I. El tiempo de la elección del ungido

En 1 Samuel 16:5 leemos: *"El respondió: Sí, vengo a ofrecer sacrificio a Jehová; santificaos, y venid conmigo al sacrificio. Y santificando él a Isaí y a sus hijos, los llamó al sacrificio".*

Cuando el profeta Samuel llegó a Belén, su presencia causó miedo. La llegada de los profetas era siempre un momento de preocupación, principalmente cuando se trasladaba fuera de su territorio profético. A eso se debe la pregunta de los ancianos de Belén: *"¿Es pacífica tu venida?"* (16:4).

Notemos que Samuel santificó a Isaí y a sus hijos y los convocó al sacrificio (16:5). Pero en esa ceremonia de consagración y en ese sacrificio de adoración faltaba David. Él ya estaba santificado por Dios mismo y era un adorador individual del Eterno.

El ungido debe ser seleccionado y elegido de un ambiente de santidad y adoración. El ungido debe ser una persona santa y que adora al Dios Todopoderoso. No es tanto dónde se adora, sino cómo se adora (Jn. 4:20-24).

El ungido aunque está en el campo del mundo, no es del mundo. Le pertenece a Dios (Jn. 15:19; 17:24; Gá. 6:14). El mundo no afecta al ungido que está en una buena relación con Dios; es el ungido quien afecta al mundo. La presencia de Jesucristo en el creyente es la que destaca a él o ella ante el mundo.

Santos y adoradores son la clase de personas que el Espíritu Santo está buscando para llenarlos de la gloria y la presencia divina.

II. La obediencia en la elección del ungido

Un tremendo desfile de jóvenes apuestos y capacitados ante el juicio humano pasaron delante del profeta Samuel. Todos hijos de Isaí. Siete en total; el número del complemento. Pero ninguno de ellos, aunque con razones válidas externamente, tenía la calificación interna para ser el ungido de Dios (1 S. 16:8-9). Con siete no se completaba la voluntad de Dios, sino con ocho.

Ya la Dios le había dado especificaciones a Samuel en la elección del ungido: *"No mires a su parecer, ni a lo grande de su estatura, porque yo lo desecho; porque Jehová no mira lo que mira el hombre; pues el hombre mira lo que está delante de sus ojos, pero Jehová mira el corazón"* (1 S. 16:7).

La visión de Dios no es la misma que la del ser humano. El primero mira por dentro, el segundo mira por fuera. Dios no está interesado en "parecer" ni en grandeza humana. Esos son los requisitos carnales del mundo. Los más capacitados y los mejor parecidos son los que muchas veces reciben empleos y obtienen promociones. A Él le interesa el corazón del que será su ungido.

Samuel miraba lo que estaba afuera, veía en el balcón; *"pero Jehová mira el corazón"*, ve la sala y las habitaciones. Nadie podrá ser el ungido de Dios si verdaderamente no le ha entregado su corazón (figura de la mente y asiento de las emociones) a Dios. Abinadab, Sama y sus otros cinco hermanos tenían todo, menos el corazón que Dios buscaba.

Samuel no se dio por vencido y le preguntó a Isaí: *"¿Son éstos todos tus hijos?"* (16:11). A lo que Isaí respondió: *"Queda aún el menor, que apacienta las ovejas"* (16:11). Samuel entonces decidió no comer hasta que llegara el que faltaba.

El ungido muchas veces es ese *"menor"* que no es tomado en cuenta por los mayores. Ese que parece no prometer mucho y del cual se espera muy poco en el futuro Ese que no cuenta para nada y que su opinión no vale. Ese que no forma parte de la "política" familiar. Ese que siempre está lejos y difícilmente lo dejamos acercarse a nosotros. Ese puede ser el *"menor"* que Dios quiere llamar y ungir con su Santo Espíritu.

Samuel decidió que no comería hasta que el *"menor"* llegara. Por causa del *"menor"* los mayores deben hacer sacrificios personales. A ese *"menor"* tenemos que esperarlo. Es importante. Dios tiene un plan para él. Debemos ser parte en el propósito de Dios para la elección del *"menor"*. El profeta lo esperó (16:11).

En 1 Samuel 16:12 leemos: *"Envió, pues, por él, y le hizo entrar"*. Aquí notamos el espíritu de obediencia en David: *"envió, pues, por él"*. Luego su espíritu de humildad: *"y le hizo entrar"*. David se sometió a la autoridad espiritual de su padre Isaí. El que tiene problemas con estar *bajo* autoridad, le será difícil estar *en* autoridad. El sometimiento a la autoridad tiene que salir del corazón y no de la mente. La mente sin corazón produce carnalidad, pero con el corazón produce espiritualidad.

III. La confirmación en la elección del ungido

La apariencia de David se describe así: *"y era rubio, hermoso de ojos, y de buen parecer"* (1 S. 16:12). La mirada y la apariencia de David son señaladas; físicamente describían al ungido David, pero espiritualmente señalan dos cualidades que deben tener los ungidos.

Veamos, el ungido es elegido y seleccionado por las cualidades de su apariencia y su visión. De David leemos: *"y era rubio"*. Otra versión traduce *"sonrosado"*, al igual que en Cantares 5:10, y no es una alusión al pelo sino a la piel.

Denota un estado más bien de salud. El ungido debe gozar de una buena salud espiritual y emocional. Creyentes con cargas, bajo presiones, deprimidos, rencorosos, angustiados, enojados... muchas veces transmiten esa clase de espíritu en sus ministerios, enseñanzas y prédicas. Lo que ellos mismos están sintiendo es lo que muchas veces proyectan a otros. Sus palabras son *"catarsis"* emocionales. Predican con ira y promueven las contiendas y la rebelión.

La visión del ungido llama la atención de los demás. No mira como los demás y ve más allá que los demás. El visionario mira las cosas como las ve Dios.

El ungido se distingue por su *"buen parecer"*. Espiritualmente este *"buen parecer"* habla de una vida transformada. Personas cambiadas por el poder transformador de Jesús de Nazaret, serán las que cambiarán familias, ciudades y naciones. Un estilo de vida diferente es la más poderosa predicación que cualquiera puede ministrar.

Conclusión

(1) El que desea ser elegido como ungido para Dios, tiene que ser paciente y esperar el tiempo de Dios. (2) Tiene que ser obediente a los que Dios le ha puesto como autoridades espirituales. (3) Debe poseer una visión de Dios y un estilo de vida que muestre a un Dios que cambia.

LA ESPERA DEL UNGIDO

"Entonces uno de los criados respondió diciendo: He aquí yo he visto a un hijo de Isaí de Belén, que sabe tocar, y es valiente y vigoroso y hombre de guerra, prudente en sus palabras, y hermoso, y Jehová está con él. Y Saúl envió mensajeros a Isaí, diciendo: Envíame a David tu hijo, el que está con las ovejas. Y tomó Isaí un asno cargado de pan, una vasija de vino y un cabrito, y lo envió a Saúl por medio de David su hijo. Y viniendo David a Saúl, estuvo delante de él; y él le amó mucho, y le hizo su paje de armas. Y Saúl envió a decir a Isaí: Yo te ruego que esté David conmigo, pues ha hallado gracia en mis ojos. Y cuando el espíritu malo de parte de Dios venía sobre Saúl, David tomaba el arpa y tocaba con su mano; y Saúl tenía alivio y estaba mejor, y el espíritu malo se apartaba de él" (1 S. 16:18-23).

Introducción

El que era el ungido dejó de serlo; y el que no era el ungido, ahora lo es. El cambio en Saúl y en David es muy notable. Del primero leemos: *"el Espíritu de Jehová se apartó de Saúl"* (16:14). Del segundo leemos: *"el Espíritu de Jehová vino sobre David"* (16:13).

En todo tiempo Dios se provee de ungidos. Ellos no son imprescindibles; cuando Dios los tiene que cambiar, los cambia. Saúl dejó de ser el ungido por su desobediencia a Dios. Él y el pueblo perdonaron a Agag, rey de Amalec, sus ovejas, su ganado, sus carneros *"y de todo lo bueno"* (15:9). Esta actitud desagradó a Dios. El Señor le habló al profeta Samuel y le dijo: *"Me pesa haber puesto por rey a Saúl, porque se ha vuelto de en pos de mí, y no ha cumplido mis palabras"* (15:11).

Toda esa noche Samuel se la pasó en oración (15:11). Temprano en la mañana fue al encuentro de Saúl. Al llegar se le dijo: *"Saúl ha venido a Carmel, y he aquí se levantó un monumento, y dio la vuelta, y pasó adelante y descendió a Gilgal"* (15:12).

"Se levantó un monumento". El ungido tiene que cuidarse de la tentación de levantarse o dejar que le levanten *"un monumento".* Si el ungido es verdaderamente espiritual, rechazará todo lo que pueda traerle gloria personal y hacerlo el centro de su ministerio. Saúl ya estaba perdiendo la unción en su vida. Estaba en posición, pero sin unción de Dios.

Saúl también había caído en la mentira. Leemos: *"Vino, pues, Samuel a Saúl, y Saúl le dijo: Bendito seas tú de Jehová; yo he cumplido la palabra de Jehová"* (15:13). Conocía la palabra de Dios, pero no la cumplía, no la obedecía; la tenía en la mente, pero no en el corazón.

Al mentirle al profeta de Dios, que estaba en autoridad espiritual sobre él, Saúl le mentía a Dios mismo. Samuel lo confrontó con esta interrogante: *"¿Pues qué balido de ovejas y bramido de vacas es este que yo oigo con mis oídos?"* (15:14).

En el versículo 15 Saúl trató de justificar su desobediencia por culpar al pueblo y buscar granjearse el agrado de Dios: *"De Amalec los han traído; porque el pueblo perdonó lo mejor de las ovejas y de las vacas, para sacrificarlas a Jehová tu Dios, pero lo demás lo destruimos"* (15:15).

Saúl ya era un líder sin autoridad espiritual. Respondía a los impulsos de la carne y no del Espíritu. En los versículos 22 al 23, el profeta Samuel le muestra a Saúl que ha sido desobediente, rebelde y obstinado. Al rechazar *"la palabra de Jehová"*, Dios lo rechazó como rey ungido. Era todavía rey, pero ya no estaba ungido.

De ahí en adelante Saúl jugó "al espiritual". Aunque acepto su pecado, se justificó al decir: *"porque temí al pueblo y consentí a la voz de ellos. Perdona, pues, ahora mi pecado"* (15:24). Dejó de ser una autoridad espiritual al obedecer a los que no eran espirituales.

Notemos que Saúl dice: *"perdona… ahora mi pecado".* En vez de decirle al profeta: "Pídele a Jehová que perdone mi pecado". Estaba buscando el favor del profeta, en lugar del favor de Dios.

Luego invitó a Samuel para que lo acompañara en la adoración a Dios (15:25), pero Samuel le dijo: *"No volveré contigo"* (15:26). Al Samuel querer irse, Saúl lo asió por el manto, y este se le rasgó (15:27). Samuel le profetizó: *"Jehová ha rasgado hoy de ti el reino de*

Israel, y lo ha dado a un prójimo tuyo mejor que tú" (15:28). Esa expresión: *"un prójimo tuyo"*, se lee en 1 Samuel 28:17: *"tu compañero, David"*. Notemos la declaración: *"mejor que tú"*. Dios siempre tiene alguien mejor que nosotros, cuando dejamos de calificar para su trabajo.

En 15:30 leemos: *"Y él dijo: Yo he pecado; pero te ruego que me honres delante de los ancianos de mi pueblo y delante de Israel, y vuelvas conmigo para que adore a Jehová tu Dios"*. Después de Samuel adorar con Saúl, pidió que le trajeran a Agag, rey amalecita, y le dio muerte (15:32-33). El verdadero arrepentimiento debe llevar a la renuncia de todo pecado.

Luego leemos que Samuel y Saúl jamás se volvieron a ver. Pero el profeta lo lloraba (15:35), hasta que Jehová le pidió que no llorara más porque ya se había provisto de otro ungido. Saúl perdió toda sensibilidad espiritual. Estaba más interesado en su reputación, en reconocimiento y en honra humana, que en el favor y la gracia de Dios en su vida. Por eso le dijo a Samuel: *"pero te ruego que me honres delante de los ancianos de mi pueblo y delante de Israel"*.

I. El ungido espera como adorador

Cuando el Espíritu de Jehová se apartó de Saúl, dicen las Escrituras que *"le atormentaba un espíritu malo de parte de Jehová"* (16:14). La casa espiritual de Saúl quedó desocupada al mudarse el Espíritu Santo. Su ministerio se quedó sin unción. La unción de todo ministerio es la presencia del Espíritu Santo. Cuando se pierde la unción, también se pierde la autoridad espiritual.

Aun los que servían a Saúl se dieron cuenta del ataque demoníaco sobre su vida. Por eso decían: *"He aquí ahora, un espíritu malo de parte de Dios te atormenta"* (16:15). Cuando se opera fuera de la unción, los que están cerca de nosotros se dan cuenta. La desobediencia a la Palabra de Dios y la falta de s0metimiento a su voluntad, hace al creyente indefenso a los ataques del maligno. Saúl sin el Espíritu Santo era víctima de un espíritu malo.

Sus criados entonces le recomiendan: *"Diga, pues, nuestro señor a tus siervos que están delante de ti, que busquen a alguno que sepa tocar el arpa, para que cuando esté sobre ti el espíritu malo de parte de Dios, él toque con su mano, y tengas"* (16:16).

Saúl necesitaba un ministerio de alabanza y adoración. Un ministro que estuviera ungido por Dios para tocar a Dios. Veamos el énfasis: *"que sepa tocar el arpa"*. Los que ministran para Dios y de parte de Él deben saber hacer bien las cosas. Dios exige calidad y excelencia ministerial.

Aquel espíritu malo venía sobre Saúl. Era un espíritu de opresión. Ese espíritu atacaba sus emociones y sentimientos. Le producía tormento psicológico, inseguridad, esquizofrenia y un complejo de persecución como lo veremos más adelante en su vida. Solamente por un ministerio ungido por Dios, Saúl tendría alivio (16:16).

Saúl estuvo de acuerdo con sus criados y declaró: *"Buscadme, pues, ahora alguno que toque bien, y traédmelo"* (16:17). Entonces la providencia de Dios trae a la mente de uno de los criados de Saúl, la persona del joven pastor de Belén. Él declaró: *"He aquí yo he visto a un hijo de Isaí de Belén, que sabe tocar, y es valiente y vigoroso y hombre de guerra, prudente en sus palabras, y hermoso, y Jehová está con él"* (16:18).

"Que sabe tocar". Los que Dios quiere usar son quienes primero han aprendido a hacer las cosas bien. El que tiene un llamado se prepara con anticipación al ministerio. No espera entrar al ministerio para luego prepararse. El llamado lleva a la preparación. Los hombres y mujeres de Dios saben hacer las cosas bien. No dan mediocridad en su ministerio. Buscan siempre la excelencia. A alguien que no le gusta ensayar no debe entrar a un ministerio de música y canto. A otro que no le gusta estudiar no debe entrar al ministerio de la enseñanza y predicación.

"Y es valiente". La marca espiritual de los que fluyen con la unción es que son valientes. En ellos no se descubren partículas de cobardía. El Espíritu Santo en control de una vida la hace valiente. Le da autoridad y la hace funcionar en autoridad. Un creyente valiente reconoce que tiene autoridad espiritual; y en el mundo espiritual, es una autoridad.

"Y vigoroso". Los hombres y mujeres llenos del Espíritu Santo son enérgicos, transmiten vida, son dinámicos, contagian a otros con su personalidad. Tienen un estilo de vida que los demás quieren imitar. Transforman con sus palabras y acciones. En ellos se descubre un espíritu templado y controlado, no un espíritu ambivalente y de doble ánimo. En Santiago 1:8 leemos: *"El hombre de doble ánimo es inconstante en todos sus caminos"*.

"Prudente en sus palabras". Los ungidos se cuidan cómo hablan, de qué hablan, de quién hablan, dónde hablan y por qué hablan. La lengua es la mayor tentación que tienen que vencer los hombres y mujeres de Dios.

"Y hermoso". La apariencia dice mucho. La hermosura espiritual del creyente lo pondrá en gracia delante de los demás. El pecado afea, la santidad hermosea.

"Y Jehová está con él". Lo más importante para cualquier cre-

yente no es creernos que estamos con Dios, sino saber que Dios está con nosotros. El secreto del éxito de David y de cualquier ungido, es de que Dios esté con él.

La vida de David fue formada en el molde de la adoración. Era un verdadero adorador. La oferta de una posición como rey no se le fue a la cabeza, sino que continuó adorando a Dios en la pradera, en el campo y en el palacio. Para el adorador su actitud en la adoración es más importante que el lugar de la adoración (Jn. 4:24).

El adorador pone a Dios primero y en el ejercicio de su adoración bendice a otros. Dios le trae al palacio para adorar. El día que llegara a ser rey, él tendría que reconocer que lo más importante de su ministerio era adorar a Dios.

II. El ungido espera como un servidor

Saúl mandó a buscar a David. Le dijo a su padre Isaí: *"Envíame a David tu hijo, el que está con las ovejas"* (16:19). Isaí lo envía a Saúl con un asno y provisiones (16:20). Leemos: *"Y viniendo David a Saúl, estuvo delante de él; y él le amó mucho, y le hizo su paje de armas"* (16:21). Vino a Saúl para ser su servidor. La ruta más corta hacia el ministerio es a través del servicio. Adorar a Dios y servir a nuestros hermanos debe ser la mayor meta de nuestra vida y ministerio. David siempre estuvo a la disposición de Saúl. Eso hizo que Saúl lo amara mucho. De tal manera que aquel músico pronto llegó a tener una posición de confianza muy respetada en el mundo antiguo: la de paje de armas o escudero. Esta era una posición de respeto, confianza, lealtad y estima. El paje de armas tenía que defender, proteger, honrar y estar dispuesto a dar su vida, si era necesario, por defender la de su señor. Hoy día necesitamos de pajes de armas que protejan la visión de su líder, que lo defiendan a "capa y espada", que le sean fieles en todo.

David fue probado por Saúl y decidió dejarlo con él. Leemos: *"Y Saúl envió a decir a Isaí: Yo te ruego que este David conmigo, pues ha hallado gracia en mis ojos"* (16:22). Los que son servidores, Dios los pone en *"gracia"* delante de los demás. David fue levantado en gracia porque sabía ser un servidor.

Como resultado de un ministro ungido, adorador y servidor, el espíritu malo que atormentaba a Saúl no podía resistirse ante David: *"Y cuando el espíritu malo de parte de Dios venía sobre Saúl, David tomaba el arpa y tocaba con su mano; y Saúl tenía alivio y estaba mejor, y el espíritu malo se apartaba de él"* (16:23).

Por medio de la alabanza y de un ministerio ungido hay liberación espiritual. Los músicos y los cantores son ministros de Dios. Su posición no es para entretener, sino para ministrar.

Conclusión

(1) Aunque David ya sabía que estaba ungido, no por eso se fue a buscar una posición en el palacio. Por el contrario, se quedó pastoreando las pocas ovejas que se le había encomendado. (2) En el momento de Dios llegó al palacio como un adorador y un servidor. (3) Un ungido espera siempre como adorador y servidor. Su programa está en las manos de Dios, a él solo le resta esperar. En la espera Dios siempre obra.

LA RESPONSABILIDAD DEL UNGIDO

"Pero David había ido y vuelto, dejando a Saúl,
para apacentar las ovejas de su padre en Belén"
(1 S. 17:15).

Introducción

A pesar de su posición como músico en la corte del rey Saúl, y de su prestigiosa promoción como paje de armas, David nunca se olvidó de su humilde posición como pastor de ovejas en los campos de Belén.

Entre sus nuevas responsabilidades sabía intercalar su responsabilidad primera, que era la pastoril. David tenía corazón de pastor y en cada oportunidad que podía lo manifestaba. El llamado original de Dios a nuestra vida nunca debe olvidarse por las posiciones y las promociones.

I. La ocasión

"Salió entonces del campamento de los filisteos un paladín, el cual se llamaba Goliat, de Gat, y tenía de altura seis codos y un palmo" (17:4).

El gigante Goliat, campeón de los filisteos, cuya estatura era de casi tres metros. En su condición de campeón invicto de los filisteos, desde Soco y Azeca, retaba al pueblo de Israel en busca de un contrincante.

Su estatura y sus aparejos militares (17:5) se sumaban a su impresionante y amenazante apariencia. El diablo sabe apelar a lo externo para atemorizar a los hijos de Dios.

Los Goliat de nuestra vida buscan ocasión para hacer gala de su intimidación. Les gusta pararse desafiantes delante de nosotros. El temor es el arma más cortante de Satanás. El diablo lo que busca es el lugar y la oportunidad para manifestarse. Efesios 4:27 nos recuerda: *"ni deis lugar al diablo"*. La palabra griega que se traduce "lugar" es *topos* e implica darle permiso al diablo para controlar las acciones del creyente.

II. La expresión

"Y se paró y dio voces a los escuadrones de Israel, diciéndoles: ¿Para qué os habéis puesto en orden de batalla? ¿No soy yo el filisteo, y vosotros los siervos de Saúl? Escoged de entre vosotros un hombre que venga contra mí" (17:8).

Goliat era un "bocón", un palabrero. Sabía emplear muy bien las palabras para sembrar miedo y temor en los oídos de los que les faltaba unción. Cuando falta unción del Espíritu Santo, se les cree al diablo y sus demonios todo lo que dicen. Los ungidos no le prestan atención a las palabras del diablo.

Goliat le cuestionó al pueblo de Israel su posición de batalla: *"¿Para qué os habéis puesto en orden de batalla?"* Afirmó su propia identidad: *"¿No soy yo el filisteo...?"* Vio a los soldados de Israel como: *"...los siervos de Saúl".*

El diablo no tiene derecho a cuestionar nuestra posición espiritual, ni nuestra manera de orar, de alabar y de adorar. Nuestra *"orden de batalla"* no le tiene que importar a él ni a sus servidores. No nos interesa que él se nos identifique, ya que por su apariencia y palabras discernimos quién es y quiénes son sus demonios asociados. Tampoco nos debe dar órdenes. Estas las da Jesucristo y los ungidos de Dios.

Goliat declaró: *"Escoged de entre vosotros un hombre que venga contra mí"*. Él sabía lo que decía y lo que quería. Los hombres escogen a su manera, pero solo Dios escoge ungidos. Cualquier contrincante escogido por el pueblo, Goliat lo haría papilla; pero a un ungido no lo masticaría, y menos lo digeriría.

Goliat habló muy seguro de sí mismo: *"Si él pudiere pelear conmigo, y me venciere, nosotros seremos vuestros siervos; y si yo pudiere más que él, y lo venciere, vosotros seréis nuestros siervos y nos serviréis"* (17:9).

El diablo lo que busca es vencer al creyente quitándole la fe y haciéndolo su esclavo. Pero al creyente se le recuerda: *"Someteos, pues, a Dios; resistid al diablo, y huirá de vosotros"* (Stg. 4:7). El sometimiento a Dios implica una renuncia a la división y rebelión espirituales.

Goliat tenía el poder que los israelitas le habían dado y que creían que él tenía. Pero le faltaba autoridad. El creyente en Cristo Jesús tiene autoridad espiritual y tiene poder delegado por el Espíritu Santo. El nombre de Jesucristo y la Palabra de Dios dan autoridad; el Espíritu Santo y la sangre de Jesucristo dan poder.

Finalmente Goliat declara: *"Hoy yo he desafiado al campamento de Israel; dadme un hombre que pelee conmigo"* (17:10). Él veía el campamento de Israel, pero no el campamento de Dios. Creía que retaba a Israel, pero ignoraba que era al Dios de Israel al que estaba provocando. Le pedía un *"chata"* a Israel, pero Dios le tenía guardado a un campeón ungido que se había entrenado bien. Al campeón de la hora, Dios le tenía a un ungido de peso completo.

Las palabras de Goliat surtieron su efecto: *"Oyendo Saúl y todo Israel estas palabras del filisteo, se turbaron y tuvieron gran miedo"* (17:11). Los que no están ungidos tienen oídos para escuchar las amenazas del diablo; le creen, se turban y le tienen miedo. Sus oídos se abren para recibir mensajes de derrota y de desánimo. Los verdaderos ungidos responden siempre a la voz de Dios y no se dejan turbar ni amedrentar de nada ni nadie. Estos responden siempre a una palabra de fe.

III. La persona

"Pero David había ido y vuelto, dejando a Saúl, para apacentar las ovejas de su padre en Belén" (17:15).

En 1 Samuel 17:12 David es nuevamente presentado como el hijo de Isaí, el efrateo de Belén de Judá, padre de ocho hijos. En 17:13 se nos declara que los tres hermanos mayores de David llamados Eliab, Abinadab y Sama formaban parte del ejército de Saúl. En 17:14 se nos declara que *"David era el menor"*. En el plan y propósito de Dios los menores pueden ser usados para su gloria y honra. David aunque era el menor, para Dios ya tenía la edad espiritual que lo calificaba para ser usado.

Es interesante lo que leemos en 1 Samuel 17:14: *"Siguieron, pues, los tres mayores a Saúl"*. Ellos seguían a un no ungido, pero David seguía a la fuente de toda unción. El que sigue a los no ungidos será un no ungido, pero el que sigue a Dios tendrá la unción de Dios.

En primer lugar, *"David había ido y vuelto"* (17:15a). El mismo que salía era el que regresaba. Por dentro y por fuera seguía siendo David. Los lugares no lo cambiaban, ni el público lo dañaba. En el campo o el palacio era el mismo. Los ungidos son siempre de una misma cara, de un mismo corazón y se conducen igual.

En segundo lugar, *"dejando a Saúl"* (17:15b). El ungido no puede permanecer mucho tiempo al lado de Saúl. El comportamiento y lenguaje de Saúl, después de mucho tiempo cerca de él, afecta al ungido. Él se cuida de no parecerse a Saúl y de no asimilar sus malas costumbres. El ungido está para ayudar a Saúl por lo que para no perder la unción, de vez en cuando el ungido tiene que retirarse al desierto con Dios.

En tercer lugar, *"para apacentar las ovejas de su padre en Belén"* (17:15c). David no era dueño de algún rebaño. Las ovejas no eran de él, eran de su padre. Con esto Dios le estaba enseñando a no hacerse dueño de algo, sino a ser un buen administrador de los bienes puestos bajo su cuidado.

En 1 Corintios 4:2 leemos: *"Ahora bien, se requiere de los administradores, que cada uno sea hallado fiel"*. La fidelidad es la clave de todo buen administrador. Ante el dueño, el administrador es responsable, consecuente y fiel a lo encargado. En el administrador el propietario puede confiar, puede delegar y puede tener la seguridad que no le fallara. El ungido nunca se adueñará de lo que no es de él.

Los ungidos siempre tienen un corazón pastoral. Ellos sienten por las ovejas. En vez de las ovejas venir a ellos y buscarlos, ellos van y buscan a las ovejas. El espíritu pastoral debe ser una carga en los ungidos.

Conclusión

(1) El ungido no le permitirá a Satanás que lo intimide con palabras de derrota, sino que reaccionará a la palabra de fe. (2) El ungido reconoce su posición espiritual y de esa posición deriva su autoridad espiritual. (3) El ungido se cuida de los no ungidos y guarda su corazón pastoral.

LA OPORTUNIDAD DEL UNGIDO

"Y el pueblo le respondió las mismas palabras, diciendo: Así se hará al hombre que le venciere" (1 S. 17:27).

Introducción

Dios muchas veces permite oportunidades en nuestra vida que si se pasan por alto estancan o afectan nuestro futuro. A todo ser humano, tarde o temprano, nos llega la oportunidad de ser y de hacer algo.

Los ungidos de Dios manifiestan sensibilidad a las oportunidades que el Espíritu Santo les ofrece. En cosas sencillas y naturales puede que Dios nos esté conduciendo, nos haya tomado de la mano, para ser parte de su plan y propósito.

David, sin darse cuenta, andaba acompañado por Dios. Cada oportunidad que se le presentaba la aprovechaba y la misma lo llevaba a otra mayor oportunidad. Los propósitos de Dios en nuestra vida comienzan siempre pequeños. Las oportunidades deben aprovecharse al máximo, ya que puede que nunca jamás se vuelvan a repetir. Una oportunidad de Dios puede cambiar nuestro destino y darnos un mejor futuro.

I. La oportunidad de servir

"*Y dijo Isaí a David su hijo: Toma ahora para tus hermanos un efa de este grano tostado, y estos diez panes, y llévalo pronto al campamento a tus hermanos*" (17:17).

A los ungidos siempre le llegará la oportunidad de servir a Dios y de servir a otros. El ungido se caracteriza por tener un corazón para servir. Servir a otros es más importante que si nos sirven a nosotros. Ejemplo nos dio nuestro Señor Jesucristo: "*como el Hijo del Hombre no vino para ser servido, sino para servir, y para dar su vida en rescate por muchos*" (Mt. 20:28).

En la tarea de servir debemos estar bajo la voluntad de los que Dios ha puesto sobre nosotros como autoridades espirituales. La autoridad de David era su padre Isaí, por lo tanto se sometió a la voluntad de él y obedeció sus palabras.

David tenía que llevar *"un efa de este grano tostado"* y *"diez panes"* a sus hermanos. No era un grano cualquiera ni diez panes cualquiera. Su disciplina estaba en obedecer al pie de la letra. Dios siempre nos prueba en cosas pequeñas antes de delegarnos las cosas mayores.

En Mateo 25:21 leemos: *"Bien, buen siervo y fiel; sobre poco has sido fiel, sobre mucho te pondré; entra en el gozo de tu señor"*.

A todos nos llegará la oportunidad de servir a otros. Al buen samaritano de la parábola le llegó en el camino de Jerusalén a Jericó (Lc. 10:30-37). Él ayudó con los primeros auxilios a un desconocido que fue asaltado en el camino. El sacerdote y el levita que lo pudieron ayudar, no lo hicieron. No les importó aquel prójimo para nada.

Además de la entrega que tenía que hacer David, su padre Isaí le encargó rigurosamente: *"y mira si tus hermanos están buenos, y toma prendas de ellos"* (17:18). A Isaí le interesaba saber en que estado físico se encontraban sus hijos Eliab, Abinadab y Sama; y que se le presentara algo de ellos para comprobar que estaban bien.

Al ungido siempre se le dará la oportunidad de preocuparse por sus hermanos. El bienestar de nuestros hermanos es algo que debe incumbirnos a todos. En Génesis 4:9 leemos: *"Y Jehová dijo a Caín: ¿Dónde está Abel tu hermano? Y él respondió: No sé. ¿Soy yo acaso guarda de mi hermano?"*

A la pregunta divina, Caín responde con un no me importa. Y en su interrogante lo que afirma es: "Yo no soy el guarda de mi hermano". Caín no era un servidor. A él solo le interesaba él. Era el centro y la circunferencia de sus propias relaciones.

II. La oportunidad de obedecer

"Se levantó, pues, David de mañana, y dejando las ovejas al cuidado de un guarda, se fue con su carga como Isaí le había mandado; y llegó al campamento cuando el ejército salía en orden de batalla, y daba el grito de combate" (17:20).

David se presenta como un madrugador: *"Se levantó, pues, David de mañana"*. Los hombres y mujeres de Dios que han sido ungidos para algún ministerio y que verdaderamente aman a Dios, saben madrugar para Él. Son personas que llegan temprano a las citas de Dios. Prefieren levantarse temprano, a dejar que el día se les vaya en tonterías.

David se presenta como alguien responsable, *"y dejando las ovejas al cuidado de un guarda"*. El ungido es siempre una persona responsable. No descuida lo que se le ha delegado. Cuando no puede atender algo, delega en otro para que se lo atienda.

David se presenta como alguien que llega a tiempo: *"y llegó al campamento cuando el ejército salía en orden de batalla, y daba el grito de combate"*. Muchos creyentes por llegar siempre tarde no oyen el grito de combate. Se pierden el inició de las cosas. No alcanzan a recibir las primeras bendiciones. A los ungidos les gusta aprovecharlo todo. No se pierden ni los anuncios. Nadie les tiene que contar porque ya ellos lo experimentaron.

Con David se cumple ese adagio: "Dios ayuda al que madruga". Madrugue y esté temprano en todas las reuniones espirituales y verá la manera en que Dios lo ayuda. Sea un águila que vuela temprano.

En todo este pasaje descubrimos a David como un creyente que sabe obedecer y obedece. Los ungidos deben caracterizarse por tener un espíritu de obediencia. La obediencia no se declara, sino que se practica, se realiza y se manifiesta. Los obedientes no son volcanes que ocasionalmente hacen erupción, son cataratas continuas que dejan caer las aguas.

La oportunidad de obedecer nos permite ver: *"el ejército salía en orden de batalla"*, y oír: *"y daba el grito de combate"*. Los ungidos tienen sus sentidos de la vista y del oído sensibles a todo lo que ocurre en el plano de lo natural y en el plano de lo sobrenatural.

En 1 Corintios 2:9 leemos: *"Cosas que ojo no vio, ni oído oyó, ni han subido en corazón de hombre, son las que Dios ha preparado para los que le aman"*.

III. La oportunidad de recibir

"Entonces habló David a los que estaban junto a él, diciendo: ¿Qué harán al hombre que venciere a este filisteo, y quitaré el oprobio de Israel? Porque ¿quién es este filisteo incircunciso, para que provoque a los escuadrones del Dios viviente?" (17:26).

En 1 Samuel 17:22 leemos: *"Entonces David dejó su carga en mano del que guardaba el bagaje, y corrió al ejército; y cuando llegó, preguntó por sus hermanos, si estaban bien"*.

Saúl y los hombres de Israel al escuchar al gigante se llenaban de miedo (17:11) y huían (17:24). A los oídos de David llegaron las palabras del provocador que insultaba al ejército del Dios viviente. Para David, Dios estaba vivo y él era un representante de Él. Al ungido no le importa lo que hablan los enemigos de la obra de Dios, porque sabe que cuando lo atacan verbalmente se están oponiendo al mismo Dios. La ofensa de Goliat David la tomó personalmente contra el Eterno y por esto salió en defensa del testimonio de Dios.

Entonces el ungido responde con indignación de espíritu: *"Entonces habló David a los que estaban junto a él, diciendo: ¿Qué harán al hombre que venciere a este filisteo, y quitare el oprobio de Israel? Porque ¿quién es este filisteo incircunciso, para que provoque a los escuadrones del Dios viviente?"* (17:26).

Aunque a David se le ofrecía la oportunidad de recibir algo material —de ser bendecido junto con su familia y de entrar a la familia real—, la oportunidad de recibir de Dios mismo el privilegio de servirle era todavía mayor. El sembrar en el servicio para Dios le produciría beneficios innumerables. Cualquier negocio con Dios siempre produce grandes dividendos.

Conclusión

(1) Dios nos da la oportunidad de servirle, de obedecerle y de recibir de Él. (2) Los ungidos son siempre sensibles a estas oportunidades; que muchas veces aparecen y desaparecen, vienen y se esfuman. (3) Una oportunidad de Dios puede ser la llave para abrir la puerta de un brillante futuro.

LA PRUEBA DEL UNGIDO

"Dijo Saúl a David: No podrás tú ir contra aquel filisteo, para pelear con él; porque tú eres muchacho, y él un hombre de guerra desde su juventud. David respondió a Saúl: Tu siervo era pastor de las ovejas de su padre; y cuando venía un león, o un oso, y tomaba algún cordero de la manada, salía yo tras él, y lo hería, y lo libraba de su boca; y si se levantaba contra mí, yo le echaba mano de la quijada, y lo hería y lo mataba. Fuese león, fuese oso, tu siervo lo mataba; y este filisteo incircunciso será como uno de ellos, porque ha provocado al ejército del Dios viviente. Añadió David: Jehová, que me ha librado de las garras del león y de las garras del oso, él también me librará de la mano de este filisteo. Y dijo Saúl a David: Vé, y Jehová esté contigo" (1 S. 17:33-37).

Introducción

A David el ministerio no se le hizo fácil. En su vida tuvo que confrontar la subestimación y el rechazo de continuó. Aunque muchos dudaban de su capacidad de ser alguien importante y de hacer algo importante, él nunca dudó del Dios que se especializa en hacer de lo que no es lo que es (1 Co. 1:26-31).

Cuando Samuel llegó a Belén para ungir a uno de los hijos de Isaí como el próximo rey de Israel, todos se olvidaron de David. A la pregunta de Samuel: *"Son estos todos tus hijos?"* (16:11), Isaí respondió: *"Queda aún el menor, que apacienta las ovejas"* (16:11). A lo que el profeta respondió: *"Envía por él, porque no nos sentaremos a la mesa hasta que él venga aquí"* (16:11).

I. La crítica de su hermano

"Y oyéndole hablar Eliab su hermano mayor con aquellos hombres, se encendió en ira contra David y dijo: ¿Para qué has descendido acá? ¿y a quién has dejado aquellas pocas ovejas en el desierto? Yo conozco tu soberbia y la malicia de tu corazón, que para ver la batalla has venido" (17:28).

El primero que trató de quitarle la visión a David fue su hermano mayor llamado Eliab. Él juzgó las acciones de David sin tomar en cuenta su motivación. Al escuchar a su hermano menor hacer preguntas, Eliab lo malinterpretó.

En vez de Eliab alegrarse de que su hermano lo había venido a visitar con un encargo de parte de su padre, se llenó de ira al escuchar al ungido hablar con los que necesitaban fe y valor. Las preguntas del ungido siempre tienen la finalidad de levantar la fe en otros. Su hermano no podía entender esto. Su nivel de espiritualidad era muy bajo. Los que no hablan en fe, no entienden muchas veces —porque no decir casi siempre—, a los que hablan el lenguaje de la fe.

Notemos las dos preguntas de Eliab: *"¿Para qué has descendido acá? ¿y a quién has dejado aquellas pocas ovejas en el desierto?"* (17:28). Lo acusa de desobediente y de irresponsable. Pero David era todo lo contrario de lo que pensaba su hermano Eliab. Él descendió en obediencia a su padre Isaí y dejó las ovejas al cuidado de un guarda. Los ungidos se cuidan de los que mueven mucho la lengua, al cumplir con sus responsabilidades.

Eliab bruscamente le declara: *"Yo conozco tu soberbia y la malicia de tu corazón, que para ver la batalla has venido"* (17:28). En otras palabras le dice: "Yo sé que tú eres un orgulloso, que en tu mente hay malos pensamientos y solo has venido para averiguar".

Esto deja ver la raíz de amargura que el propio Eliab tenía en su corazón contra su hermano. Posiblemente el hecho de que David haya sido escogido como el ungido y no él que era el mayor, le había producido una espina contra el menor. Samuel al ver desfilar a Eliab dijo: *"De cierto delante de Jehová está su ungido"* (1 S. 16:6). Pero Dios lo descalificó al decir: *"No mires a su parecer, ni a lo grande de su estatura, porque yo lo desecho; porque Jehová no mira lo que mira el hombre; pues el hombre mira lo que está delante de sus ojos, pero Jehová mira el corazón"* (16:7).

Eliab era tal que impresionaba a cualquiera y lo hizo con el profeta de Dios. Pero lo que agrada a las personas lo desecha Dios. Más que apariencia, Dios busca un corazón conforme a Él. Eliab tenía todo menos el corazón que Dios deseaba en un ungido. La manera como trató a David demostró la clase de corazón que tenía: un corazón malo y un espíritu soberbio.

El ungido tiene que cuidarse mucho de que son como Eliab, que hablan carnalmente y piensan que los años los hacen mejores y más calificados, los que todavía son unos menores espirituales. La envidia los lleva a criticar a los ungidos.

El ungido David supo defenderse y no pelear: *"¿Qué he hecho yo ahora? ¿No es esto mero hablar?"* (17:29). No se dejó intimidar por Eliab. Lo mandó a callar. El ungido no tiene tiempo para malgastarlo escuchando las tonterías y las necedades de los no ungidos.

Al ungido nadie lo desarma de sus preguntas y de su terapia de fe. Leemos *"Y apartándose de él hacia otros, preguntó de igual manera; y le dio el pueblo la misma respuesta de antes"* (17:30). David se tuvo que apartar de Eliab. Un rato más con él y la fe se le hubiera ido. El ungido sabe a quién acercarse y de quién apartarse.

Abraham, el padre de la fe, le llegó el momento que tuvo que apartarse de su sobrino Lot. Leemos: *"Y hubo contienda entre los pastores del ganado de Abram y los pastores del ganado de Lot; y el cananeo y el ferezeo habitaban entonces en la tierra. Entonces Abram dijo a Lot: No haya ahora altercado entre nosotros dos, entre mis pastores y los tuyos, porque somos hermanos. ¿No está toda la tierra delante de ti? Yo te ruego que te apartes de mi. Si fueres a la mano izquierda, yo iré a la derecha; y si tu a la derecha yo iré a la izquierda"* (Gn. 13:7-9).

Por causa de Juan Marcos, Pablo y Bernabé tuvieron que separarse: *"Y hubo tal desacuerdo entre ellos, que se separaron el uno del otro; Bernabé, tomando a Marcos, navegó a Chipre, y Pablo, escogiendo a Silas, salió encomendado por los hermanos a la gracia del Señor"* (Hch. 15:39-40).

II. La subestimación de Saúl

"Dijo Saúl a David: No podrás tu ir contra aquel filisteo, para pelear con él; porque tú eres muchacho, y él hombre de guerra desde su juventud" (17:33).

Dios estaba usando las palabras de David para llamar la atención del rey Saúl. Dicen las Escrituras: *"Fueron oídas las palabras que David había dicho, y las refirieron delante de Saúl; y él lo hizo venir"* (17:31).

Los planes y propósitos de Dios obran muchas veces por senderos misteriosos. Esa idea de David de estar preguntando era el medio que el Altísimo usó para buscarle una audiencia con el rey.

El ungido en ocasiones, sin darse cuenta, entra a formar parte de la agenda de Dios. David conocía muy bien la manera en que opera Dios. Por eso en el Salmo 138:8 declaró: *"Jehová cumplirá su propósito en mí"*.

Cuando David llegó delante del rey le declaró estas palabras: *"No desmaye el corazón de ninguno a causa de él; tu siervo irá y peleará contra este filisteo"* (17:32). El ungido proclama un mensaje alentador, de esperanza, de ánimo y de fe.

En primer lugar, *"no desmaye el corazón de ninguno a causa de él"*. El ungido no desmaya en su corazón; y alienta a otros a no desmayar. Cuando habla contagia con su fe y su entusiasmo a otros. Para él, Goliat era un problema con solución.

En segundo lugar, *"tu siervo irá y peleará contra este filisteo"*. El ungido se ve siempre como un servidor para el momento de necesidad. Es un voluntario que se pone al servicio de los demás. Se invita a sí mismo donde se le necesita.

David ni llama por su nombre al gigante. Los nombres no impresionan a los ungidos. Para ellos el nombre de Dios es más grande que el de cualquier problema.

Saúl estaba negativo, le faltaba fe, hablaba con desánimo. Leemos: *"No podrás tú ir contra aquel filisteo, para pelear con él; porque tú eres muchacho, y él un hombre de guerra desde su juventud"* (17:33).

Ese *"no podrás"* tiene a muchos enterrados en la pirámide de su pasado. Viven embalsamados en sus fracasos. No se atreven a intentar de nuevo en la vida.

Ese *"no podrás"* es una verja que le pone límites a la potencialidad humana. Muchos no salen de su patio emocional porque tienen miedo a la libertad espiritual.

Ese *"no podrás"* nos limita, nos esclaviza, nos atormenta y es un ladrón que nos roba la voluntad de realización humana. No nos deja ser libres.

En Filipenses 4:13 leemos: *"Todo lo puedo en Cristo que me fortalece"*. Más que las capacidades y habilidades humanas, está la fuerza de la voluntad que se ancla en la persona maravillosa de Jesús de Nazaret. Para el apóstol Pablo la fuente de su fortaleza lo era Cristo y en Él todo es posible.

El ungido nunca se deja programar por los no ungidos que le quieren hacer creer que *no se puede*. Su fe en Dios lo lleva a creer *que todo lo puede*. Lo contrario a la *fe* es la *duda*. La duda dice "no puedo", la fe afirma "yo puedo".

La opinión de Saúl, aunque sonaba realista, no era el lenguaje de un hombre de fe. Por esto David no le prestó mucha atención. Con las palabras que respondió a Saúl desplegó su currículo personal. No era un cadete en la fe. Ya antes había vencido al león y al oso (17:34-35).

Con aplomo y autoridad espiritual dice: *"Fuese león, fuese oso, tu siervo lo mataba; y este filisteo incircunciso será como uno de ellos, porque ha provocado al ejército del Dios viviente"* (17:36).

Notemos esta declaración: *"y este filisteo incircunciso será como uno de ellos".* David profetizó la muerte del gigante. Los ungidos hablan proféticamente. La provocación del gigante era contra Dios mismo: *"porque ha provocado al ejército del Dios viviente".*

Luego en el versículo 37, David revela su secreto de combate: *"Jehová, que me ha librado de las garras del león y de las garras del oso, él también me librará de la mano de este filisteo".*

David sabía en quién había creído y a quién le había creído. Al Dios Todopoderoso le daba la gloria porque tras sus victorias contra el oso y el león, el Dios del cielo era su auxilio y ayuda.

David sabía que Goliat no se enfrentaría a una sola persona, aunque solo vería a una, se enfrentaría a David el visible y a Dios el invisible. Las palabras de David están saturadas de mucha fe y de esperanza: *"el también me librara de la mano de este filisteo".* El ungido se niega a reconocer al enemigo por su nombre, pero a su Dios sí lo llama por su nombre: *"Jehová".* Para él, Dios es alguien y el gigante era nadie.

Ante la firmeza de David, la seguridad de sus palabras y la confianza demostrada, Saúl lo tiene que bendecir: *"Vé, y Jehová esté contigo"* (17:37). De todo lo que había dicho Saúl, esto fue lo más importante. Bendecir a los ungidos, hombres y mujeres de fe, es el deber de los creyentes.

Saúl no le dice: *"Ve, porque Jehová está contigo".* Le dice: *"Vé, y Jehová esté contigo".* Lo bendice en futuro. Ya David estaba bendecido en presente. Los ungidos están bendecidos y serán bendecidos.

Conclusión

(1) Los ungidos muchas veces serán criticados por hermanos de más experiencia que los acusarán de ser carnales y entrometidos. Pero el ungido sabe que su corazón recto con Dios, es lo que más importa. En vez de entrar en debates con los críticos se aleja de ellos. (2) Los ungidos muchas veces serán subestimados por otros que estuvieron ungidos y los verán como personas sin experiencia ni madurez. En vez de discutir, testificarán de la grandeza de Dios en ellos y de cómo en diferentes pruebas del pasado, Dios estuvo a su lado. (3) Los ungidos siempre hablarán con ánimo, con entusiasmo, llenos de fe, creyendo siempre que es posible, viendo las soluciones y no aumentando los problemas.

LA DISPOSICIÓN DEL UNGIDO

"Y Saúl vistió a David con sus ropas, y puso sobre su cabeza un casco de bronce, y le armó de coraza. Y ciñó David su espada sobre sus vestidos, y probó a andar, porque nunca había hecho la prueba. Y dijo David a Saúl: Yo no puedo andar con esto, porque nunca lo practiqué. Y David echó de sí aquellas cosas. Y tomó su cayado en su mano, y escogió cinco piedras lisas del arroyo, y las puso en el saco pastoril, en el zurrón que traía, y tomó su honda en su mano y se fue hacia el filisteo. Y el filisteo venía andando y acercándose a David, y su escudero delante de él. Y cuando el filisteo miró y vio a David, le tuvo en poco; porque era muchacho, y rubio, y de hermoso parecer. Y dijo el filisteo a David: ¿Soy yo perro, para que vengas a mí con palos? Y maldijo a David por sus dioses. Dijo luego el filisteo a David: Ven a mí, y daré tu carne a las aves del cielo y a las bestias del campo" (1 S. 17:38-44).

Introducción

Los ungidos son siempre creyentes que están dispuestos a cumplir con la voluntad de Dios en su vida y a través de ella. Se ven a sí mismos como instrumentos en las manos de Dios. Cuando Él les ofrece una oportunidad, pequeña o grande, no la rechazan, ni la postergan, la aprovechan.

Los ungidos se mueven siempre bajo principios. David fue un ungido de principios. Sabía quién era y sabía lo que quería. Se conocía a sí mismo, conocía a su prójimo y conocía a Dios. Alguien dijo: "Me busqué a mí mismo y no me encontré. Busqué a mi prójimo y no lo hallé. Busqué a Dios y juntos los dos encontramos a mi prójimo".

Los principios del ungido deben ser: Uno, *franqueza*. Dos, *determinación*. Tres, *temeridad*. Cuarto, *realización*. La disposición de David como ungido lo llevó a manifestar estos principios.

I. La franqueza del ungido

"Y dijo David a Saúl: Yo no puedo andar con esto porque nunca lo practiqué. Y David echó de sí aquellas cosas" (17:39).

Al ver la buena disposición de David, el rey Saúl quiso ayudarlo facilitándole el uso de su atuendo de guerra (17:38). De parte del rey este era un gesto amable y de consideración, sin restarle que conllevaba un enorme privilegio para un soldado ponerse los aparejos militares de su rey.

El ungido se dejó vestir por el no ungido, pero pronto tuvo que quitarse los atuendos de él. Los no ungidos muchas veces nos tratarán de vestir con sus tradiciones o con su liberalismo; pero el ungido es moderado, no va ni a un extremo ni al otro.

Aunque se vea bien y llame la atención de otros, no anda luciendo uniformes ajenos; que solo le sirven para lujo personal y que en nada lo pueden beneficiar. El ungido es sencillo en su presentación. Más que vestirse por fuera, le interesa estar bien vestido por dentro.

David fue humilde y se sometió a la voluntad de Saúl. No le quiso decir que no sin antes tratar. No digamos que no inmediatamente, demos la oportunidad de tratar para ver si funciona o no. Con tratar algunas ofertas el ungido nada pierde, puede que gane algo.

David no era un tradicionalista, testarudo y conservador, que no cedía ante las innovaciones. Estaba muy dispuesto a tratar algo nuevo. Si le servía lo continuaba usando, pero si no lo descartaba.

Dicen las Escrituras: *"y probó a andar, porque nunca había hecho la prueba"* (17:39). Los ungidos prueban las cosas. Las examinan cuidadosamente. Ellos mismos se tienen que convencer de lo que se les ofrece y de que la oportunidad que se les ha dado no es la que les conviene. David probó hacer lo que nunca antes había hecho.

Después de tener todos estos aparejos de combate puestos, se dio cuenta de que esto no era para él. A Saúl ese ropaje militar, con la coraza y el casco, le servía bien. Le era como anillo al dedo. Para el ungido le era un estorbo. Y todo lo que le estorba al ungido, él lo rechaza. Quiere ser sensible y flexible. Se niega a todo lo que le pueda quitar la bendición.

David tiene que hablarle con franqueza a Saúl. Estas fueron

sus palabras: *"Yo no puedo andar con esto, porque nunca lo practiqué"* (17:39). Desde luego, Saúl al ponerle ese uniforme a David no pensó bien. A un soldado no se le puede dar un rifle y granadas si no se le entrena primero. De un pastor de ovejas Saúl quería hacer un soldado entrenado.

Además, este atuendo militar representaba la confianza humana más que la confianza en Dios. Saúl había perdido su confianza en Dios y confiaba demasiado en la mano del hombre, más que en la mano de Dios.

La franqueza es muy importante en la vida y en las relaciones de los ungidos. Cuando ellos hablan lo hacen de corazón. No hacen alardes y no les interesa impresionar a alguien, sino agradar a Dios.

Luego leemos: *"Y David echó de sí aquellas cosas"* (17:39). Los ungidos echan de sí todo lo que no les conviene. Hay cargas que los ungidos no deben llevar. Hay cosas de otros que tenemos que soltar de nuestra vida. No podemos copiar el estilo de otro. Tenemos que ser auténticos. No de plástico. Vamos a vaciarnos más de nosotros mismos y más de lo que otros nos quieran poner, y llenarnos más del Espíritu Santo y del Señor Jesucristo.

II. La determinación del ungido

"Y tomó su cayado en su mano, y escogió cinco piedras lisas del arroyo, y las puso en el saco pastoril, en el zurrón que traía, y tomó su honda en su mano y se fue hacia el filisteo" (17:40).

El ungido volvió a su estilo: *"tomó su cayado en su mano"*. El cayado era su instrumento pastoril. Símbolo de su autoridad y de su poder. Al ungido le interesa estar vestido de autoridad y de poder. Al enemigo se le hace frente con este cayado de autoridad. Del permiso divino y de poder, de la ejecución divina. David sabía quién era en Dios y lo que tenía de Dios.

Luego *"escogió cinco piedras lisas del arroyo"*. No escogió piedras cualesquiera, sino piedras lisas para ser utilizadas en el momento de Dios. Cada una de estas cinco piedras calificaba para ser echada en el zurrón, metida en la honda y disparada a la frente del gigante.

Las cinco piedras eran importantes para Dios y de utilidad para David. De las cinco, una sería la elegida para ser usada en esta famosa historia. Lo interesante es que no sabemos cuál de las cinco fue, pero una de ellas hizo historia y las otras cuatro siguen siendo recordadas.

Sin embargo, estas cinco piedras no siempre fueron así. Primero, fueron formadas por el tiempo y la paciencia. A Dios hay que darle tiempo en nuestra formación y ser pacientes con su obra que a veces es lenta. Segundo, quebrantadas rodando y manteniéndose quietas. Quietos o rodando, el Señor Jesucristo en el río del Espíritu Santo nos quebranta. Tercero, el paso del agua sobre ellas las fue suavizando y puliendo. Las pruebas nos ayudan a manifestar más el carácter de Jesucristo en nuestra vida.

El ungido supo escoger las cinco piedras. Dos requisitos tenía en mente. Primero, que fueran del arroyo. Segundo, que fueran lisas. Porque podían ser del arroyo y no ser lisas, o ser lisas y no ser del arroyo.

Los ungidos saben qué escogen para utilizar en el ministerio. Van siempre al arroyo de Dios para buscar lo que quieren. Sin oración, sin ayuno, sin lectura de la Biblia, sin asistencia a las reuniones del templo, no podemos encontrar las piedras lisas que necesitamos para ministrar y actuar como ungidos.

Leemos del ungido: *"y se fue hacia el filisteo"*. En vez del filisteo venir al ungido, este se fue a su encuentro. Los ungidos son personas con determinación. Cuando se proponen algo lo hacen. Se mueven hacia adelante. Muchos se mueven y no caminan. Otros caminan, pero hacia atrás. El ungido siempre se mueve hacia delante.

III. La temeridad del ungido

"Y el filisteo venía andando y acercándose a David, y su escudero delante de él" (17:41).

Se define *temeridad* como "atrevimiento imprudente" y *temerario* como "demasiado atrevido". Una persona temeraria a nada le tiene miedo. Ni la estatura del gigante, ni su voz, ni su escudero, hicieron impresión en el corazón del ungido.

Aunque el gigante andaba y se acercaba, David también andaba y se le acercaba. Goliat venía acompañado de *"su escudero"*. Este escudero nada podía hacer por el gigante, pero lo ayudaba. Si el diablo sabe dar ayudantes, mucho más los siervos de Dios deben tener personas que sean sus escuderos espirituales.

Un *"escudero"* debe honrar siempre a su líder. Su misión y función es resaltar su autoridad. En público o en privado hablará bien del líder. No permitirá que alguien ensucie el buen nombre de su líder.

Un *"escudero"* debe cuidar lo mejor posible a su líder. Espiritualmente el escudero aconseja y protege a su autoridad espiritual. Si sabe que alguna acción que haga su líder le puede perjudicar, le llama la atención con amor y respeto. No deja que nadie toque al líder para hacerle daño.

Un *"escudero"* debe caminar delante de su líder para avisarle de cualquier peligro. Para cuidarlo en el camino. No lo deja solo, sino que lo acompaña.

Un *"escudero"* debe ayudar a llevar las cargas de su líder. Esta posición no es de lujo espiritual, sino de servicio espiritual. Los líderes necesitan a alguien que los ayude a cargar muchas cosas.

Un *"escudero"* debe apoyar la visión de su líder y lo debe animar a moverse en esa visión. Le demostrará su respaldo. Y en lo que el líder requiera, estará a su lado.

Al ungido ni Goliat ni su escudero lo atemorizaron. Es un temerario espiritual. Goliat tenía un escudero visible, David lo tenía invisible.

"Mas tú, Jehová, eres escudo alrededor de mí; mi gloria, y el que levanta mi cabeza" (Sal. 3:3).

"Porque tú, oh Jehová, bendecirás al justo; como un escudo lo rodearás de tu favor" (Sal. 5:12).

"Jehová es mi fortaleza y mi escudo... y el refugio salvador de su ungido" (Sal. 28:7-8).

IV. La realización del ungido

"Y cuando el filisteo miró y vio a David, le tuvo en poco; porque era muchacho, y rubio, y de hermoso parecer" (17:42).

A la distancia el filisteo vio que de las tropas de Israel salió un contrincante. Pero al acercarse, el gigante *"miró y vio a David"*. El gigante lo había mirado, pero ahora lo vé.

Al ungido lo miran muchos, pero lo ven pocos. De lejos todos se parecen, pero de cerca son diferentes. Los ungidos no pueden ser mirados de lejos, tienen que ser vistos de cerca. Esa cercanía a ellos permite que se vea su diferencia.

Los ungidos cuando se les observa, humanamente hablando, no son excepcionales ni especiales. Son personas comunes y corrientes.

Lo que le molestó al gigante es que retaba al pueblo pidiéndole un hombre. Él decía: *"Hoy yo he desafiado al campamento de Israel; dadme un hombre que pelee conmigo"* (17:10). Pero lo que vé ante sus ojos era un *"muchacho, y rubio, y de hermoso parecer"*. Allí no vio a un hombre completo según su propia definición. Él lo estaba evaluando en la carne y no en el espíritu. Si lo hubiera discernido en el espíritu, allí hubiera visto más que a un hombre.

Se nos dice: *"le tuvo en poco"*. A los ungidos siempre se les tiene en poco de parte de los no ungidos. Los "filisteos" de espíritu no distinguen entre ellos y los ungidos.

Pero el ungido aunque le tengan en poco, y en opinión de otros lo consideren que no es gran cosa, no se deja acomplejar, ni subestimar por la opinión de un incircunciso. A los ungidos les importa la opinión que Dios tiene de ellos, y la opinión que ellos tienen de sí mismos. La opinión negativa de otro no hace dudar al ungido de quién es y para qué sirve.

Para Goliat, el ungido era una figura de ornamento social. Un *"muchacho"* afiebrado que quería llamar la atención y que se aprovechaba de la situación. Lo menos que se imaginaba que tenía delante al "exterminador" de Dios. Goliat sería la primera misión oficial del "exterminador belenita". En este cuerpo de muchacho estaba el hombre de Dios.

En la Biblia de Estudio *"Dios Habla Hoy"* se traduce este pasaje bíblico de la manera siguiente: *"Cuando el filisteo miró a David, y vio que era joven, de piel sonrosada y bien parecido, no lo tomó en serio"*.

"No lo tomó en serio". El que no toma en serio al ungido de Dios se puede estar metiendo en problemas y no lo sabe. Aunque al ungido no lo tomen en serio, este si tomara las cosas de Dios en serio.

Los que son llamados al ministerio y ejercen posiciones dentro de la comunidad cristiana, se les exhorta a mantener un carácter de seriedad en el desempeño de sus funciones:

"Que los ancianos sean sobrios, serios, prudentes, sanos en la fe, en el amor, en la paciencia" (Tit. 2:2).

"Presentándote tú en todo como ejemplo de buenas obras; en la enseñanza mostrando integridad, seriedad" (Tit. 2:7)

Creyentes "serios", de carácter, de una sola palabra, que no vacilan, son las que el Espíritu Santo unge como recursos humanos para que Dios los utilice en su propósito y plan.

Conclusión

(1) Los ungidos son muy *francos* en comunicar lo que tienen en el corazón. No fingen sus opiniones. De esta manera se cuidan de no comprometerse con alguien o con algo que los pueda afectar. (2) Los ungidos son muy determinados. Se mueven siempre de acuerdo con metas y propósitos. No temen enfrentar los problemas que se les presentan. (3) Los ungidos son muy *temerarios*. No se dejan asustar por nada ni por nadie. Los retos en la vida los ven como oportunidades de avanzar. (4) Los ungidos son muy *realizados*. Se miran siempre en el espejo de Dios donde nunca se ven empañados, no en el espejo del mundo que siempre los muestra distorsionados. Aunque se les tenga en poco o no se les tome en serio, no se condenan al fracaso ni a la desilusión.

LA CONFESIÓN DEL UNGIDO

"Entonces dijo David al filisteo: Tú vienes a mí con espada y lanza y jabalina; mas yo vengo a ti en el nombre de Jehová de los ejércitos, el Dios de los escuadrones de Israel, a quien tú has provocado. Jehová te entregará hoy en mi mano, y yo te venceré, y te cortaré la cabeza, y daré hoy los cuerpos de los filisteos a las aves del cielo y a las bestias de la tierra; y toda la tierra sabrá que hay Dios en Israel. Y sabrá toda esta congregación que Jehová no salva con espada y con lanza; porque de Jehová es la batalla, y él os entregará en nuestras manos" (1 S. 17:45-47).

Introducción

El rey Saúl ya había bendecido a David: *"Vé, y Jehová esté contigo"* (17:37). David fue ungido por Samuel el profeta y fue bendecido por Saúl el rey. Ante la autoridad de Dios y ante la de los hombres, David estaba autorizado.

La bendición de Saúl le daba a David el permiso para actuar. Los ungidos siempre se deben mover bajo permiso de los que están en autoridad sobre ellos. Salir con la bendición del líder es gozar del respaldo de Dios. *"Vé"*, era el permiso. *"Y Jehová esté contigo"*, era la seguridad.

En 1 Samuel 17:43 leemos: *"Y dijo el filisteo a David: ¿Soy yo perro, para que vengas a mí con palos? Y maldijo a David por sus dioses"*. El gigante se burló de la apariencia pastoril de David. Al verlo con su vara y con su cayado, lo despreció como guerrero. Pero la vara era símbolo de la protección que daba a sus ovejas y el cayado era símbolo de su autoridad como pastor. En lo espiritual, David iba armado con autoridad y protección divinas (Sal. 23:4).

Luego el filisteo se vuelve un profeta del mundo y le dice al ungido: *"Ven a mí, y daré tu carne a las aves del cielo y a las bestias del campo"* (17:44). El diablo profetiza mentiras contra los ungidos. Les desea fracaso, destrucción, derrota. Trata de que los ungidos crean a sus palabras y se llenen de temor. El arma favorita que se patentiza en el infierno es el temor. Un ungido con temor deja de creerle a Dios y no se ampara en lo que dice la Palabra. Muchos conocen la Palabra, pero no la obedecen. Saben lo que Dios dice, pero no actúan en lo que Él dice.

I. La confianza del ungido

"Entonces dijo David al filisteo: Tú vienes a mí con espada y lanza y jabalina; mas yo vengo a ti en el nombre de Jehová de los ejércitos, el Dios de los escuadrones de Israel, a quien tú has provocado" (17:45).

Los oídos del ungido se abren para escuchar a Dios y no para oír al diablo, al mundo o a la carne. La relación del ungido con el Eterno y su confianza en Él es más importante que la opinión del filisteo del fracaso.

El tentador le dijo a Cristo: *"Si eres Hijo de Dios, di que estas piedras se conviertan en pan"* (Mt. 4:3). Notemos que reconoció al Ungido con su título: *"Hijo de Dios"*. Al diablo le gusta reconocer títulos, pero eso no implica que los respete. Ese *"si eres"* era la semilla de la duda, de la arrogancia y del orgullo. Se aprovechó de una debilidad física del Señor Jesucristo: *"tuvo hambre"* (Mt. 4:2).

Jesús, como el Ungido, le respondió: *"Escrito está: No sólo de pan vivirá el hombre, sino de toda palabra que sale de la boca de Dios"* (Mt. 4:4). Con la Palabra, Jesús resistió al diablo. Los ungidos son personas que están llenos de la Palabra. Saben la manera de defenderse con la Palabra. Tienen la Palabra en el corazón y cuando la necesitan la misma se manifiesta.

Jesús se negó a convertir las piedras en pan. Hoy día muchos están convirtiendo las piedras en pan, porque no conocen sus derechos con que les ampara la Palabra.

David le contestó al filisteo: *"Tú vienes a mí con espada y lanza y jabalina"*. Reconocía que desde el punto de vista humano este incircunciso estaba armado hasta los dientes.

Los ungidos nunca subestiman a sus enemigos. Los estudian bien. Analizan sus tácticas. Hacen un estimado de sus armas de combate. David sabía lo que tenía su enemigo. El ungido siempre tiene que conocer a su enemigo y saber con lo que cuenta.

El ungido tampoco se deja impresionar por lo mucho que tenga su contrincante. Él sabe lo que tiene en Dios y conoce cómo ponerse en las manos de Él.

David luego añade: *"Mas yo vengo a ti en el nombre de Jehová de los ejércitos, el Dios de los escuadrones de Israel, a quien tú has provocado"*.

El ungido se ve como un representante autorizado de Dios. Su llamado y misión era de parte de Él. Como representante de Dios, el ungido cumpliría con su parte y Dios haría la suya.

El ungido también manifiesta un celo por Dios: *"a quien tú has provocado"*. Los ungidos siempre protestan a favor de Dios. En 1 Reyes 18:17-18 leemos: *"Cuando Acab vio a Elías, le dijo: ¿Eres tú el que turbas a Israel? Y él respondió: Yo no he turbado a Israel, sino tú y la casa de tú padre, dejando los mandamientos de Jehová, y siguiendo a los baales"*.

Cualquier provocación a Dios, los ungidos la toman como algo personal. Los asuntos de Dios les importan a ellos. Como ungidos debemos estar siempre del lado de Dios, aunque esto signifique impopularidad o discriminación.

II. La fe del ungido

"Jehová te entregará hoy en mi mano, y yo te venceré, y te cortaré la cabeza, y daré hoy los cuerpos de los filisteos a las aves del cielo y a las bestias de la tierra; y toda la tierra sabrá que hay Dios en Israel" (17:46).

"Jehová te entregará hoy en mi mano". El ungido con sus labios confiesa que el enemigo le será entregado ese día. Con sus palabras confiesa que Dios lo ponía en autoridad sobre su enemigo.

En Hebreos 11:1 leemos: *"Es, pues, la fe la certeza de lo que se espera, la convicción de lo que no se ve"*. La fe siempre está segura de lo que espera, convencida de lo que no se ve. La fe llama las cosas que no son como si fueran.

Pero la fe siempre opera basada y respaldada por la Palabra de Dios: *"Por la fe entendemos haber sido constituido el universo por la palabra de Dios, de modo que lo que se ve fue hecho de lo que no se veía"* (He. 11:3).

La fe siempre le cree a Dios y a lo que Él dice en su Palabra. Fuera de la Biblia no se responde en fe, sino en presunción. La presunción es siempre una apariencia de fe falsa.

Por medio de la fe el creyente actúa y habla. Se necesita fe para ponernos de acuerdo con Dios. El ungido es una persona que tiene y comunica fe.

"Y yo te venceré, y te cortaré la cabeza". Notemos que el ungido habla victoria. Su mentalidad es positiva. Su mensaje es positivo. Sus palabras son positivas. Su naturaleza es positiva.

El ungido siempre confiesa los resultados. No declara fracasos, declara triunfos. No se ve derrotado, sino victorioso. No se ve con la cabeza cortada por el enemigo, ve al enemigo con la cabeza cortada por él. Sabe muy adentro de su corazón que es un instrumento de Dios y que forma parte de un plan divino. Sabe a quién le ha creído y por qué le ha creído.

"Y daré hoy los cuerpos de los filisteos a las aves del cielo y a las bestias de la tierra". David al ejercitar su fe lo hacía en presente: *"Jehová te entregará hoy en mi mano".* *"Y daré hoy".*

La fe es para "hoy" y la esperanza es para "mañana". La fe recibe "hoy" y la esperanza recibirá "mañana". La fe se goza "hoy" y la esperanza se gozará "mañana".

La fe del ungido es presente, lo mantiene activo, le hace declarar lo que quiere que suceda "hoy". La fe provoca milagros. ¡Tenga fe en Dios! ¡Tenga fe en la Palabra de Dios! ¡Tenga fe en lo que usted dice de parte de Dios!

"Y toda la tierra sabrá que hay Dios en Israel". Con su fe, el ungido busca que Dios sea glorificado y alabado en todo lugar. Cuando el ungido actúa con fe, los que lo ven tienen que reconocer que la mano de Dios ha estado detrás de todo esto. El *Director Ejecutivo* es Dios y el ungido simplemente ha recibido una parte para actuar.

Por lo tanto, el mérito no es del ungido sino del que lo ha montado todo: el Dios Todopoderoso. El ungido debe ser humilde en su espíritu. Dios sin él o ella sigue siendo Dios; pero él o ella sin Dios es nada. ¿Qué significa "nada" en griego? Para los que viven fascinados por los originales bíblicos, "nada" en griego es "nada". Y "nada" somos sin la presencia y el favor de Dios en nuestra vida.

III. El testimonio del ungido

"Y sabrá toda esta congregación que Jehová no salva con espada y con lanza; porque de Jehová es la batalla, y él os entregará en nuestras manos" (17:47).

David sabía que el propósito de todo lo que ocurriría en ese día era dar testimonio del nombre de Dios. La finalidad no era la de hacer famoso al ungido, sino la de hacer notorio a Dios.

Los ungidos siempre se mueven dentro de una motivación espiritual. Lo que no traiga gloria y honra al Señor Jesucristo, no glorifique al Padre y no reconozca al Espíritu Santo, los ungidos no lo enfatizan.

"Y sabrá toda esta congregación que Jehová no salva con espada y con lanza". El filisteo dependía de su espada y de su lanza. David dependía de Dios. Depender de Dios para hacer algo es más importante que los medios para hacerlo. El proceder del mundo no es el de Dios. El ungido no depende de la fuerza humana, sino del poder espiritual.

"Porque de Jehová es la batalla". Durante cuarenta días (17:16) el gigante había desafiado al pueblo de Israel. ¿Sabe por qué no había sido derrotado? Porque Saúl y los soldados pensaban que esta batalla era de ellos. Se habían olvidado de Dios. Saúl era un rey sin unción de Dios en su vida (1 S. 16:14), por lo tanto, operaba en lo natural. David era un futuro rey, ya con la unción divina en él y ya estaba operando en lo sobrenatural. Los ungidos se mueven en el plano del espíritu y no en el de la carne.

David sabía en su espíritu que esta batalla no era suya, era la batalla de Dios. Mientras pensemos que la batalla es nuestra y no se la transferimos a Dios, tendremos muy poca posibilidad de poder ganarla. Pero cuando entendamos que no es nuestra batalla sino que ha pasado a ser la batalla de Dios, la victoria será nuestra. No luchemos solos, busquemos la ayuda de Dios.

Jesús de Nazaret declaró: *"En el mundo tendréis aflicción; pero confiad, yo he vencido al mundo"* (Jn. 16:33). Esta seguridad de que Jesús ya venció, nos anima a estar confiados y seguros en medio de toda prueba y dificultad. El puente de la confianza se suspende entre la aflicción y la victoria. Por lo tanto, al cruzarlo ya estamos en la orilla de la victoria.

"Y él os entregará en nuestras manos". Al enemigo hay que decirle en la cara que ya perdió. David no iba a buscar una victoria contra Goliat, él iba a recibirla. El ungido sabe declarar y declararse en victoria. Con aplomo dice: *"él os entregará"*. Los ungidos tienen abiertas las manos para recibir todo lo que Dios les quiera entregar.

El problema de muchos ungidos es que no han recibido, no han reclamado lo que ya Dios les ha entregado. Se pasan pidiendo algo que ya Dios se lo ha dado. Las promesas de Dios ya son nuestras, hay que reclamarlas.

En Josué 1:3 leemos: *"Yo os he entregado, como lo había dicho a Moisés, todo lugar que pisare la planta de vuestro pie"*. El pasaje paralelo está en Deuteronomio 11:24 y declara: *"Todo lugar que pisare la planta de vuestro pie será vuestro; desde el desierto hasta el Líbano, desde el río Eufrates hasta el mar occidental será vuestro territorio"*.

El ungido sabe lo que ya en el espíritu y por la fe le pertenece. No anda mendigando bendiciones, las reclama. No se pasa orando por una victoria, se declara en victoria. No se la pasa llorando por las pruebas, entona cantos de victoria.

¡El ungido siempre está en guerra espiritual! ¡Pelea orando! ¡Pelea ayunando! ¡Pelea cantando! ¡Pelea alabando! ¡Pelea confesando! ¡Pelea ministrando! ¡Pelea predicando!

Conclusión

(1) La confianza del ungido se basa en la autoridad y en la misión que ha recibido de Dios. (2) La fe del ungido es algo que trabaja "hoy" y glorifica a Dios. (3) El testimonio del ungido habla de victoria espiritual.

LA PELEA DEL UNGIDO

"Y aconteció que cuando el filisteo se levantó y echó a andar para ir al encuentro de David, David se dio prisa, y corrió a la línea de batalla contra el filisteo. Y metiendo David su mano en la bolsa, tomó de allí una piedra, y la tiro con la honda, e hirió al filisteo en la frente; y la piedra quedó clavada en la frente; y cayó sobre su rostro en tierra. Así venció David al filisteo con honda y piedra; e hirió al filisteo y lo mató sin tener David espada en su mano. Entonces corrió David y se puso sobre el filisteo; y tomando la espada de él y sacándola de su vaina, lo acabó de matar y le cortó con ella la cabeza. Y cuando los filisteos vieron a su paladín muerto, huyeron" (1 S. 17:48-51).

Introducción

El momento de acción para el ungido ha llegado. Ya se han terminado las palabras, el dime y te diré. Ambos líderes están listos para demostrar su superioridad: uno confiado en su espada, lanza y jabalina (17:45); el otro confiado en el nombre de su Dios (17:45).

La última palabra la tuvo el ungido. Aunque el filisteo inició la conversación con maldiciones (17:43-44); el ungido la terminó hablando con autoridad espiritual (17:45-47).

En 1 Samuel 17:48 leemos: *"Y aconteció que cuando el filisteo se levantó y echó a andar para ir al encuentro de David, David se dio prisa y corrió a la línea de batalla contra el filisteo".*

El filisteo se quiso adelantar en la pelea, quería atacar primero. Pero el ungido no estaba dispuesto a ser atacado primero, sino que salió al ataque. Los ungidos no se cruzan de brazos esperando que los enemigos ataquen, se les enfrentan con valentía y determinación.

I. La iniciativa del ungido

"David se dio prisa" (17:48).

Si algo caracteriza a los ungidos es su sentido de urgencia. No posponen sus responsabilidades. Cuando se les delega alguna misión o tienen que realizar alguna tarea, sincronizan su tiempo.

En la vida hay muchas cosas que hay que realizarlas con *"prisa"*. El factor tiempo puede ser nuestro amo o puede ser nuestro siervo. Todo depende de nuestra actitud.

En Efesios 5:15-16 leemos: *"Mirad, pues, con diligencia cómo andéis, no como necios sino como sabios, aprovechando bien el tiempo, porque los días son malos"*.

En Colosenses 4:5 dice: *"Andad sabiamente para con los de afuera, redimiendo el tiempo"*.

En ambos pasajes se nos enseña lo importante de la mayordomía que hagamos del tiempo. A todos Dios nos da la misma cantidad de tiempo, pero a unos le rinde más y a otros menos. Esto se debe al orden de las prioridades. El éxito en la vida es de los que saben priorizar sus asuntos. Le dan el tiempo a lo que le corresponde y no lo desperdician en cosas que no valen la pena.

Para el ungido David era importante, era prioridad, darse *"prisa"* y enfrentar al gigante. Era algo que en su corazón lo sentía así. Muchos esperaron cuarenta días y nada hicieron, pero el ungido en un solo día lo quiere hacer todo.

Los hombres y mujeres de Dios que han sido ungidos para hacer su voluntad se entusiasman por cumplir con el propósito de Dios en sus vidas. El salmista David en el Salmo 138:8 dijo: *"Jehová cumplirá su propósito en mí"*. Para cada ungido, Dios tiene un propósito, pero queda de nuestra parte si con nuestra contribución de tiempo y energías le permitimos a Dios hacernos instrumentos de su voluntad. Usted y yo podemos llegar a ser la voluntad de Dios para que otros sean bendecidos, guiados, enseñados, evangelizados y discipulados.

"Dése prisa" en hacer la voluntad de Dios. Entienda que Dios lo quiere usar, pero no lo hace porque usted no se da prisa para que Él lo haga.

"Dése prisa" en manifestar el don que hay en usted. A cada creyente se le ha dado por lo menos un don. En 1 Corintios 12:7 leemos: *"Pero a cada uno le es dada la manifestación del Espíritu para provecho"*. Dios le da oportunidades para que ejercite y manifieste el don que hay en usted. Pero apúrese en hacerlo. Basta ya de

estar orando para que el Señor lo use, déjese usar por el Espíritu Santo.

"*Dése prisa*" en hacer las cosas. Deje de estar posponiendo las cosas para después. Con eso la retrasa, se retrasa usted y retrasa a otros. Siempre pregúntese: ¿Lo que voy a hacer es importante para mí, para mi prójimo y para Dios?

"*Dése prisa*" en tomar iniciativa. Hombres y mujeres con iniciativa son los promovidos en el mundo secular y en el reino de Dios. Los que son lentos en hacer lo que Dios ordena y perezosos en representar los negocios de Él, difícilmente llegarán a ser para nuestro Señor Jesucristo lo que Él desea que sean.

II. La meta del ungido

"*y corrió a la línea de batalla contra el filisteo*" (17:48).

El ungido es alguien que se mueve con metas en la vida. Las metas a corto plazo llevan a las de largo plazo, y estas últimas llevan al éxito. ¿Quiere tener éxito en su vida? Póngase metas. Propóngase alcanzar y realizar algo. Despierte al camino del éxito y de la felicidad.

Deje ya de vivir condicionado por "no puedo" y "no tengo". Hable el lenguaje del ungido: "*Todo lo puedo en Cristo que me fortalece*" (Fil. 4:13). Empiece a confesar las promesas de Dios para su vida. Niéguese a ser esclavo de las derrotas y a estar preso en la cárcel de las dudas. Ha sido destinado por Dios para llevar una vida victoriosa y llena de fe.

La meta del ungido era llegar a la línea de batalla y no dejar que el filisteo se le adelantara. Si no se mueve en esta vida otros llegarán antes que usted a la línea de batalla. El primero que llegue tiene más oportunidades de triunfar.

Humana y sociológicamente, David era de la minoría y el gigante de la mayoría. Pero el ungido se negó a dejarse condicionar por su condición de minoría. Por encima de sus desventajas sociales, veía sus ventajas espirituales. En su espíritu era libre para realizarse. Sabía quién era en Dios. Sabía que Dios y él cambiarían las cosas. Hágase socio con Dios en la realización de su voluntad.

Pablo el apóstol, un hombre de fe, pensador positivo, tenaz y de actitud optimista declaró: "*No que lo haya alcanzado ya, ni que ya sea perfecto; sino que prosigo, por ver si logro asir aquello para lo cual fui también asido por Cristo Jesús. Hermanos, yo mismo no pretendo haberlo ya alcanzado; pero una cosa hago: olvidando ciertamente lo que queda atrás, y extendiéndome a lo que está delante, prosigo a la meta, al premio del supremo llamamiento de Dios en Cristo Jesús*" (Fil. 3:12-14).

Muchos no se superan en la vida porque viven encerrados en su cuarto de un pasado fracasado. No miran al futuro, se mueven siempre mirando al pasado. Entran al futuro vestidos con los harapos de su pasado.

Tenemos que olvidar el pasado lleno de sinsabores, derrotas, heridas, malentendidos, traiciones, hipocresía, rechazo, y con esfuerzo y determinación movernos a la conquista del futuro.

Si Cristo lo asió, también puede asir todo lo que Él tiene para usted. El éxito, la victoria, el triunfo, la promoción, la graduación, la vida de plenitud es de usted. No es un gusano del infortunio, es un proyecto de Dios. Con el favor de Él, usted es una mariposa en su jardín de flores olorosas.

Mírese como Dios lo ve y no como los demás lo describen o lo han definido. Su opinión acerca de sí mismo se modificará por la manera cómo se alimente de la Palabra.

"Corra a la línea de batalla" y enfrente ese Goliat que le está haciendo daño a su matrimonio. No le huya a los problemas, confróntelos. Mire a ver qué es lo que ha estado afectando la intimidad en su relación conyugal. ¿Por qué están enojados el uno contra el otro? ¿Qué cambios los están perjudicando? ¿Por qué ya no hay diálogo amoroso? No deje que Goliat destruya su matrimonio, destrúyalo a él con el poder de Dios en su vida.

"Corra a la línea de batalla" y enfrente ese Goliat que está afectando sus relaciones familiares. ¿Por qué hay tanto enojo entre los padres y los hijos? ¿Cuándo se sentaron por última vez para tener una conversación amistosa? Hijos, ¿por qué se rebelan contra sus padres? ¿Por qué detesta a su hermano?

"Corra a la línea de batalla" y enfrente a ese Goliat que lo está afectando. ¿Por qué se enoja tanto? ¿Por qué no saca esa raíz de amargura que lo está asfixiando por dentro? ¿Por qué deja que su temperamento lo controle en vez de usted controlarlo a él?

Deje ya de correr de la línea de batalla, es tiempo de que corra a la línea de batalla. Los cobardes huyen de los problemas, los valientes los confrontan. No huya de su matrimonio, no huya de su trabajo, no huya de su familia, no huya de su ministerio, no huya de sus responsabilidades.

"Corra a la línea de batalla" y enfrente las cosas con fe. La fe quita el temor y lo hace actuar con valentía.

"Corra a la línea de batalla" y resuelva los problemas con oración. Con la oración puede mover la mano de Dios y puede actualizar su voluntad a favor de usted.

"Corra a la línea de batalla" y deje atrás sus temores con la alabanza. En medio de todo, alabe a Dios. Cuando las cosas le salgan

mal alabe a Dios. Cuando no encuentre la salida a sus temores, alabe a Dios. Alábelo por la mañana, al mediodía, en la tarde, en la noche, alábelo todo el tiempo.

III. La terminación del ungido

"e hirió al filisteo en la frente... y tomando la espada de él y sacándola de su vaina, lo acabó de matar, y le cortó con ella la cabeza" (17:49, 51).

El ungido termina lo que comienza. Esta es una de las cualidades de los que han sido ungidos para una misión especial de Dios. Al final confirman con sus acciones lo que dijeron con sus palabras.

David no era un volcán emocional, era una montaña. Al enfrentar a Goliat no se movió por emoción, lo hizo por unción. La visión para materializarse debe ser promovida y movida por la unción. Los no ungidos hablan mucho, pero al momento de actuar hace poco o nada. Hablan muy bien de la visión, pero no la actualizan.

Por un momento visualicemos lo que hizo el ungido. David comienza a caminar apresuradamente, va ligero, en su mente está avanzar. De momento se echa a correr hasta llegar a la línea de combate. Allí mete su mano en la bolsa y extrae una de las cinco piedras lisas que tomó del arroyo. La pone en su honda, la hace girar, suelta una tira de cuero y la otra permanece atada a su muñeca derecha.

La piedra surca el aire con la fuerza de una bala. La misma unción de Dios la dirige. Hasta que llega y se incrusta en el único lugar que el filisteo tenía desprovisto de protección: una pequeña apertura en su casco de guerra que dejó al desnudo su frente.

Es tal el impacto de la piedra que el gigante cae. Dios lo hace humillarse y comer del polvo de la tierra. El momento está lleno de emoción, pero el ungido controla sus emociones. Sabe que tiene que terminar lo que comenzó. La emoción del momento no lo debe sacar de su unción. El diablo sabe entretener a los ungidos y mediante la emoción alejarlos de la unción.

Una vez más el ungido se echa a correr. La unción todavía lo mantiene activo. Llega al filisteo, le saca la espada (17:51) y le corta con ella la cabeza.

En todo este proceso se cumple la confesión de fe del ungido: *"Jehová te entregará hoy en mi mano, y yo te venceré, y te cortaré la cabeza"* (17:46). El resto de la historia nos presenta a los filisteos que huyen y son atacados por los soldados israelitas (17:51-52), y su campamento saqueado (17:53).

Por causa del ungido, el enemigo y sus aliados son derrotados. Con la caída del "hombre fuerte", vencen a sus asociados. La guerra espiritual se concentra en identificar atar y desarmar al "hombre fuerte" en su fortaleza de operación espiritual.

En Mateo 16:19 leemos: *"Y a ti te daré las llaves del reino de los cielos; y todo lo que atares en la tierra será atado en los cielos; y todo lo que desatares en la tierra será desatado en los cielos".*

En Mateo 18:18 dice: *"De cierto os digo que todo lo que atéis en la tierra, será atado en el cielo; y todo lo que desatéis en la tierra, será desatado en el cielo".*

A Pedro y luego a todos los discípulos, se les da autoridad de atar y desatar en el mundo espiritual. La guerra espiritual tiene como finalidad la de "atar" y la "desatar" espiritualmente. Pero antes de que un creyente emprenda una guerra espiritual contra las fortalezas enemigas, atando y desatando cosas en el reino espiritual, tiene que librar en su vida una de las guerras espirituales más grandes: tiene que atar envidias, celos, rebeliones, chismes, enojos, contiendas, hipocresía, carnalidad, disoluciones, pleitos, tacañería, dudas, ambivalencias, heridas emocionales, complejos, racismos, discriminación, y muchas otras cosas.

También tiene que desatar muchas cosas: gozo, paz, amor, fe, paciencia, benignidad templanza, mansedumbre, bondad (Gá. 5:22-23), autocontrol, positivismo, determinación, realización, superación, valentía, decisión, bendiciones, dones, y muchas otras cosas.

Conclusión

(1) Cuando Dios requiere del ungido que haga algo, este lo hace con prisa para Él. (2) Los ungidos buscan siempre la delantera para hacer la voluntad de Dios. (3) Los ungidos no dejan que las emociones los confundan en la manifestación de la unción. Son iniciadores y terminadores en el propósito de Dios.

LA AMISTAD DEL UNGIDO

"Aconteció que cuando él hubo acabado de hablar con Saúl, el alma de Jonatán quedó ligada con la de David, y lo amó Jonatán como a sí mismo. Y Saúl le tomó aquel día, y no le dejó volver a casa de su padre. E hicieron pacto Jonatán y David, porque él le amaba como a sí mismo. Y Jonatán se quitó el manto que llevaba, y se lo dio a David, y otras ropas suyas, hasta su espada, su arco y su talabarte. Y salía David dondequiera que Saúl le enviaba, y se portaba prudentemente. Y lo puso Saúl sobre gente de guerra, y era acepto a los ojos de todo el pueblo, y a los ojos de los siervos de Saúl" (1 S. 18:1-5).

Introducción

Por su temeridad y valor, el joven David al derrotar al gigante Goliat se transforma de una persona común en una extraordinaria, de alguien insignificante e invisible en alguien con significado y visible.

El creyente que habla fe, ejerce fe y que se mueve en fe, es notado por otros. La fe demostrada por David lo da a conocer como un hombre de Dios. Saúl el rey y Jonatán el príncipe, los siervos del rey y la gente del pueblo, todos ahora se interesan en David. Él no buscaba reconocimiento, Dios lo daba a conocer. Su prioridad era honrar a Dios y por esto Él lo honra.

Los hombres y mujeres de Dios alumbran cuando se apagan así mismos. Esa preocupación de ser reconocidos, de ser notados, de querer ser vistos, de querer hacerse de un nombre (Gn. 11:41), de no querer esperar el propósito de Dios sino de provocarlo, es una actitud carnal. Los verdaderos siervos y siervas de Dios brillan en la oscuridad de manera natural y no artificial.

I. La atención del ungido

"Aconteció que cuando él hubo acabado de hablar con Saúl" (18:1).

Saúl ya se había interesado por el joven David al preguntarle al general de su ejército: *"¿De quién es hijo ese joven?"* (17:55). Abner le respondió: *"Vive tu alma, oh rey, que no lo sé"* (17:56).

Antes de David matar al gigante no se sabía algo importante sobre él; pero después de haber realizado esa proeza, cuando con un estilo sencillo y peculiar derrotó al exterminador filisteo, se convirtió en un héroe nacional para Israel.

Cuando Saúl lo interrogó: *"Muchacho, ¿de quién eres hijo?"* (17:58), David le respondió: *"Yo soy hijo de tu siervo Isaí de Belén"* (17:58). El rey se dirigió a David con mucha naturalidad y familiaridad al llamarlo "muchacho". Algo en David le ganó la confianza del monarca. Los ungidos siempre tienen la gracia de atraer a otros. Con esa expresión *"muchacho"* el rey trataba al joven pastor como a un hijo, alguien que se había ganado su respeto y su reconocimiento.

Notemos la pregunta: *"¿de quién eres hijo?"* Por su acción de fe, este *"muchacho"* había honrado el nombre de su padre. David responde: *"Yo soy hijo de tu siervo Isaí de Belén"*. Hizo importante tanto a su padre como a su lugar de nacimiento.

Lo más sobresaliente es la atención del ungido. Tenía oídos para escuchar y sabía cómo responder a su autoridad. El ungido oye bien para responder bien. La tremenda hazaña de David al vencer al gigante no llenó su corazón de vanidad y orgullo espiritual, por el contrario, mantuvo y manifestó un espíritu dócil y humilde. David era el mismo tanto antes como después de matar al gigante. No se volvió un engreído espiritual. Son muchos los engreídos espirituales que andan "tumbándose polvo" ellos mismos.

II. La unidad del ungido

"el alma de Jonatán quedó ligada con la de David" (18:1).

El tema que sobresale es el de la unidad. Jonatán, el príncipe con derecho al trono, se sintió espiritualmente atraído hacia el joven David. Al ungido se le ligarán otros que percibirán en él una capacidad especial, tendrán una revelación personal de quién es él y de lo que Dios a través del ungido puede realizar.

Esa palabra "ligar" significa amarrar algo de tal manera que

sea difícil de soltar. Es una relación no solo exterior sino interior.
No solo social, sino espiritual.

Jonatán y David entran en un ligamiento de personalidades,
de sentimientos y de fe. Era algo más que ser conocidos, amigos
casuales, compañeros incidentales, era ser amigos verdaderos.
Era ligar su presente y su futuro, sus experiencias y su fe.

De igual manera, Jesucristo es ese Jonatán que ha tomado la
iniciativa de unirse con nosotros como el David necesitado. Su
naturaleza divina la ha ligado a nuestra naturaleza humana; su
gracia la ha ligado a nuestra fe; sus promesas las ha ligado a
nuestra confesión; su compañía la ha ligado a nuestra soledad.
Jesucristo y nosotros nos hemos llegado a ligar por el Espíritu
Santo. ¡Somos uno, uno en el Señor!

III. El amor al ungido

"y le amó Jonatán como a sí mismo" (18:1).

El amor de Jonatán lo ligó a David. Jonatán amó a David, y
David amó a Jonatán. El amor tiene que ser recíproco. Jesús nos
ama, y nosotros lo amamos a Él. Amamos a Dios porque Él nos
amó primero.

El amor es algo que da una persona y es algo que recibe otra
persona. Es una entrega voluntaria. Es darse a otros. Teológica-
mente, el amor no es tanto un sentimiento, es una acción, un imperativo. Es un interactuar recíproco.

Jonatán tuvo la revelación, aunque incomprensible, de que
tenía que amar al ungido. Apenas Jonatán conoció a David, en
su corazón sintió un amor santo, desinteresado y muy especial,
por el que había sido un instrumento milagroso de Dios.

Jesucristo es nuestro Jonatán. En nosotros y por todo el mundo,
desembocó los ríos crecidos de su amor. En el Calvario expresó
todo su amor por una raza humana caída y enemiga de Dios.
Este amor ahora lo comunica por medio de su cuerpo místico: la
Iglesia, de la cual Él es su cabeza y su corazón.

IV. La vestidura del ungido

*"Y Jonatán se quitó el manto que llevaba, y se lo dio a David, y otras
ropas suyas, hasta su espada, su arco y su talabarte"* (18:4).

Jonatán de manera protocolar y ceremonial transfiere su posición a David. El que tiene una revelación en el corazón de quién
es el ungido, no lucha por mantener su posición y su prestigio
personal, sino que está dispuesto a entregarle todo al que el
Espíritu Santo señala como el ungido.

Los espirituales no tienen problemas para identificar, reconocer y ponerse al servicio del ungido. Públicamente declaran al ungido y transfieren su sujeción a su autoridad.

Primero, *"y Jonatán se quitó el manto que llevaba, y se lo dió a David"*. El manto representaba su posición real. Espiritualmente abdicó a su posición de príncipe con derecho al trono, dándole este derecho al ungido. Le entregó su posición al ungido. De igual manera Jesucristo, nuestro Jonatán, nos ha transferido su naturaleza divina, la cual nos constituye en real sacrificio.

Segundo, *"y otras ropas suyas"*. El manto de Jonatán representaba derecho real y sus *"otras ropas"*, los privilegios concedidos a David. Jesucristo no solo le ha dado derechos espirituales al creyente, también le ha dado privilegios espirituales. Los derechos se reciben por su gracia y los privilegios por su misericordia. La salvación y todos sus componentes (justificación, santificación, glorificación, posición, elección, perfección) son derechos impartidos a los que reciben a Jesucristo como Salvador y Señor. Los dones y cargos en la iglesia son privilegios. No es algo que nos corresponde, si no algo que Dios da al que quiere.

Tercero, *"hasta su espada"*. La espada simbolizaba su protección, su seguridad y su defensa. Todo esto Jonatán lo ponía al servicio de David. De igual manera, Jesucristo nos ha dado su Palabra, la espada de dos filos (He. 4:11) para protegernos, darnos seguridad y defendernos. El ungido necesita tener la espada de la Palabra.

Cuarto, *"su arco"*. Con el arco se alcanzan las cosas a distancia. Al tirar sus flechas se superan los obstáculos y las distancias. Se mantienen los enemigos a distancia y se provee para las necesidades. Jesucristo nos ha dado el arco espiritual de sus promesas.

Quinto, *"y su talabarte"*. En la Biblia de Jerusalén, en vez de "talabarte" se lee "cinturón". En Efesios 6:14 leemos: *"ceñidos vuestros lomos con la verdad"*. Si algo Jonatán iba a compartir con el ungido sería la verdad.

V. El sometimiento del ungido

"Y salía David a dondequiera que Saúl le enviaba, y se portaba prudentemente. Y lo puso Saúl sobre gente de guerra, y era acepto a los ojos de todo el pueblo, y a los ojos de los siervos de Saúl" (18:5).

Desde temprano en su ministerio, el ungido aprende a moverse bajo el principio del sometimiento espiritual. David iba donde Saúl lo enviaba y manifestaba una buena conducta.

El sometimiento y la prudencia en el comportamiento pone al ungido en gracia con su autoridad espiritual. Las cualidades de

David lo ponen en una posición de autoridad. Los que saben estar bajo autoridad, Dios los promueve a estar en autoridad.

La autoridad espiritual es algo que se reconoce. A la gente no se les puede obligar a estar sometidos a la autoridad espiritual, sino que al reconocer esta autoridad se someten voluntariamente, sin resistirla y sin pelear contra la misma. Con la autoridad espiritual se hace visible la gracia en el que la tenga. El ungido David *"era acepto a los ojos de todo el pueblo, y a los ojos de los siervos de Saúl"*.

Conclusión

(1) El ungido tiene oídos para escuchar a su autoridad espiritual. (2) El ungido encontrará personas, que aunque tengan una mayor posición que él, reconocerán una revelación de su ministerio. (3) El ungido será amado por los que en su corazón tienen una revelación de quiénes son en Dios. (4) El ungido será identificado por los espirituales quienes les transferirán su sujeción espiritual. (5) El ungido, por someterse a la autoridad espiritual, será promovido para estar en autoridad.

LOS CELOS HACIA EL UNGIDO

> "Aconteció que cuando volvían ellos, cuando David volvió de matar al filisteo, salieron las mujeres de todas las ciudades de Israel cantando y danzando, para recibir al rey Saúl, con panderos, con cánticos de alegría y con instrumentos de música. Y cantaban las mujeres que danzaban, y decían: Saúl hirió a sus miles, y David a sus diez miles. Y se enojó Saúl en gran manera, y le desagradó este dicho, y dijo: A David dieron miles, y a mí miles; no le falta más que el reino. Y desde aquel día Saúl no miró con buenos ojos a David" (1 S. 18:6-9).

Introducción

Después de haber sido llamado, haber demostrado que era el ungido, haber hablado como el ungido, y haber sido aceptado como el ungido, es de esperarse que el que estaba en posición sin unción y que teme por su posición, sienta celos del ungido.

Saúl, el líder sin unción, se sintió celoso del ungido de Dios. David era públicamente reconocido por causa de la unción. Los ungidos siempre sobresalen y se levantan por encima de los que han perdido la unción.

I. Una celebración de recibimiento

"Aconteció que cuando volvían ellos, cuando David volvió de matar al filisteo, salieron las mujeres de todas las ciudades de Israel cantando y danzando, para recibir al rey Saúl, con panderos, con cánticos de alegría y con instrumentos de música" (18:6).

Desde el momento que el ungido mató al gigante, Dios lo puso en gracia dentro y fuera del palacio del rey Saúl (18:5). Los ungidos son reconocidos por los de adentro y por los de afuera. Los ungidos nunca pasan sin ser tomados en cuenta; su presencia siempre se nota por la mayoría. La unción identifica a los ungidos. Puede haber posición sin unción, pero nunca habrá función sin unción.

Muchos confunden "posición" con "función". Aunque David no tenía posición, ejercía la función. Los que verdaderamente son llamados por Dios empiezan a ser obreros para Él mucho antes de ser nombrados o electos. La posición lo que hace es confirmar lo que ya han estado haciendo. Dios quiere personas que hagan algo, no que tengan un título de algo. Haga el trabajo para Dios y Él lo promoverá.

Según el pasaje bajo consideración, al regreso de Saúl y David de la victoria contra los filisteos, las mujeres de distintas ciudades se unieron cantando y danzando para recibir al rey Saúl.

Esta era una gran celebración: la victoria dada por Dios a Israel. La iglesia también debe congregarse para celebrar delante del rey Jesucristo, quien también venció al Goliat espiritual en el Calvario.

Esta celebración de las mujeres de Israel era "para recibir al rey Saúl". Por lo menos este parecía ser el pretexto para celebrar, aunque en su corazón celebraban por causa del ungido.

La celebración no es pasiva, siempre es una demostración pública y audible. Lo que antes se conocía como "culto evangelístico dominical", hoy día se le llama "celebración" en muchos lugares. El pueblo busca celebrar.

"*Celebramos*" el ministerio terrenal de Jesús. Durante su ministerio terrenal sanó, libertó, perdonó pecados y tuvo compasión de las multitudes. Todo esto lo sigue manifestando a través de su iglesia.

"*Celebramos*" su muerte expiatoria en el madero del Calvario. Toda su obra se completa en la cruz. Allí declaró el tetelestai ("consumado es") de su misión. Nada hay que se tenga que añadir al plan de la redención. Una de las señales que identifican las sectas falsas y los falsos mesías es que niegan el sacrificio completo y perfecto de Jesucristo. Buscan añadirle algo al mismo o enseñan que le falta completarse. Ven demasiado fácil aceptar este plan como un acto humano de arrepentimiento y fe, y una oferta divina de perdón y gracia. Pero así de sencillo es aceptar la salvación. El Padre celestial nos regaló a su Hijo (Jn. 3:16) y nos regaló la salvación (Ro. 6:23).

"*Celebramos*" su resurrección. En el Calvario derrotó a Satanás y a su imperio, a la enfermedad y a sus causas, al pecado y a su poder. Pero con la resurrección en la mañana pascual derrotó a la muerte y a su sombra. Nosotros celebramos el poder de la resurrección.

"Celebramos" el descenso del Espíritu Santo. Lo cual implica que la vida del Cristo resucitado es ahora implantada en el cuerpo de los creyentes. El Espíritu Santo es el agente en el nuevo nacimiento: nos sella espiritualmente, nos bautiza, manifiesta los dones, ilumina la Palabra y nos da unción.

II. Un cántico de reconocimiento

"Y cantaban las mujeres que danzaban, y decían: Saúl hirió a sus miles, y David a sus diez miles" (18:7).

El cántico sonaba bien, estaba acompañado de elementos espirituales. Pero no era espiritual, sino carnal. Se enfocaba en el hombre y no en Dios.

La letra en los cánticos es muy importante. Lo que se canta puede ser para Dios o puede ser para otro. En este cántico no se alababa a Dios. Más bien era un coro de comparación, donde a uno se le ponía más alto que al otro. La unción nunca debe ser reconocida en una persona para ponerla a competir con otra.

Este coro era un pretexto para mostrar la simpatía por una persona que estaba más ungida que la otra. El trabajo de los siervos de Dios nunca debe ser razón para hacer comparaciones públicas.

En la obra del Señor Jesucristo ninguno es mejor que otro. Cada uno hace lo que puede con sus talentos. Al que se le dio cinco, se espera que los multiplique hasta diez; al que se le dio dos que los multiplique hasta cuatro; y al que se le dio uno que lo multiplique hasta dos (Mt. 25:14-30). Lo importante no es tener más talentos, sino ser multiplicador de los talentos que se tienen.

Las comparaciones ministeriales son carnales. Los corintios se habían dividido de acuerdo con sus gustos ministeriales. En 1 Corintios 1:12 leemos: *"Quiero decir, que cada uno de vosotros dice: Yo soy de Pablo; y yo de Apolos; y yo de Cefas; y yo de Cristo"*. Pablo les responde en el versículo 13: *"¿Acaso está dividido Cristo? ¿Fue crucificado Pablo por vosotros? ¿O fuisteis bautizados en el nombre de Pablo?"*

III. Un sentimiento carnal

"Y se enojó Saúl en gran manera, y le desagradó este dicho, y dijo: A David dieron diez miles, y a mí miles; no le falta más que el reino" (18:8).

Muchas veces el pueblo mismo es causa de divisiones internas al tener un espíritu de favoritismo. Como Saúl ya no operaba en el espíritu, ni era guiado por el Espíritu Santo, un sentimiento de enojo se apoderó de él por causa del cántico.

Primero, *"y se enojó Saúl en gran manera"*. No solo se enojó, sino que se enojó al extremo. Tenía esa clase de enojo que produce úlceras y hace laceraciones estomacales.

El enojo enferma la personalidad humana. Afecta las acciones y reacciones humanas. Una persona que se deja dominar por el enojo comete muchos errores de los cuales luego se lamenta.

Por causa del enojo *"en gran manera"*, parejas que se amaban mucho se han divorciado porque uno de los cónyuges ya no aguantaba más los insultos y los desprecios.

Por causa del enojo *"en gran manera"* muchos han perdido buenos trabajos. Al no controlar su enojo, y el enojo controlarlos a ellos, han dicho o han hecho cosas que les han perjudicado.

Por causa del enojo *"en gran manera"*, personas que eran candidatos por el Espíritu Santo para un ministerio o una gran obra de Dios han tenido que ser rechazadas por Dios mismo a través de sus líderes, ya que el continuó enojo era un obstáculo en el propósito de Él.

El enojo es normal si se mantiene normal. Por eso dice la Biblia: *"No se ponga el sol sobre vuestro enojo"*. El enojo se contrarresta con el gozo del Espíritu Santo. Aprendamos a sonreírle a la vida. Vivamos felices.

El enojo es contagioso. Se transmite con mucha facilidad. Hablar con un enojado nos enoja. Mirar a un enojado nos hace sentirnos enojados. Por eso dice Proverbios 22:24: *"Ni te acompañes con el hombre de enojos"*.

Las personas que siempre están enojadas son agrias, secas y causan que otros los rechacen. A nadie les gusta estar cerca de ellas. Su sola presencia causa malestar emocional. Nos hacen sentir incómodos.

Por el contrario, los que están alegres todo el mundo los busca. Es bueno estar cerca de una fuente de alegría. Mirar al rostro sonriente. Ver los ojos de alguien que está gozoso.

Segundo, *"y le desagradó este dicho"*. Mucho cuidado con lo que estamos escuchando. Hay muchos dichos que desagradan. Saúl era un radar que lo captaba todo. Su espíritu de sospechas dudaba aun de las buenas motivaciones. Mientras más carnal se hace un creyente, más susceptible se hace su espíritu a la crítica, al chisme y a las comparaciones.

A un Saúl ungido ese coro no lo hubiera afectado. Por el

contrario hubiera dado gracias a Dios de que había ungido a un joven y lo había usado para su gloria. Cuando se pierde la unción se deja de entender el propósito de Dios en otras vidas.

Un ungido nunca sentirá celos por nada ni por nadie. La unción da madurez espiritual. Los ungidos no saltan de frecuencia, se mantienen siempre en la frecuencia de Dios: la del cielo, la del Espíritu Santo, la de la Palabra.

Tercero, *"no le falta más que el reino"*. Ahora el no ungido manifiesta celos. Tiene miedo de perder o de que le quiten su posición de rey. El que no está ungido cela su posición. El que está ungido deja que Dios lo cuide en su posición.

A partir de este momento el corazón de Saúl cambió hacia David. Él ya no sería un discípulo para Saúl darle cobertura, protegerlo y enseñarle. Se volvió su enemigo. El celoso se hace enemigo de aquel o los que le puedan ser una amenaza. Al Saúl darle rienda suelta al celo, abría la puerta de su vida a los inquilinos de la carnalidad.

El celoso ve competencia donde no la hay. Cuida más la posición que la vida de servicio a los demás. De ahora en adelante Saúl será el monstruo de la persecución y el mal contra el ungido.

Conclusión

(1) Nuestras reuniones de adoración deben ser "celebraciones". Nada debe entretenernos, ni desviarnos de este objetivo. (2) Nunca debemos comparar verbalmente a los ungidos. (3) El celo produce miedo. Crea enemigos que no existen. Los que son verdaderamente espirituales no son celosos.

LOS PELIGROS DEL UNGIDO

"Y desde aquel día Saúl no miró con buenos ojos a David. Aconteció al otro día, que un espíritu malo de parte de Dios tomó a Saúl, y él desvariaba en medio de la casa. David tocaba con su mano como los otros días; y tenía Saúl la lanza en la mano. Y arrojó Saúl la lanza, diciendo: Enclavaré a David a la pared. Pero David lo evadió dos veces. Mas Saúl estaba temeroso de David, por cuanto Jehová estaba con él, y se había apartado de Saúl; por lo cual Saúl lo alejó de sí, y le hizo jefe de mil; y salía y entraba delante del pueblo" (1 S. 18:9-13).

Introducción

Tarde o temprano el ungido será perseguido por el no ungido. Los que pierden la unción de Dios aborrecen a los que todavía la mantienen. Saúl comenzó celando al ungido y terminó tratando de matarlo.

Cuando no se opera en el Espíritu de Dios, se opera en la carne. Saúl antes era dirigido por el Espíritu Santo y ahora lo vemos manipulado por un espíritu malo.

Los ungidos tienen que cuidarse mucho de los no ungidos. Estos los rechazan, los aborrecen, los quieren destruir, les envidian su consagración. La espiritualidad de David hacia que la carnalidad de Saúl se sintiera incómoda.

I. La mirada de Saúl

"Y desde aquel día Saúl no miró con buenos ojos a David" (18:9).

Aquella celebración donde se cantó a Saúl y a David, dándole más mérito al segundo que al primero (18:7), fue la semilla del celo y de la rencilla que el maligno sembró en el corazón del no ungido. Saúl con la unción era sensible a las cosas de Dios, pero sin ella era recipiente fácil para el maligno. Cuando se pierde la espiritualidad, la carne toma el control.

La mirada de Saúl hacia David cambió. Ya no veía en David un aliado, sino un contrincante; no veía un servidor, sino un usurpador; no veía en él la bendición, sino la maldición; no veía la seguridad, sino el peligro.

"Saúl no miró con buenos ojos a David" significa que perdió la visión espiritual. Cuando se pierde la visión espiritual no se ve lo que Dios está haciendo y quiere hacer a través de otros. Sin visión no hay enfoque espiritual.

A los ungidos hay que mirarlos espiritualmente y no carnal. Por encima de todo lo que no nos agrade de ellos, sus debilidades y sus faltas, se tiene que mirar su motivación.

"Saúl no miró con buenos ojos a David" significa que al perder la unción, perdió su confianza en Dios. Por esto se llenó de temores y le faltó fe. Estaba operando por los sentidos y no por la fe. La falta de fe produce miopía espiritual. Se pierde la visión de los propósitos de Dios.

"Saúl no miró con buenos ojos a David" significa que en el corazón donde antes hubo aceptación, ahora hay rechazo; donde hubo amor, ahora hay odio; donde hubo agradecimiento, ahora hay repudio; donde hubo admiración, ahora hay celo.

Un líder ungido provocará la carnalidad en otros. Los carnales no pueden comprender cómo Dios puede usar a otra persona distinta a ellos. Principalmente cuando tienen alguna posición que los pone más elevados que otros. Saúl estaba elevado por la posición, pero David lo estaba más por la unción. Las posiciones no dan estatura, la unción sí. La inseguridad de Saúl lo llevó a mirar con celos a David.

II. La condición de Saúl

"Aconteció al otro día, que un espíritu malo de parte de Dios tomó a Saúl, y él desvariaba en medio de la casa. David tocaba con su mano como los otros días; y tenía Saúl la lanza en la mano" (18:10).

Aquí se nos presenta a Saúl, el que había sido ungido por el Espíritu Santo, tomado por un espíritu malo. Esta expresión *"un espíritu malo de parte Dios tomó a Saúl"* implica que ya no gozaba de la protección divina. Sin esta, Saúl era victima de cualquier mal espíritu.

Los espíritus malos o demonios son reales. Pueden tomar a cualquiera que este fuera de la protección de Dios. Pero los que están con Dios y Dios con ellos, no hay demonio que pueda pedir permiso para poseerlos.

Los que juegan con los demonios se exponen a caer bajo su influencia. Las obras de la carne, las debilidades y las tentaciones a las cuales se exponen los creyentes no se deben confundir con posesiones demoníacas.

Los demonios molestan, atemorizan, confunden y manipulan a los creyentes que no tienen autoridad espiritual para confrontarlos, resistirlos y reprenderlos. Cuando uno sabe quién es uno en Dios y la posición que en Cristo tenemos, no habrá demonio que se atreva. Cuando el Espíritu Santo se mudó de la casa espiritual de Saúl, un demonio la tomó. Donde vive el Espíritu Santo, no puede vivir el demonio.

Saúl desvariaba de un lugar para otro por causa de la influencia demoníaca. Estaba desequilibrado, inestable, extremadamente deprimido, porque estaba vacío de Dios.

Cuando nos llenamos de Dios, las depresiones, las angustias, el aborrecimiento, la melancolía y todos esos males emocionales tienen que desaparecer. El gran problema de Saúl era que se había vaciado de Dios. Él abandonó a Dios y Dios lo abandonó a él. Le falló a Dios y Dios ya no estaba comprometido con él. Le dio lugar a la carne y un mal espíritu tomó dirección de su vida.

Mientras David continuaba tocando el arpa en el palacio para Saúl, este jugaba con su lanza. La adoración mantenía a David ocupado en las cosas de Dios. La lanza distraía a Saúl con las tentaciones.

III. La agresión de Saúl

"Y arrojó Saúl la lanza, diciendo: Enclavaré a David a la pared. Pero David lo evadió dos veces" (18:11).

El no ungido busca matar al ungido. Dos veces planificó Saúl darle muerte a David; lo pensó y lo manifestó. Pero el ungido lo supo evadir. Aunque adoraba a Dios, no se descuidó de la astucia y de las mañas de Saúl. El ungido aunque espiritual, sabía cómo moverse más ligero que la lanza de Saúl. Se hizo un experto en evadir el ataque del enemigo.

Los ungidos tienen que aprender cómo evadir lanzas. No pueden dejarse enclavar a alguna pared de vituperio y de crítica. Las paredes del palacio eran buenas para poner adornos, pero no con el ungido.

Una lanza que a menudo le arrojan al ungido es la *indiferencia*. Pero aunque lo traten con indiferencia, no se deja enclavar a la pared. La indiferencia lo podrá atacar, pero no lo paralizará.

Otra lanza que le tiran a los ungidos es la *crítica*. Por bien que haga las cosas, siempre alguien le encontrará algo malo. La lengua de muchos serán lanzas que tendrá que esquivar con mucho estilo y protocolo.

Notemos que David no reaccionó respondiendo agresión con agresión. El ungido no se puede rebajar al nivel del no ungido. No puede permitir que las acciones del no ungido lo vayan a descontrolar y lleguen a determinar su manera de actuar.

El ungido tiene que aprender a evitar conflictos. No maximiza el problema, sino que lo minimiza. La clave de todo ministerio de éxito es resolver problemas y no fomentar problemas. Para David quejarse de que Saúl le arrojaba lanzas era alimentar un problema, pero esquivando las lanzas resolvía el problema.

Los ungidos son personas que el Espíritu Santo los hace ágiles. No son lentos en reaccionar. Piensan ligero y actúan ligero. David nunca bajó la guardia ante Saúl. Tocaba el arpa *"con su mano"* y mantenía los ojos abiertos. Con el enemigo uno nunca se puede descuidar. Es peligroso y busca siempre un descuido para atacar, aun cuando estamos adorando y ministrando delante de Dios.

IV. El temor de Saúl

"Mas Saúl estaba temeroso de David, por cuanto Jehová estaba con él, y se había apartado de Saúl; por lo cual Saúl lo alejó de sí, y le hizo jefe de mil; y salía y entraba delante del pueblo" (18:12-13).

Los no ungidos aunque lo nieguen o lo quieran ignorar, siempre reconocerán la presencia de Dios con ellos. Saúl sabía que Dios estaba con David y no con él.

Los que pierden la unción, la autoridad espiritual, lo saben. Pueden aparentar, pueden pretender, pueden jugar a que la tienen, pero en su corazón saben que la han perdido. Saúl sabía que David tenía lo que él había perdido. Él tenía el puesto, David tenía el poder; él tenía la posición, David tenía la unción.

Por lo tanto, Saúl optó por alejar a David de sí. Los no ungidos no pueden convivir con los ungidos. El estar cerca de ellos los hace sentirse incómodos. Su presencia los molesta. Delante de ellos se sienten fuera de lugar.

Lo mejor era darle un puesto a David y así alejarlo del palacio. El ungido tiene que cuidarse de títulos y posiciones que lo puedan alejar de su verdadera misión y llamado.

Notemos *"y le hizo jefe de mil"*. David fue hecho *"jefe"* por Saúl. Pero los títulos no embriagaban a David. No le interesaba ser *"jefe"*, sino servidor. Este titulo no enfermó la naturaleza espiritual de David.

Los que están buscando ser *"jefe"*, es porque todavía no entienden el propósito de su llamado. Lo mejor es esperar en Dios y que Él nos dé la posición que a su juicio podamos desempeñar. No busquemos puestos, busquemos hacer la voluntad de Dios. Los puestos no dan ministerios, dan reconocimiento; solo haciendo la voluntad de Dios tendremos ministerios.

El titulo de *"jefe"* no se le fue a la cabeza a David. Leemos: *"y salía y entraba delante del pueblo"*. El ministerio de David lo era la gente. Se identificaba con sus necesidades. Convivía con ellos. No era el "líder invisible de la hora". Su presencia era visible. Era hombre de pueblo.

David entraba y salía en presencia del pueblo. Sus salidas y entradas no lo cambiaban. De frente y de espalda era el mismo. No era un ministro de espectáculo, sino un ministro lleno de Dios, que entendía bien su visión y su misión.

Conclusión

(1) Un líder ungido no será bien mirado por los que mantienen una actitud carnal. (2) El Espíritu Santo que habita en el creyente es la única garantía contra la posesión demoníaca. (3) El ser llenos del Espíritu Santo no implica que nos cruzaremos de brazos ante el enemigo. (4) La presencia de Dios en la vida de un ungido no puede ser ignorada por los que no están ungidos.

LA PRUDENCIA DEL UNGIDO

"Por lo cual Saúl lo alejó de sí, y le hizo jefe de mil;
y salía y entraba delante del pueblo. Y David se
conducía prudentemente en todos sus asuntos, y
Jehová estaba con él. Y viendo Saúl que se portaba
tan prudentemente, tenía temor de él. Mas todo Israel
y Judá amaba a David, porque él salía y entraba
delante de ellos" (1 S. 18: 13-16).

"A Saúl le entró miedo de David, porque el
Señor estaba con él y se había apartado de Saúl.
Entonces alejó a David nombrándolo comandante,
y hacía expediciones al frente de las tropas.
Y todas sus campañas le salían bien, porque el Señor
estaba con él. Saúl vio que a David le salían las
cosas muy bien, y le entró pánico. Todo Israel y Judá
querían a David, porque les guiaba en sus
expediciones" (1 S. 18:13-16, Nueva Biblia Española).

Introducción

Los no ungidos se sienten siempre amenazados y molestos con la presencia de los ungidos. El éxito y prosperidad de los ungidos lleva a los no ungidos a sentirse amenazados, inseguros, temerosos y con pánico.

Por esto harán todo lo posible para mantenerlos a distancia ministerial. Les ofrecerán puestos y títulos para entretenerlos y mantenerlos ocupados, y de esa manera proteger sus propios intereses, es decir, su posición.

Pero los puestos por más sensacionales que sean nunca alejarán a los ungidos del plan y del propósito que Dios en su soberana voluntad ha bosquejado para ellos.

Los ungidos saben quién es Dios, quiénes son ellos y cuál es la agenda divina para sus vidas. Sus movimientos están calculados hacia la meta que Dios les ha revelado.

Los no ungidos aman los puestos, los títulos, los reconocimientos y toda honra humana. Su ego se alimenta de halagos, aplausos, nombramientos, reconocimientos públicos y todo acto que les pueda alimentar su espíritu altivo.

El ungido solamente está interesado en ser un servidor de Dios y de sus semejantes. Ser un servidor lleno de unción y de visión es de más importancia para el ungido, que tener un puesto sin unción y sin visión.

Saúl murió como un líder sin unción, pero con visión. Sansón murió como un líder con unción, pero sin visión. En la misión necesitamos unción y visión.

I. El puesto

"Por lo cual Saúl lo alejó de sí, y le hizo jefe de mil; y salía y entraba delante del pueblo" (18:13).

La inseguridad de Saúl lo llevó a tomar medidas preventivas contra el avance del ungido. El no ungido ahora comienza a cuidar su posición. Cuando las posiciones es lo único que le interesa a los líderes, es señal de que ya no son los ungidos.

Cuando los líderes luchan por tener poder, significa que ya no tienen autoridad. El que tiene autoridad automáticamente manifiesta poder. La autoridad da poder, el poder no da autoridad.

Un líder sin unción se deja manejar fácilmente por la carnalidad. Sus motivaciones espirituales son sustituidas por motivaciones carnales. Su liderazgo espiritual es reemplazado por la política carnal.

Saúl se inventa un puesto de comandante para David, no porque lo apreciaba o lo quería reconocer, sino porque lo quería mantener a mucha distancia. Cuando falta la unción se tiene miedo de perder la posición.

Los ungidos no se enamoran de las posiciones. Servirán en las posiciones y ayudarán a lograr el máximo en cualquier asunto emprendido. Los que no cuentan con Dios para nada, Dios no cuenta con ellos para nada. Cuando contamos con Dios, Dios cuenta con nosotros. Cuando lo incluimos a Él en nuestros planes, Dios nos incluye en los suyos. Tengamos confianza en Dios y Él tendrá confianza en nosotros.

II. El efecto

"Y viendo Saúl que se portaba tan prudentemente, tenía temor de él" (18:15).

El temor se apodera de las emociones del no ungido. Por miedo alejo al ungido con un puesto de comandante de su ejército, y ahora por la prudencia del ungido, Saúl se llena de temor.

En lo emocional, Saúl ya no estaba apto para ser rey de Israel. Su vida emocional se encontraba fuera de balance. En sus manifestaciones psicológicas se descubre: ira, celo, resentimiento, proyección y temor. Un líder que pierde la unción manifiesta un espíritu de ambivalencia emocional. No se puede ser un líder eficaz sin autocontrol emocional.

Saúl manifestaba un miedo mal infundado. Su propio alejamiento de Dios y la anulación de la unción en su vida, dejaron como efecto en Saúl la revelación de un espíritu de miedo.

Si algo se recibe con la unción es tener poder sobre el temor. Muchas veces nuestro Señor Jesucristo tuvo que tratar con el temor en la vida de sus discípulos.

En una ocasión, después que sus discípulos entraron a la barca y Jesús despedía a la multitud, ascendió al monte para orar solo (Mt. 14:22-23). Al llegar la noche, cuando ya la barca había navegado hasta la mitad del lago, se levantó una tormenta, era entre las tres y las seis de la madrugada. Jesús andando sobre el encrespado lago se encaminó a los discípulos y ellos lo confundieron con un fantasma y comenzaron a gritar de miedo (Mt. 14:24-26).

Notemos las palabras que Jesús empleó para contrarrestar el miedo: *"¡Tened ánimo; yo soy, no temáis!"* (Mt. 14:27). El mejor antídoto contra el miedo espiritual es el ánimo de la Palabra y el reconocimiento de Jesús. Cuando conocemos la Palabra y reconocemos al Señor Jesucristo en nuestra vida no hay miedo que se pueda apoderar de nosotros.

En 2 Timoteo 1:7 leemos: *"Porque no nos ha dado Dios espíritu de cobardía, sino de poder, de amor y de dominio propio"*. La vida manifestada del Espíritu Santo en el creyente le da amor hacia Dios, amor hacia sí mismo y amor hacia el prójimo (que incluye amigos y enemigos). También le da poder para vencer y llevar una vida cristiana victoriosa. Finalmente le ayuda a tener autocontrol de su vida emocional. Las emociones no pueden jugar con los que se mantienen dirigidos por el Espíritu Santo.

Los ungidos son gente llena de fe y de poder, que no andan arrastrando las cadenas del miedo en su vida. La presencia de

Dios en sus vidas los pone en control de todo. Al saber quiénes son en Jesucristo, saben lo que pueden hacer en el nombre de Jesucristo. El poder y la vida de Jesucristo está en ellos y con ellos.

III. El resultado

"Mas todo Israel y Judá amaba a David, porque el salía y entraba delante de ellos" (18:16).

La versión *Dios Habla* Hoy expresa: *"Pero todos en Israel y Judá querían a David, porque él era quien los dirigía cuando salían a campaña y volvían"*. En la *Nueva Biblia Española* leemos: *"Todo Israel y Judá querían a David, porque les guiaba en sus expediciones"*.

Saúl pensando alejar a David de sí, lo que hizo fue acercarlo más al pueblo. En cada campaña militar David ganaba más reputación con sus hombres. Con ellos salía a la guerra y con ellos volvía.

Andar con el ungido ofrece seguridad. Sus pasos son bien calculados. Cuando se propone algo, siempre lo consigue. En la guerra nunca es un perdedor, siempre es un ganador. El que sale con el ungido también regresa con el ungido.

Tomemos en cuenta que el ungido es alguien a quien se llega a amar. Hay algo en su persona y liderazgo que le lleva a ser amado por los demás. Ese algo es Dios. Siempre anda vestido de la presencia de Dios. Su vida está llena de Dios. Su ministerio es bendecido por Dios.

Un día todo Israel y Judá proclamarían a David como el rey de ambos. El ungido en cualquier posición que tenga se da a querer de los demás. No se puede ser un líder eficaz sin ser apreciado y amado por sus seguidores. Las personas siguen a un líder que aman y están dispuestos a hacer cualquier cosa por ese líder.

Pero para recibir amor hay que dar amor. La experiencia del amor es siempre reciproca. Uno ama para ser amado. El ser amado es una necesidad básica en todo ser humano. Otras dos necesidades son protección y provisión.

La esposa que quiere más amor de su esposo, le debe dar más amor. El hijo o la hija que quiere ser más amado o amada por sus padres, debe darles más amor. La madre o el padre que quiere más amor de sus hijos, tiene que expresarles más amor. La persona que desea ser más amada, tiene que comenzar a amar más. El amor no puede ser egoísta.

El amor es una entrega total a otros. La mejor definición del amor la escribió el apóstol Pablo inspirado por el Espíritu Santo:

"Ya puedo hablar las lenguas de los hombres y de los ángeles que, si no tengo amor, no paso de ser una campana ruidosa o unos platillos estridentes.

Ya puedo hablar inspirado y penetrar todo secreto y todo saber; ya puedo tener toda la fe, hasta mover montañas, que, si no tengo amor, no soy nada.

Ya puedo dar en limosnas todo lo que tengo, ya puedo dejarme quemar vivo que, si no tengo amor, de nada me sirve.

El amor es paciente, es afable; el amor no tiene envidia, no se jacta ni se engríe, no es grosero ni busca lo suyo, no se exaspera ni lleva cuentas del mal, no simpatiza con la injusticia, simpatiza con la verdad. Disculpa siempre, confía siempre, espera siempre, aguanta siempre. El amor no falla nunca" (1 Co. 13:1-8, Nueva Biblia Española).

Conclusión

(1) A los líderes ungidos las posiciones no los alejan de su llamado. (2) El secreto del éxito de todo ungido es su experiencia con Dios. (3) El miedo es señal de que la unción está ausente. (4) Los ungidos son personas que aman y se dejan amar.

EL ENGAÑO AL UNGIDO

"Entonces dijo Saúl a David: He aquí, yo te daré Merab mi hija mayor por mujer, con tal que me seas hombre valiente, y pelees las batallas de Jehová. Mas Saúl decía: No será mi mano contra él, sino que será contra él la mano de los filisteos" (1 S. 18:17).

Introducción

El rey Saúl había hecho la oferta a los hombres de Israel de darles riquezas, su hija y de eximir de impuestos a cualquiera que venciera al filisteo; por lo menos ese fue el mensaje que David escuchó (1 S. 17:25).

David venció al filisteo, pero al parecer Saúl no cumplió con su palabra. Los no ungidos, por lo general, no son de palabra. Prometen una cosa y luego se olvidan cumplir.

Por otro lado, la demora de Saúl en cumplir con la palabra dicha puede que haya sido el espíritu de celo que tenía ya contra el ungido. Finalmente decide cumplir con lo prometido, pero en su corazón deseaba la muerte del ungido, no por su mano, sino por la de los filisteos (1 S. 18:17). Los no ungidos se cuidan de no tocar a los ungidos, pero buscan que otros enemigos lo hagan.

I. La oferta

"Entonces dijo Saúl a David: He aquí, yo te daré Merab mi hija mayor por mujer, con tal que me seas hombre valiente, y pelees las batallas de Jehová. Mas Saúl decía: No será mi mano contra él, sino que será contra él la mano de los filisteos" (18:17).

Saúl sabía que David era valiente y que podía pelear las batallas de Jehová. Los ungidos pueden ser guerreros espirituales de Dios. Hombres y mujeres ungidos pueden pelear las batallas de Dios.

Lo que Saúl habló fue correcto, pero lo que pensó era equivocado. El corazón del no ungido muestra que las motivaciones eran erradas. Saúl quería poner en aprietos a David. Más adelante veremos que quería provocar al ungido a pelear en su tiempo y no en el de Dios.

Leemos en 1 Samuel 18:25 lo siguiente: *"Y Saúl dijo; Decid así a David: El rey no desea la dote, sino cien prepucios de filisteos, para que sea tomada venganza de los enemigos del rey. Pero Saúl pensaba hacer caer a David en manos de los filisteos"*.

Si de algo el ungido tiene que cuidarse es de que no lo involucren en batallas y en peleas que el no ungido improvise. No podemos ser manipulados por caprichos de los que han dejado de ser espirituales.

Notemos la humildad del ungido: *"¿Quién soy yo, o qué es mi vida, o la familia de mi padre en Israel, para que yo sea yerno del rey?"* (18:18). David no se consideraba gran cosa a los ojos de Saúl, ni veía su vida como algo excepcional. Tampoco veía a su familia como gran cosa para tener el título de *"yerno del rey"*.

Esto nos recuerda lo dicho por el apóstol Pablo: *"Digo, pues, por la gracia que me es dada, a cada cual que está entre vosotros, que no tenga más alto concepto de sí que el que debe tener, sino que piense de sí con cordura, conforme a la medida de fe que Dios repartió a cada uno"* (Ro. 12:3).

Los ungidos nunca se dejarán comprar con puestos. Ni se pondrán a jugar con las posiciones. Los títulos jamás los desviarán de su llamado y de su espera en Dios.

Aunque David no estaba interesado en títulos o posiciones, no por eso dejo de cumplir con la posición delegada por Saúl. Por esos leemos: *"y salía y entraba delante del pueblo"*. En su posición de comandante dirigía las tropas en expediciones militares.

II. El éxito

"Y David se conducía prudentemente en todos sus asuntos, Jehová estaba con él" (18:14).

Se define la *prudencia* como: "Virtud que hace prever y evitar peligros; las faltas y peligros; buen juicio, cordura; templanza y moderación".

A David todo le salía bien. El secreto de su éxito lo era Dios. Leemos: *"y Jehová estaba con él"*. El ungido siempre actúa y toma decisiones poniendo a Dios primero en todo.

Queremos ser bendecidos, pongamos a Dios primero. Deseamos tener éxito en la vida y lograr alcanzar muchas metas, pongamos a Dios primero. Queremos ser creyentes que impacten su medio y que afecten positivamente la vida de otros, pongamos a Dios primero.

Para que todo le salga bien a los ungidos, Dios tiene que ser incluido en todo. Si no contamos con Dios en los planes y propósitos, las cosas siempre nos saldrán mal.

El ungido en todo busca siempre la voluntad de Dios. Para él o ella el respaldo divino es muy importante. La presencia de Dios nos confirma que estamos en su voluntad. Cuando no tengamos paz en el corazón, significa que no estamos alineados con su voluntad.

III. La falla

"Y llegado el tiempo en que Merab hija de Saúl se había de dar a David, fue dada por mujer a Adriel meholatita" (18:19).

La hija mayor de Saúl llamada Merab era la que le correspondía darle por esposa. Pero al llegar el tiempo, Saúl no cumplió con su palabra y la dio a Adriel meholatita.

¿Por qué Saúl hizo esto a David? No sabemos. Muchas de las cosas que hacen los no ungidos nunca sabremos porque lo hacen. Pero en sus aparentes fallas siempre hay gato encerrado. Son calculadoras y premeditan todo lo que hacen contra el ungido.

Cuando se pierde la unción de Dios se pierde la vergüenza, no hay ética y todo se hace con un espíritu de carnalidad. Se rompen promesas. Se deshacen convenios. Y la palabra es vacía.

Cuando se está ungido Dios mismo cuida de las posiciones; cuando se pierde la unción, uno es el que comienza a cuidar de la posición.

Dicen las Escrituras: *"Pero Mical la otra hija de Saúl amaba a David; y fue dicho a Saúl, y le pareció bien a sus ojos. Y Saúl dijo: Yo se la daré, para que le sea por lazo, y para que la mano de los filisteos sea contra él. Dijo, pues, Saúl a David por segunda vez: Tú serás mi yerno hoy"* (18:20-21).

Un día Mical le sería un gran tropiezo espiritual a David. El futuro demostraría que ella no era una adoradora. No era una mujer que entendía el comportamiento del ungido en su función de adorador delante de la presencia de Dios. (2 S. 6:20-21).

La Mical que ahora profesaba amor por el ungido se descubriría como una mujer criticona, carnal y celosa. Acusó al ungido de descubrirse *"delante de las criadas"* (2 S. 6:20). El ungido le tuvo que responder: *"Y aun me haré más vil que esta vez, y seré bajo a tus ojos; pero seré honrado delante de las criadas de quienes has hablado"* (6:22).

Los ungidos solteros tienen que cuidarse con quién se casarán.

El que una persona le profese amor no significa que el matrimonio será en la voluntad de Dios.

De Mical leemos: *"Y Mical hija de Saúl nunca tuvo hijos hasta el día de su muerte"* (2 S. 6:23). Era una mujer estéril. Ungido ora a Dios para que tu pareja no sea estéril a tu ministerio. Que Dios unja tu cónyuge para que te ayude a procrear en el plan y propósito de Dios.

Mical representa uniones que pueden hacer los ungidos con personas que profesan amarlos, pero el tiempo demostrará que le serán verdaderas piedras de tropiezo.

Saúl decía de ella: *"Yo se la daré, para que le sea por lazo, y para que la mano de los filisteos sea contra él"* (18:21). Luego leemos: *"Dijo, pues, Saúl a David por segunda vez: Tú serás mi yerno hoy"* (18:21). El no ungido busca que el ungido se haga parte de su familia. Lo que busca es un acercamiento al ungido. De esto los ungidos tienen que cuidarse mucho. Ser yerno de Saúl puede significar mucho peligro. No le permitamos al espiritual hacerse yerno de la carnalidad y a la salvación, del mundo. *"Mical"*, hablando espiritualmente, puede ser un *"lazo"* preparado para los ungidos de Dios.

IV. La astucia

"Y mandó Saúl a sus siervos: Hablad en secreto a David, diciéndole: He aquí el rey te ama, y todos sus siervos te quieren bien; sé, pues, yerno del rey" (18:22).

Note que el no ungido busca mensajeros para convencer al ungido. Saúl le encargó a sus siervos que le hablaran secretamente a David para influenciar en la decisión de que entrara a la familia real.

Sus palabras a sus siervos fueron: *"Hablad en secreto a David, diciéndole: He aquí el rey te ama, y todos sus siervos te quieren bien; sé, pues, yerno del rey"*.

Cualquier buen psicólogo o psicoanalista de la conducta humana puede darse cuenta de que Saúl estaba jugando con los sentimientos de David. En realidad lo que Saúl decía calladamente era: "Yo no amo a David, y todos los que son como yo no lo quieren tampoco".

Los "carteros" de Saúl le llevaron el mensaje a David. Pero el ungido contestó con una pregunta: *"¿Os parece a vosotros que es poco ser yerno del rey, siendo yo un hombre pobre y de ninguna estima?"* (18:23).

Lo que David quería decir era: "Yo no estoy en una buena

posición social, no tengo profesión, soy un pastor de ovejas. Tampoco tengo recursos económicos para pagar por la dote que el rey me pueda imponer por su hija. Y una princesa cuesta mucho".

Si alguien nos quiere tomar pena, que lo haga. Pero no nos tomemos pena, ni tampoco busquemos la simpatía de otros por lamentarnos. Aprendamos siempre a hacer una correcta confesión y seremos bendecidos. Lo que confesamos bien puede llegar a ser una realidad en nuestra vida.

Los siervos de Saúl regresaron y le declararon la confesión negativa que hizo David. El rey aprovechó la oportunidad: *"Y Saúl dijo: Decid así a David: El rey no desea la dote, sino cien prepucios de filisteos, para que sea tomada venganza de los enemigos del rey. Pero Saúl pensaba hacer caer a David en manos de los filisteos"* (18:25).

La confesión negativa de David lo ató a Saúl, si su confesión hubiera sido positiva lo hubiera atado a Dios. Su confesión negativa le abrió la puerta a Saúl y con el pretexto de vengarse de los filisteos, le pidió cien prepucios de ellos.

"Pero Saúl pensaba hacer caer a David en manos de los filisteos" (18:25). Una vez más nos damos cuenta de que lo que Saúl hablaba de labios para fuera, no era lo que su corazón estaba diciendo.

Los no ungidos desean ver caer a los ungidos. Desean que los filisteos o el mundo acabe con ellos. Los ungidos tienen que andar con mucho cuidado.

V. La osadía

"Cuando sus siervos declararon a David estas palabras, pareció bien la cosa a los ojos de David, para ser yerno del rey. Y antes que el plazo se cumpliese, se levantó David y se fue con su gente, y mató a doscientos hombres de los filisteos; y trajo David los prepucios de ellos y los entregó todos al rey, a fin de hacerse yerno del rey. Y Saúl le dio su hija Mical por mujer" (18:26-27).

David acompañado de un grupo de valientes se fue a los filisteos *"y mató a doscientos hombres de los filisteos"*. Saúl le pidió cien prepucios filisteos y él le trajo doscientos. Los ungidos siempre hacen el doble de lo que se les pide. Hacen de más, nunca de menos.

La petición de Saúl le había parecido bien al ungido. Los hombres y las mujeres llenos de fe les parecen bien todas las cosas que demanden fe. Su fe en Dios los hace ver todo, por más complicado y difícil que parezca, como algo fácil. El que tiene fe no tiene problema en creerle a Dios cualquier cosa. El ungido produjo al doscientos por ciento. Los ungidos no son gente de división, sino de multiplicación. Dios está interesado en personas que se dejen usar al doble de sus capacidades. ¡Multiplícate en lo que hagas para Dios!

VI. El resultado

"Pero Saúl, viendo y considerando que Jehová estaba con David, y que su hija Mical lo amaba, tuvo más temor de David; y fue Saúl enemigo de David todos los días" (18:28-29).

Ya con anterioridad habíamos leído: *"Mas Saúl estaba temeroso de David, por cuanto Jehová estaba con él, y se había apartado de Saúl"* (1 S. 18:12). *"Y David se conducía prudentemente en todos sus asuntos, y Jehová estaba con él"* (1 S. 18:14).

Ahora se nos dice que Saúl vio y consideró *"que Jehová estaba con David"*. Saúl nunca supo que David era el ungido, aunque vio en él las señales de ungido. Murió sin saber todo el daño que por sus celos le había ocasionado al ungido. Muchos persiguen a los ungidos sin darse cuenta. Tengamos mucho cuidado de no ser tropiezo para los ungidos.

Aunque Saúl tuvo temor de David, no por esto cambió su actitud hacia él. Pero si hubiera tenido temor de Jehová, el corazón de Saúl lo habría discernido. El que conoce bien a Dios, conoce a los que son de Él.

El temor de Saúl era su inseguridad personal. Estaba luchando por el poder. Cuando se pierde la autoridad espiritual, se tiene que luchar por el poder. El que tiene autoridad espiritual no necesita reclamar el poder.

Al Saúl darse cuenta de *"que su hija Mical lo amaba"* (18:28), temió más a David (18:28). Él rechazaba a David, pero su hijo Jonatán y su hija Mical lo amaban. El ungido siempre es amado por muchos que están cerca del no ungido.

Leemos: *"y fue Saúl enemigo de David todos los días"* (18:29). Los Saúles difícilmente llegarán a hacer las paces con los Davides. Cuando un no ungido entra en guerra contra un ungido será un verdadero milagro si se hace su amigo.

En el versículo 30 dice: *"Y salieron a campaña los príncipes de los filisteos; y cada vez que salían, David tenía más éxito que todos los siervos de Saúl, por lo cual se hizo de mucha estima su nombre"*.

Los Saúles siempre tienen su gente, sus seguidores, los que los defienden, los que se mantienen a su lado, aunque sepan que están mal. Pero en toda incursión militar, David sobresalía sobre ellos. Los ungidos no necesitan competir, siempre Dios los hará sobresalir.

Se dice del ungido: *"David tenía más éxito que todos los siervos de Saúl, por lo cual se hizo de mucha estima su nombre"*. Dios hace los nombres. David no se hizo de un nombre, eso es política; Dios lo hizo de un nombre. El diablo hace de nombre a quien quiere, el mundo le da nombre a quien quiere y Dios da a conocer el nombre de quien Él quiere. Los ungidos oran a Dios y trabajan para Él, para que su nombre sea de mucha estima.

Conclusión

(1) Los no espirituales buscarán poner en problemas a los espirituales. (2) Mical representa la carne que ama lo carnal y no lo espiritual. (3) El diablo tiene sus carteros y los ungidos deben detectarlos. (4) Es mejor hacer de más y no de menos. (5) No dejemos que un Saúl carnal nos desanime, sigamos peleando contra los filisteos.

EL COMPLOT CONTRA EL UNGIDO

"Y Jonatán habló bien de David a Saúl su padre, y le dijo: No peque el rey contra su siervo David, porque ninguna cosa ha cometido contra ti, y porque sus obras han sido muy buenas para contigo; pues él tomó su vida en su mano, y mató al filisteo, y Jehová dio gran salvación a todo Israel. Tú lo viste, y te alegraste; ¿por qué, pues, pecarás contra la sangre inocente, matando a David sin causa? Y escuchó Saúl la voz de Jonatán, y juro Saúl: Vive Jehová, que no morirá" (1 S. 19:4-6).

Introducción

Los no ungidos harán todo lo posible por eliminar la presencia de los ungidos. Buscarán que personas que están cerca de ellos se presten como instrumentos de destrucción para acabar con los ungidos.

Jonatán su cuñado y Mical su esposa fueron fieles a David, no prestándose a ser usados por su padre Saúl contra el ungido; por el contrario, lo cuidaron y le avisaron del complot que Saúl había fraguado contra él.

En el ministerio se necesitan personas que sean fieles a los ungidos. Que se muevan a la vanguardia y a la retaguardia de ellos, avisándoles de los peligros, cuidándolos de la mala voluntad de otros y defendiendo el testimonio de ellos.

La familia debe ser la primera en dar testimonio de los ungidos. Nunca debe dejarse usar ni por la carne y menos por el diablo, para destruir el ministerio del ungido. Jonatán y Mical con facilidad pudieron contribuir a la muerte de David el ungido, pero como eran fieles y conocían el corazón del ungido no lo hicieron.

I. El complot contra el ungido

"Habló Saúl a Jonatán su hijo, y a todos sus siervos, para que matasen a David; pero Jonatán hijo de Saúl amaba a David en gran manera, y dio aviso a David, diciendo: Saúl mi padre procura matarte; por tanto, cuídate hasta la mañana, y estate en lugar oculto y escóndete" (19:1-2).

En 1 Samuel 18:30 leemos: *"Y salieron a campaña los príncipes de los filisteos; y cada vez que salían, David tenía más éxito que todos los siervos de Saúl, por lo cual se hizo de mucha estima su nombre"*.

Los hombres y mujeres de Dios cuando son ungidos no tienen que buscar hacerse famosos porque Dios los hace famosos. David no buscaba el reconocimiento, pero Dios se lo daba. Sencillamente era fiel en lo que se le encomendaba y Dios lo ponía en alto.

La gracia de Dios manifestada en David lo hacia sobresalir sobre todos los siervos de Saúl. Los ungidos son levantados en el ascensor de la gracia divina. Dios siempre los hace sobresalir.

De David leemos: *"por lo cual se hizo de mucha estima su nombre"*. Era conocido porque Dios lo daba a conocer. No se hizo así mismo de un nombre, Dios lo hizo de un nombre. El nombre de Saúl perdió estima y el nombre de David ganó estima. Saúl, por ser carnal, no podía entender lo que estaba sucediendo entre él y el ungido.

Entonces emprendió una campaña difamatoria, sembrando cizañas en otros con la finalidad de que mataran al ungido. El que ya no tenía ministerio quería eliminar al que tenía ministerio. El carnal quería destruir al espiritual.

Dicen las Escrituras: *"Habló Saúl a Jonatán su hijo, y a todos sus siervos, para que matasen a David"* (19:1). Hay que tener mucho cuidado con lo que dice el no ungido. Su lenguaje es mortal. En lo que dice y cómo lo dice transmite un espíritu de muerte, de destrucción y de hacer daño al prójimo.

Los no ungidos tienen gente que piensan como ellos. Tienen oídos para ellos. Fácilmente se dejan influenciar por ellos. Pero también se encuentran con personas que no se dejan infectar por su espíritu malo, celoso, contencioso, envidioso y homicida.

Leemos: *"pero Jonatán hijo de Saúl amaba a David en gran manera"* (19:1). David había conquistado el corazón de Jonatán el príncipe. Los ungidos necesitan algún Jonatán que los amen y que en el momento de la dificultad se los demuestren.

Jonatán inmediatamente le avisó a David del complot de su padre Saúl y le aconsejó cuidarse y ocultarse (19:2). El verdadero Jonatán es el que cuida y protege al ungido. Lo mantiene siempre sobre aviso de cualquier peligro y de mal contra él.

II. La intercesión por el ungido

"Y yo saldré y estaré junto a mi padre en el campo donde estés; y hablaré de ti a mi padre, y te haré saber lo que haya" (19:3).

Jonatán estaba dispuesto a interceder ante su padre Saúl por su amigo David. Un buen amigo es el que sale en defensa aunque le cueste ser malentendido o impopular. La verdadera amistad se demuestra en los momentos difíciles. Cuando todos se van, el amigo viene. Cuando todos nos abandonan, el amigo nos acompaña.

En los versículos 4 al 5 Jonatán hizo una tremenda defensa a favor de David ante Saúl, su acusador. Jesucristo ante el Padre celestial es nuestro *mediador* (2 Ti. 2:5); nuestro *intercesor* (Ro. 8:34) y nuestro abogado (1 Jn. 2:1).

La defensa de Jonatán se presenta muy bien elaborada. Sus argumentos eran precisos.

Primero, *"y Jonatán habló bien de David a Saúl su padre"* (19:4). Si queremos ayudar a un ungido, hablemos bien de él ante los demás, y en especial ante sus enemigos. Si no vamos a decir algo bueno del ungido, mejor callémonos la boca.

Segundo, *"no peque el rey contra su siervo David"* (19:4). Los ungidos son siervos contra los cuales tenemos que cuidarnos de no pecar. Nadie llegará a ser un ungido sin antes no es reconocido como un siervo. Los ungidos son siempre servidores. El servicio es la plataforma sobre la cual se levantan los ungidos.

Tercero, *"porque ninguna cosa ha cometido contra ti"* (19:4). Verdaderamente Saúl no tenía un motivo justificado para eliminar a David. Los motivos de Saúl eran ficticios y creados en la fábrica del celo y de la envidia. Cuando un no ungido se levante contra un ungido, confrontemos al primero con la verdad.

Cuarto, *"y porque sus obras han sido muy buenas para contigo"* (19:4). En otras palabras: "Aquí el malo no es el ungido, sino tú que has dejado de ser el ungido. Al perder tu unción no ves las cosas buenas que él ha hecho contigo".

Quinto, *"pues él tomó su vida en su mano, y mató al filisteo"* (19:5). Los no ungidos se olvidan pronto de lo que Dios ha hecho por medio de los ungidos. Hay que refrescarles la memoria.

Sexto, *"y Jehová dio gran salvación a todo Israel"* (19:5). Con estas palabras Jonatán lo lleva a pensar en el Dios que salvó a Israel mediante aquel humilde pastor de ovejas, que como un atrevido en la fe enfrentó al gigante filisteo.

Jonatán termina su argumento final con estas palabras: *"Tú lo viste, y te alegraste; ¿por qué, pues, pecarás contra la sangre inocente, matando a David sin causa?"* (19:5). ¡Que tremendo abogado fue Jonatán! Saúl había visto lo que Dios hizo por medio de David y se había alegrado. Él sabía bien que no tenía causa para sentenciarlo a muerte. Ante el jurado, David era un hombre inocente. Más bien merecía una disculpa formal de parte de Saúl.

III. La decisión del no ungido

"Y escuchó Saúl la voz de Jonatán, y juró Saúl: Vive Jehová, que no morirá" (19:6).

Leemos: *"Y escuchó Saúl la voz de Jonatán"*. Una cosa es poder escuchar la voz de algún Jonatán y otra es escuchar la voz de Dios. Saúl escuchó lo que dijo Jonatán, pero más adelante veremos que nunca escuchó lo que Dios decía.

La voz de Jonatán lo aguantaría por un tiempo, si hubiera escuchado la voz de Dios se hubiera frenado para siempre. Los oídos de los no ungidos se cierran a la voz de Dios.

Ante Jonatán el no ungido pretende hablar un lenguaje religioso: *"Vive Jehová, que no morirá"*. En lo que dice parece transpirar una espiritualidad que no tenía.

Por ahora a Saúl le convenía bajar la guardia. Jugar al "buena gente". Todo esto era una fachada que estaba presentando. Los ungidos tienen que saber cómo juegan los no ungidos. No descuidarse porque siempre hacen trampas.

Dicen las Escrituras: *"Y llamó Jonatán a David, y le declaró todas estas palabras; y él mismo trajo a David a Saúl, y estuvo delante de él como antes"* (19:7).

La misión de Jonatán no estaría completa hasta que Saúl se reconciliara con David. Notemos la secuencia verbal: *llamó, declaró y trajo*. Saúl no vino a David, sino que David fue traído a Saúl. El ofendido es el que busca la reconciliación. El perseguido es el que busca la comunión. Los que tienen corazón de siervo se caracterizan por ser gente de paz, de armonía, de unidad, de perdón y de reconciliación.

Leemos: *"y estuvo delante de él como antes"* (19:7). El ungido nunca cambió. Regresó a Saúl y para él las cosas eran igual que cuando se había ido. Regresó con el mismo ánimo de trabajar. Los ungidos no se lamentan por el mal que les han hecho, se regocijan en el bien que Dios puede hacer a través de ellos.

David no regresó para sentarse y que le tomaran pena. Leemos: *"Después hubo de nuevo guerra; y salió David y peleó contra los filisteos, y los hirió con gran estrago, y huyeron delante de él"* (19:8).

El ungido regresó para pelear contra los filisteos. Mientras el ungido estaba fuera y lejos, nadie molestaba a los filisteos. Cuando llegó el ungido, los filisteos entraron de nuevo en guerra. Y el ungido peleó contra ellos, hiriéndolos y haciéndolos huir.

Conclusión

(1) En el ministerio de un ungido se necesita de un Jonatán que lo defienda cuando no puede defenderse. (2) Los amigos del ungido se demuestran ante la adversidad del ungido. (3) Aunque el ungido haya sido la parte ofendida, busca siempre la reconciliación.

LA HUIDA DEL UNGIDO

"Después hubo de nuevo guerra; y salió David y peleó contra los filisteos, y los hirió con gran estrago, y huyeron delante de él. Y el espíritu malo de parte de Jehová vino sobre Saúl; y estando sentado en su casa tenía una lanza a mano, mientras David estaba tocando. Y Saúl procuró enclavar a David con la lanza a la pared, pero él se apartó de delante de Saúl, el cual hirió con la lanza en la pared; y David huyó, y escapó aquella noche" (1 S. 19:8-10).

Introducción

Por causa e intermedio de Jonatán, *David el ungido* regresó al palacio de Saúl y se le sometió (1 S. 19:7).

Leemos: *"y estuvo delante de él como antes"* (19:7). Los ungidos nunca cambian. Son personas que perdonan y olvidan. Muy fácilmente se someten a realizar las cosas que hacían antes y de la misma manera en que las hacían. Las salidas buenas o malas, deseadas o no deseadas, voluntarias o presionadas, no hacen grietas en el carácter del ungido. David regresó de la misma manera como se había ido.

El ungido puede dejar una posición, pero cuando Dios lo regresa a la misma, lo hace con el mismo espíritu y entusiasmo. La razón es que los ungidos no hacen las cosas por la posición, sino por el llamado.

El llamado de Dios es el que responsabiliza, no el puesto. La ausencia del puesto no le quita al ungido la pasión por el llamado y el compromiso.

Ese *"como antes"* habla de *sometimiento*. El ungido siempre reconoce a quien está en autoridad sobre su persona. No se deja dañar por el espíritu de la rebelión. El tiempo fuera de una cobertura ha dañado el carácter de muchos. Los candidatos a ser ungidos bajo formación espiritual siempre se someten a la autoridad, porque un día serán promovidos a ser ellos mismos autoridad.

Ese *"como antes"* habla de *humildad*. En griego "humildad" se lee *tapeinos*, literalmente "pequeño". El orgullo, la superioridad y la sobrestima no marcan ni empañan la imagen del ungido. Es por causa del espíritu humilde que se expresa como un *siervo-líder*. La humildad no es ausencia de carácter definido, ni tampoco una personalidad introvertida o tímida, es más bien la exteriorización del fruto del Espíritu en el ungido (Gá. 5:22-23).

Ese *"como antes"* habla de *coherencia*. Los ungidos son personas consecuentes. Están abiertos a los cambios, pero no son volubles. Saben echarle ganas a las cosas. Sus reacciones no son por la emoción del momento, sino calculadas, planificadas y pensadas.

En el palacio David continuó portándose prudentemente, se sometió a las órdenes y fue donde Saúl lo comisionaba.

I. La temeridad del ungido

"Después hubo de nuevo guerra; y salió David y peleó contra los filisteos, y los hirió con gran estrago, y huyeron delante de él" (19:8).

El ungido sabe *quién* es su verdadero enemigo. Sabe que su guerra no es *"contra sangre y carne, sino contra principados, contra potestades, contra los gobernadores de las tinieblas de este siglo, contra huestes espirituales de maldad en las regiones celestes"* (Ef. 6:12).

El enemigo del ungido no era el no ungido, sino los filisteos. Tan pronto el ungido regresó al palacio de Saúl, los filisteos y el pueblo de Dios terminaron su tregua condicionada. Volvieron a la carga. La presencia del ungido provocaba a los filisteos a la guerra.

Primero, *"después hubo de nuevo guerra"*. El mundo y la iglesia, la carne y el espíritu, el creyente y los demonios nunca harán las paces. La guerra entre la luz y las tinieblas es continua.

Ese *"hubo de nuevo guerra"* es algo que el ungido sabe que tarde o temprano va a suceder. Hay que estar listos para la guerra espiritual. Esta confrontación puede surgir en cualquier lugar y en cualquier momento. Muchos al ver todo tranquilo se echan a dormir, dejan de velar y el enemigo los sorprende.

Ese *"hubo de nuevo guerra"* implica que las pruebas no se terminarán. Habrá un tiempo de tranquilidad aparente, pero no dejemos de utilizar los binoculares de la fe y el radar de la oración. El enemigo está ahí, está camuflado, esperando su momento y volverá a arremeter contra nosotros.

Segundo, *"y salió David y peleó contra los filisteos"*. No se puede esperar que el enemigo ataque primero. Si sabemos su posición, vayamos al ataque. Salgamos a pelear. En las trincheras, barricadas o campamento no le infligiremos mucho daño, vayamos fuera. Hay que pelear y hacerlo para ganar. Basta ya de estudios y análisis estratégicos, hay que movernos en dirección a los puntos enemigos. Tenemos que avanzar decididos y sin retroceder.

David creía siempre en el beneficio de dar el primer golpe. El ungido tiene la iniciativa para las cosas. Al enfrentar a Goliat leemos: *"David se dio prisa, y corrió a la línea de batalla contra el filisteo"* (1 S. 17:48). Ahora se nos dice: *"y salió David y peleó contra los filisteos"*.

Muchos están esperando que el enemigo ataque primero, para luego ellos responder. Desean ser caballerosos con el enemigo. No podemos esperar que el enemigo nos declare la guerra y nos invite a pelear, vamos a declarársela nosotros y a invitarlo a pelear.

Tercero, *" y los hirió con gran estrago, y huyeron delante de él"*. El enemigo no puede ser acariciado, tiene que ser herido. Hay que darle con todo y con ganas, hasta que tenga que huir. Lo hará porque es un cobarde. El diablo es cobarde y los demonios son cobardes, pero usted y yo hemos sido hechos valientes.

II. La reincidencia del no ungido

"Y el espíritu malo de parte de Jehová vino sobre Saúl; y estando sentado en su casa tenía una lanza a mano, mientras David estaba tocando" (19:9).

La expresión: *" y el espíritu malo de parte de Jehová vino sobre Saúl"*, debe entenderse como: *"Y el espíritu malo permitido por Jehová vino sobre Saúl"*. Esa naturaleza dañada de Saúl, aunque presentaba muestras de reparación de vez en cuando, volvía a sufrir daño.

Su espíritu le controlaba por un tiempo. Presentaba señales de salud mental, pero decaía de nuevo. En su vida no había una entrega total. Todavía no renunciaba de muchas cosas, particularmente a sí mismo.

Se tranquilizaba, pero no se sometía a Dios y a su Palabra. Arreglaba las cosas a su manera, y no dejaba a Dios que las arreglara. Todavía estaba muy lleno de Saúl y demasiado vacío de Dios. Mientras no nos vaciamos de nosotros para llenarnos de Dios, no tendremos la victoria.

En su casa el no ungido aparece con su juguete, *"tenía una lanza a mano"*. No tenía su cetro de autoridad como rey o ungido. Cuando se pierde la unción no se sabe dónde está el cetro, por el contrario se tiene siempre la lanza en la mano. Ella simboliza la carnalidad del no ungido.

Que tuviera *"una lanza a mano"* muestra que Saúl tenía todo planificado, que las relaciones entre él y David no se habían subsanado. Aunque David se veía como su amigo, él lo seguía considerando su enemigo.

Luego leemos: *"mientras David estaba tocando"*. La actitud del ungido es la de un adorador. Saúl estaba en la carne y David en el Espíritu. El ungido en adoración buscaba la protección divina.

III. La vigilancia del ungido

"Y Saúl procuró enclavar a David con la lanza a la pared, pero él se apartó de delante de Saúl, el cual hirió con la lanza en la pared; y David huyó, y se escapó aquella noche" (19:10).

El ungido nunca se quitó de la mira telescópica del no ungido. La carnalidad de Saúl se exteriorizaba contra David. Sobre David él quería descargar toda su ira.

En 1 Samuel 18:11 leemos: *"y arrojó Saúl la lanza, diciendo: Enclavaré a David a la pared. Pero David lo evadió dos veces"*. Ya Saúl había intentado asesinar dos veces con su lanza a David, pero fue protegido divinamente y la evadió. Ahora por tercera vez, el no ungido arremete contra el ungido. Era una obsesión personal. No importaba que David tratara de mantener una buena relación con Saúl, él la deterioraba.

Leemos: *"Y Saúl procuró enclavar a David con la lanza a la pared"*. Cuando el espíritu malo en Saúl se manifestaba le inspiraba un odio asesino contra el ungido. Aquel espíritu malo no le gustaba estar cerca del Espíritu Santo que tenía David. Este *"procuró"* señala planificación y premeditación.

David estaba muy cerca de Saúl, el primero tocaba su arpa y el segundo jugaba con su lanza. Todo parecía normal. Algo le dice a David: "Apártate de Saúl, y hazlo ahora mismo". Era la voz interior del Espíritu Santo. David se aparta, y en ese preciso momento, en fracciones de segundos, Saúl mueve su lanza con frenética furia, con fuerza bruta, y la punta metálica hace saltar chispas y desprende partículas al chocar contra la pared.

El Espíritu Santo en la vida de los ungidos es una alarma contra peligros. Esa alarma siempre tiene que estar conectada. Cada vez que la escuchemos sonar dentro de nosotros, tenemos que movernos inmediatamente.

Prestemos atención a esto: *"y David huyó"*. Los ungidos huyen del pecado, huyen de los peligros y huyen por su vida. No huyen porque son cobardes, sino porque son sabios y quieren preservarse para Dios. ¡Ungido huye al propósito de Dios! Dios tiene planes contigo, coopera en su realización. El ministerio de muchos ha muerto porque no supieron huir a tiempo de los que quería matarlos.

David no peleó, ni discutió con Saúl. No tomó la lanza y se la devolvió airado. No lo maldijo. Sencillamente se fue, se alejó, huyó de aquella situación. Los ungidos son personas tranquilas, que no responden agresión con agresión. Mejor huyen y no se rebajan al nivel de su oponente. Saúl perdió la vergüenza, pero David la mantuvo.

Finalmente consideremos esta cláusula: *"y escapó aquella noche"*. Hay decisiones que tienen que ser tomadas inmediatamente. Postergarlas puede llevarnos a la derrota y al fracaso.

De Saúl hay que escaparse a tiempo. Muchos ungidos cuando tienen que escapar y se les ofrece la oportunidad, no lo hacen. Tienen la equivocada esperanza de que Saúl va a cambiar. Pero Saúl es un pedazo de piedra inútil que no quiere cambiarse en un trozo de precioso mármol.

Esa noche David comprendió lo infructuoso de querer ser aceptado por Saúl. Tenía que apartarse de él y ser realista: el rey no lo quería, ni tendía buenos planes para con él.

Conclusión

(1) El ungido está siempre en plan de guerra contra los enemigos verdaderos y no contra su hermano en la fe. (2) El ungido delante del no ungido mantendrá su comunión con Dios. (3) El ungido no puede cerrar sus ojos espirituales cuando se reúne con el no ungido.

EL ESCAPE DEL UNGIDO

"Huyó, pues, David, y escapó, y vino a Samuel en Ramá, y le dijo todo lo que Saúl había hecho con él. Y él y Samuel se fueron y moraron en Naiot. Y fue dado aviso a Saúl, diciendo: He aquí que David está en Naiot en Ramá. Entonces Saúl envió mensajeros para que trajeran a David, los cuales vieron una compañía de profetas que profetizaban, y a Samuel que estaba allí y los presidía. Y vino el Espíritu de Dios sobre los mensajeros de Saúl, y ellos también profetizaron. Cuando lo supo Saúl envió otros mensajeros, los cuales también profetizaron. Y Saúl volvió a enviar mensajeros por tercera vez, y ellos también profetizaron. Entonces él mismo fue a Ramá; y llegando al gran pozo que está en Secú, preguntó diciendo: ¿Dónde están Samuel y David? Y uno respondió: He aquí están en Naiot en Ramá. Y fue a Naiot en Ramá y también vino sobre él el Espíritu de Dios, y siguió andando y profetizando hasta que llegó a Naiot en Ramá; Y él también se despojó de sus vestidos, y profetizó igualmente delante de Samuel, y estuvo desnudo todo aquel día y toda aquella noche. De aquí se dijo: ¿También Saúl entre los profetas?" (1 S. 19:18-24).

Introducción

Mical la esposa de David lo ayudó a escapar por una ventana, *"y él se fue y huyó, y escapó"* (1 S. 19:12). Para disimular, Mical puso una estatua vestida en su cama y dijo que estaba enfermo (1 S. 19:12-13). Cuando esto se le comunicó al no ungido Saúl por parte de sus mensajeros, mandó a que lo trajeran en la cama, y los mensajeros descubrieron que todo era un engaño (1 S. 19:14-16).

Saúl le dijo a ella: *"¿Por qué me has engañado así, y has dejado escapar a mi enemigo?"* Mical le respondió: *"Porque él me dijo: Déjame ir; si no, yo te mataré"* (1 S. 19:17). Ella no necesitaba mentir por el ungido, pero lo hizo conociendo el temperamento explosivo, enojado y rencilloso de su padre Saúl.

Lo positivo de ella fue que ayudó al ungido a escapar del plan de muerte premeditada del no ungido. Aunque para muchos la sangre pesa más que el agua, no así con Mical.

I. Un encuentro

"Huyó, pues, David, y escapó, y vino a Samuel en Ramá, y le dijo todo lo que Saúl había hecho con él. Y él y Samuel se fueron y moraron en Naiot" (19:18).

El ungido cuando se separa de un no espiritual busca la protección en un espiritual. El mentor espiritual de David era Samuel. Los ungidos deben tener una cobertura espiritual, es decir, autoridades espirituales a las cuales responder y darles cuenta en lo que dicen y en lo que hacen, en su ministerio y en su conducta.

Los que andan por la libre, con una mentalidad independiente, que a nadie quieren dar cuentas de sus acciones, tarde o temprano se verán en serios aprietos. Su trayectoria ministerial será de corto plazo. Mientras no fallen todo aparentará estar bien, pero el día que den un traspiés, todo su edificio se desplomará.

David supo huir y escapar. Muchos huyen sin motivos. Se meten ellos mismos en problemas y huyen. Le temen a la confrontación y huyen. Son fieles a una autoridad espiritual y a una estructura organizacional hasta que se les presenta la resistencia y la oposición, luego huyen.

David no huyó de un ungido, sino de un no ungido. Pero hoy día hay muchos huyendo de los ungidos y de participar de ministerios prósperos. Por esto están sin ministerios. No le han dado a Dios el tiempo necesario para que Él trabajé en sus vidas. El tiempo que han andado huyendo les ha restado la capacidad de aprender, superarse y tomar experiencia. El ungido tiene que crecer donde Dios lo ha plantado.

Los ungidos se calientan en el horno de la paciencia de Dios y no se queman en el microondas de la impaciencia. Las unciones de Dios son múltiples. A cada uno el Espíritu Santo nos da una unción diferente. Cuando se mezclan las unciones, Dios hace maravillas. Hay que trabajar como un solo cuerpo, no individualmente. Trabajemos para que el cuerpo, la iglesia, esté sanó y fuerte.

En el Salmo 133:2 se nos habla de la unción corporativa: *"Es como el buen óleo sobre la cabeza, el cual desciende sobre la barba, la barba de Aarón, y baja hasta el borde de sus vestiduras"*. Una iglesia unida es una iglesia ungida.

El profeta Samuel se encontraba en Ramá. Era una de las ciudades de la tribu de Benjamín (Jos. 18:25). Estaba próxima a las ciudades de Gabaa, Geba y Bet-el (Jue. 4:5; 19:13-14; Is. 10:29). El nombre "Ramá" en hebreo significa "altura".

David huyó y escapó a Ramá, a la "altura" donde ya se encontraba Samuel. La razón por la cual Samuel estaba allí era porque sus padres eran de allí (1 S. 1:19; 2:11); y él había nacido y residido en dicha ciudad (1 S. 7:17; 8:4; 15:34). Cuando el ungido se encuentra perseguido debe huir a la "altura".

Cuando el ungido se encontró con su mentor y con su consejero espiritual, le abrió todo el corazón. Con Samuel se desahogó, *"y le dijo todo lo que Saúl había hecho con él"*. Se sometió a una higiene mental. La mente del ungido tiene que vaciarse de aquellas cosas, experiencias, situaciones y conversaciones que le ocupan un espacio innecesario. Mentalmente tiene que estar libre para ministrar a otros.

Samuel era un tremendo consejero, de esos que saben escuchar y dicen poco o nada. El ungido no necesitaba alguien que le hablara o sermoneara, necesitaba unos oídos abiertos y atentos a su necesidad. Los buenos consejeros escuchan, no son "sabelotodo".

Luego se nos dice: *"Y él y Samuel se fueron y moraron en Naiot"*. Naiot era un barrio de Ramá. Allí había una escuela de profetas y se vivía en comunidad. Si algo necesitaba el ungido en esta crisis personal era buena compañía. Una persona que estuviera a su lado para apoyarlo, animarlo y estimularlo. En crisis no se puede estar solo. Hay que buscar a alguien con quien hablar, compartir y relacionarse. Personas solas son más propensas a desequilibrios emocionales y mentales.

Dios nos creó como seres con instinto gregario. Para convivir unos con otros. El ser humano necesita estar rodeado de obras personas. Si algún problema tuvo Adán, a pesar de todo lo que Dios le había dado, era que estaba "solo". Leemos: *"Y dijo Jehová Dios: No es bueno que el hombre esté solo; le haré ayuda idónea para él"* (Gn. 2:18).

La soledad es una de las mayores enfermedades psicosociológica cuyos efectos se perciben en todo recoveco de nuestra acelerada sociedad. Muchas personas se sienten solas. Están desesperados porque alguien les de compañía. Podemos tener un matrimonio, tener una familia, ser parte de alguna organización, trabajar rodeados de compañeros, atender a mucho público, asistir a una congregación y participar de sus programas y sentirnos miserablemente solos.

Los ministerios para matrimonios, jóvenes, solteros, ancianos, las células de alcancé y discipulado, han surgido en diferentes congregaciones para crear nexos amistosos, de compañerismo y atención para contrarrestar el mal psicológico de la soledad.

II. Unos mensajeros

"Entonces Saúl envió mensajeros para que trajeran a David, los cuales vieron una compañía de profetas que profetizaban, y a Samuel que estaba allí y los presidía. Y vino el Espíritu de Dios sobre los mensajeros de Saúl, y ellos también profetizaron" (19:20).

Alguien le informó a Saúl del lugar donde estaba David (19:19). Los no ungidos siempre tienen su red de espionaje contra los ungidos. El ungido no puede descuidarse con el no ungido. Aunque se le escape, este sabrá dónde está metido.

Saúl supo que David estaba en Naiot en Ramá. El no ungido entonces envía mensajeros. Se convirtió en una compañía de correos y envió sus "carteros" para que le trajeran a David (19:20). Hay que cuidarse de los mensajeros de Saúl, tienen doble lengua y con su zalamería engañan a cualquiera.

De camino a su comisión vieron una compañía de profetas que ejercían su don de profecía. Eran alumnos de la escuela de profetas dirigida por Samuel. Con su maestro aprendían cuándo, cómo y dónde profetizar. Tenían que aprender cómo discernir la voluntad de Dios y cómo conocer la mente y el propósito de Dios.

No eran profetas locos, disparatados, emocionales, que jugaban espiritualmente con su profetismo. Eran dirigidos por una autoridad espiritual. Leemos: *"y a Samuel que estaba allí y los presidía"*.

No eran profetas rebeldes que transfieren rebeldía. No eran profetas disolutos que transfieren disolución. No eran profetas desequilibrados que transfieren desequilibrio. No eran profetas ignorantes que transfieren ignorancia. No eran profetas voluntariosos que transfieren voluntariedad.

Ellos eran supervisados y dirigidos espiritualmente por Samuel, al cual Dios les había puesto como su autoridad espiritual. Eran personas sumisas y espirituales. Sabían esperar turnos para profetizar y cuando lo hacían profetizaban con inteligencia. En el ejercicio de los dones se tiene que usar la inteligencia (1 Co. 14:15).

El apóstol Pablo dice: *"Y los espíritus de los profetas están sujetos a los profetas; pues Dios no es Dios de confusión, sino de paz. Como en todas las iglesias de los santos"* (1 Co. 14:32-33).

Cuando las profecías traen confusión en las congregaciones, es porque el profeta está confundido. Dios no confunde a nadie. Hay que defender a Dios de esas confusiones y pantomimas proféticas. La carne y el diablo son los que confunden, no Dios. No se deje manipular por ningún profeta. Pero si la palabra es de Dios, y nadie mejor que usted para saberlo, recíbala y haga lo que Él le dice.

En esta reunión de unción y de manifestación profética, la unción profética se transfirió y nada menos que a los mensajeros de Saúl.

Leemos: *"Y vino el Espíritu de Dios sobre los mensajeros de Saúl, y ellos también profetizaron"*. Cuando la unción de Dios se manifiesta puede suceder cualquier plan y cumplirse cualquier propósito de Él.

La unción de Dios contagia. Por eso cuando la unción se manifiesta tenemos que meternos en el río de su poder hasta que el agua nos tape de la cabeza a los pies. Muchos no saben apreciar las visitaciones de Dios. Se quedan en la orilla del río cuando Dios los llama a meterse adentro. Se mojan los pies cuando Dios quiere que naden y se sumerjan dentro de su gloria y presencia (Ez. 47:2-5).

Saúl luego envió otros dos grupos de mensajeros, y ambos *"también profetizaron"* (19:20). Allí en Naiot de Ramá el Espíritu de Dios estaba presidiendo mediante Samuel. Cuando la unción de Dios descansa sobre un grupo de creyentes, cualquiera que entre en contacto con ellos será participante de la misma. Esa era una unción corporativa y no individual.

III. Un resultado

"y fue a Naiot en Ramá; y también vino sobre él el Espíritu de Dios, y siguió andando y profetizando hasta que llegó a Naiot en Ramá" (19:23).

Después de Saúl saber lo que pasó con sus tres grupos de mensajeros —que fueron enviados a buscar al ungido y regresaron con la unción, ya que donde está el ungido cualquiera que se acerque experimentará la unción que lo rodea—, el no ungido decidió hacer el mismo lo que había delegado.

Los mensajeros de Saúl fueron sin unción y regresaron ungidos. Salieron sin dones y regresaron con ellos. Partieron en la carne y retornaron en el Espíritu. Saúl salió y al llegar a un pozo grande localizado en un lugar llamado Secú, cerca de Ramá, preguntó: *"¿Dónde están Samuel y David?"* (19:22). "Secú" significa "perspectiva" y allí la perspectiva de Saúl sería afectada positivamente.

Notemos que Saúl menciona primero a Samuel y luego a David, dando a entender que reconocía la autoridad espiritual del primero. Además, sobreentendía que estarían juntos. Los ungidos andan con los ungidos.

Sin rodeos le dijeron: *"He aquí están en Naiot en Ramá"* (19:22). Sin demora Saúl se dirigió al lugar, pero lo inesperado ocurrió. No estaba buscando una bendición, ni un toque especial de Dios, pero lo recibió.

Leemos: *"Y fue a Naiot en Ramá; y también vino sobre él el Espíritu de Dios, y siguió andando y profetizando hasta que llegó a Naiot en Ramá"* (19:23). El no ungido, que había perdido la presencia de Dios en su vida, es receptor de una manifestación espontánea del Espíritu Santo en su vida.

Primero, *"siguió andando"* en el Espíritu. Dios le permite saborear algo de lo mucho que Saúl ya había perdido. La presencia de Dios le permitió andar en el Espíritu.

Segundo, *"y profetizando"* en el Espíritu. Dios le dio el privilegio de hacerlo su profeta. Pero esto era algo que él no sabría aprovechar. Esta experiencia no afectaría su vida.

Tercero, *"hasta que llegó a Naiot en Ramá"* en el Espíritu. La presencia del Todopoderoso lo acompañó todo el camino. Dios lo mantuvo activó con Él. Pero esto tampoco sería tan importante para Saúl, lo cual sería comprobado en el futuro.

Es interesante que la *Biblia de Jerusalén* traduce el pasaje bajo consideración de la manera siguiente: *"Se fue de allí a las celdas de Ramá y vino también sobre el Espíritu de Dios e iba caminando en trance hasta que llegó a las celdas de Ramá"*.

En esa bendición Saúl *"se quitó sus vestidos"* (*Biblia de Jerusalén*) y ante la presencia de Samuel profetizó (19:24). Desprovisto de sus vestidos se pasó todo el día en retiro y toda la noche vigilando.

Desde luego un comentarista ha dicho lo siguiente sobre 1 Samuel 19:24, esto es: "Saúl muestra su verdadero carácter. Sus perturbaciones emocionales se manifiestan en los aspectos más ridículos, entremezclados con los dones del Espíritu. Esto evidencia su falta de control personal" (*Biblia de Estudio Mundo Hispano*).

Los extremos siempre son malos. Donde a veces termina el Espíritu muchas veces comienza la carne. Hay que saber discernir entre lo que hacemos en la carne y lo que hacemos en el Espíritu. Entre lo que es motivado por el Espíritu Santo y lo que es el efecto de nuestras emociones.

Se nos dice de Saúl, *"y estuvo desnudo"* (*Reina-Valera*); *"y quedó desnudo"* (*Biblia de Jerusalén*). ¿Por qué hizo esto? Quizá lo hizo para llamar la atención y para aparentar una espiritualidad que ya no tenía. La ausencia de espiritualidad conduce a muchos a la apariencia y al disimulo religiosos.

Los fariseos eran expertos llamando la atención hacia su religiosidad externa, ya que en su relación con Dios y con su prójimo carecían de espiritualidad (Mr. 2:16; Mt. 6:1-6, 16-18). Los que son verdaderamente espirituales y santos son creyentes "normales", quienes con su vida traen luz a nuestra sociedad.

En Mateo 5:14-16 dice: *"Ustedes son la luz del mundo. No se puede ocultar una ciudad situada en lo alto de un cerro; ni se enciende una vela para meterla debajo de una olla, sino para ponerla en el candelero y que brille para todos los de la casa. Empiece así a brillar la luz de ustedes ante los hombres; que vean el bien que hacen ustedes y glorifiquen a su Padre del cielo"* (*Nueva Biblia Española*).

En el capítulo 10 de 1 Samuel, donde se nos presenta el ungimiento de Saúl como rey de Israel, Samuel le reveló varias señales que le acontecerían en su camino: (1) Junto al sepulcro de Raquel se encontraría con dos hombres que le dirían que las asnas se encontraron y que su padre Cis estaba preocupado por él (10:2). (2) Luego en la encina de Tabor se encontraría con tres hombres que subirían a Bet-el con tres cabritos, tres tordas y una vasija de vino. Después del saludo, el que llevaba los tres panes le daría dos (10:3). (3) En el collado de los filisteos se encontraría con una compañía de profetas adorando a Dios y profetizando. (4) Luego el Espíritu de Dios vendría sobre él impartiéndole poder y profetizaría con ellos, experimentando una transformación de carácter (10:6).

Después de estas señales, le dijo Samuel: *"haz lo que te viniere a la mano, porque Dios está contigo"* (10:7). En un solo día se cumplieron todas estas señales (10:9; cp. 10:10).

Notemos que en 1 Samuel 10:11-13 se nos declara: *"Y aconteció que cuando todos los que le conocían antes vieron que profetizaba con los profetas, el pueblo decía el uno al otro: ¿Qué le ha sucedido al hijo de Cis? ¿Saúl también entre los profetas? Y alguno de allí respondió diciendo: ¿Y quién es el padre de ellos? Por esta causa se hizo proverbio: ¿También Saúl entre los profetas? Y ceso de profetizar, y llegó al lugar alto"*.

En 1 Samuel 19:24 se hace eco de la misma pregunta proverbial: *"¿También Saúl entre los profetas?"* Estuvo entre los profetas, habló como profeta, pero no vivió ni se comportó como un profeta. El profetizar con los profetas, reunirse con los profetas y andar con los profetas, no nos da el grado oficial de profetas. Saúl estaba entre ellos y sin embargo, no era de ellos.

Su carnalidad manifestada en celos y envidias contra el ungido le impediría mantener la unción que Dios le había dado. Saúl no estaba interesado en unción sino en posición, no le interesaba la revelación sino la aceptación, no quería relación sino exposición. Tener un don de Dios en su vida, no era lo más importante para él. Pronto olvidaría esta experiencia con Dios. La primera vez que profetizó con los profetas, él le permitió a Dios cambiarle el corazón, en esta segunda ocasión tuvo una experiencia con Dios similar a la primera, pero sin un corazón cambiado seguiremos siendo los mismos.

Conclusión

(1) Los ungidos como David deben elegir a un Samuel como mentor, alguien al cual puedan ir por consejo y dirección espiritual. (2) Cuando un grupo está ungido por Dios, los que entren en contacto con el mismo serán receptores de esa unción. (3) La manifestación del don sin un corazón no influye en el portador.

LA PREOCUPACIÓN DEL UNGIDO

17

"Después David huyó de Naiot en Ramá, y vino delante de Jonatán, y dijo: ¿Qué he hecho yo? ¿Cuál es mi maldad, o cuál mi pecado contra tu padre, para que busque mi vida? El le dijo: En ninguna manera; no morirás. He aquí que mi padre ninguna cosa hará, grande ni pequeña, que no me la descubra; ¿por qué, pues, ha de encubrir mi padre este asunto? No será así. Y David volvió a jurar diciendo: Tu padre sabe claramente que yo he hallado gracia delante de tus ojos, y dirá: No sepa esto Jonatán, para que no se entristezca; y ciertamente, vive Jehová y vive tu alma, que apenas hay un paso entre mí y la muerte. Y Jonatán dijo a David: Lo que deseare tu alma, haré por ti" (1 S. 20:1-4).

Introducción

Después del tremendo avivamiento y la manifestación profética que tuvo lugar en Naiot en Ramá, donde los mensajeros del no ungido fueron llenos del Espíritu Santo y profetizaron (1 S. 19:20-21), y luego el mismo Saúl también fue lleno del Espíritu Santo y profetizó (1 S. 19:23-24), era de esperarse un tremendo cambio espiritual en su vida. Pero no fue así.

Los no ungidos pueden reaccionar a la unción, hasta recibirla en sus vidas, pero no la mantienen. Esa unción sobre Saúl fue de efectos efímeros y pasajeros. Fue una unción que para él terminó en simple exhibición emocional. Entró en excesos emocionales, sin tener cambios permanentes en su vida.

Más importante que la unción es que ocurra un cambio de vida. La presencia del Espíritu Santo debe controlar nuestro temperamento y mejorar nuestro carácter. Saúl era un ungido para ocasiones.

David el ungido conocía muy bien a un no ungido como Saúl. Por eso después que terminó aquella reunión tan llena de unción, donde el don de la profecía sobresalió y donde Saúl estuvo de retiro y vigilia, David vuelve a huir.

I. La razón

"Después David huyó de Naiot en Ramá, y vino delante de Jonatán, y dijo: ¿Qué he hecho yo? ¿Cuál es mi maldad, o cuál mi pecado contra tu padre, para que busque mi vida?" (20:1).

El ungido deja a su consejero y se reúne con su amigo. Sabía a quién recurrir en medio de los problemas. Su amigo Jonatán siempre lo recibiría y nunca le cerraría la puerta.

David llegó donde Jonatán, lleno de preguntas, muy preocupado. Los ungidos también se preocupan. Las preocupaciones quieren asaltar el castillo de su fe.

Se define *preocupar* como: "Estar prevenido en favor o en contra de una persona o cosa, inquietarse por una cosa". Las preocupaciones son positivas o negativas. Son un mecanismo de prevención emocional para prestar atención a lo bueno y a lo malo que puede suceder.

Primero, David se preocupa diciendo: *"¿Qué he hecho yo?"* Él se había hecho un examen concienzudo y de conciencia. El fiscal de su conciencia no tenía de qué acusarle. Él no le había hecho absolutamente nada a Saúl.

En su caso, David no tenía ninguna culpa. Todo lo que le había sucedido era porque Saúl había perdido la unción y la espiritualidad. David no era el problema, Saúl era el problema.

Pero con todo, el ungido pregunta a su amigo Jonatán: *"¿Qué he hecho yo?"* Esto demuestra que estaba dispuesto a ser confrontado y corregido. No se veía como un intocable espiritual, como uno que nunca falla, ni comete errores.

En esta interrogante resalta un grado elevado de humildad. Si hubiera tenido un espíritu de arrogancia, sus palabras hubieran sido: "Yo no he hecho nada". El humilde no busca la autojustificación, por el contrario, se sienta en la silla del acusado si fuera necesario.

Segundo, David se preocupa diciendo: *"¿Cuál es mi maldad, o cuál mi pecado contra tu padre, para que busque mi vida?"* El ungido se escudriñó espiritualmente. El único que puede identificar nuestros pecados y señalarlos es Dios. Pero los demás los pueden ver en nosotros.

David le pide a Jonatán que si él sabía de algún pecado cometido por él, que fuera la causa de la persecución de Saúl, que se lo mostrara. Hay pecados que nosotros no nos damos cuenta, pero otros sí se dan cuenta.

Hay situaciones adversas que nos ocurren como cosecha del pecado o pecados que hemos sembrado. Antes de acusar a otros necesitamos realizar un inventario espiritual de nuestros hechos y acciones. Muchos pecados son de *comisión*, son hechos, son actos, son palabras, son pensamientos premeditados y previstos. Otros pecados son de *omisión*. Pecamos porque no hemos hecho o dicho lo que teníamos que hacer o decir. No haciendo nada o no diciendo nada es muchas veces pecado.

Está preocupación de David demuestra su calibre espiritual. Los espirituales se preocupan por el pecado. Los santos aunque pecan, no quieren pecar y cuando pecan detestan y aborrecen su condición pecaminosa. La diferencia entre un santo que ha pecado, y un mundano pecador, es que al primero le molesta su acción y reacción pecaminosa; pero al segundo ni le va ni le viene. Está insensible a la convicción de su pecado.

El pecado nos da mal olor delante de la nariz de Dios. Y por eso Él ha hecho provisión con la sangre de Jesucristo. En 1 Juan 2:1-2 leemos: *"Hijitos míos, estas cosas os escribo para que no pequéis; y si alguno hubiere pecado, abogado tenemos para con el Padre, a Jesucristo el justo. Y él es la propiciación por nuestros pecados; y no solamente por los nuestros, sino también por los de todo el mundo"*.

En 1 Juan 1:7-10 también se nos declara: *"… y la sangre de Jesucristo su Hijo nos limpia de todo pecado. Si decimos que no tenemos pecado, nos engañamos a nosotros mismos, y la verdad no está en nosotros. Si confesamos nuestros pecados, él es fiel y justo para perdonar nuestros pecados, y limpiarnos de toda maldad. Si decimos que no hemos pecado, le hacemos a él mentiroso, y su palabra no está en nosotros"*.

A los ungidos les interesa vivir lo más alejado posible del pecado. Saben que el pecado les quita la unción. El deseo de Dios es que sus ungidos vivan guardándose del pecado. Son sus vasos y vasijas y Él quiere a sus utensilios limpios.

II. La revelación

"Y David volvió a jurar diciendo: Tu padre sabe claramente que yo he hallado gracia delante de tus ojos, y dirá: No sepa esto Jonatán, para que no se entristezca; y ciertamente, vive Jehová y vive tu alma, que apenas hay un paso entre mi y la muerte" (20:3).

Jonatán le había dicho a David: *"En ninguna manera; no morirás. He aquí que mi padre ninguna cosa hará, grande ni pequeña, que no me la descubra; ¿por qué pues, me ha de encubrir mi padre este asunto? No será así"* (20:2).

La familia de los no ungidos en lo espiritual no los conocen bien. Saúl podía confiarle muchas cosas a Jonatán, pero el pecado de su corazón nunca lo haría.

Jonatán inocentemente, anima al ungido a no preocuparse. Le afirma: *"En ninguna manera; no morirás"*. Él conocía a Saúl su padre en la carne, pero no lo conocía espiritualmente. A muchos los conocemos en la carne, pero no los conocemos espiritualmente. Para conocer bien a una persona hay que conocer su corazón, y puede tomar muchos años hasta que podamos penetrar en su corazón o ellos puedan penetrar al nuestro.

La familia del no ungido puede ser víctima de este, hablando bien del mismo y hasta defiéndelo, porque todavía a ese corazón no se le ha sacado una radiografía espiritual.

El apóstol Pablo en 2 Corintios 5:16 declaró: *"De manera que nosotros de aquí en adelante a nadie conocemos según la carne; y aun si a Cristo conocimos según la carne, ya no lo conocemos así"*.

Un carnal conoce a la gente carnalmente, un espiritual los conoce espiritualmente. Pablo conocía a Jesucristo en la carne, pero cuando se convirtió camino a Damasco (Hch. 9:1-7), lo conoció en el espíritu. Por eso en 2 Corintios 5:17 el pasaje contextual al ya tratado dice: *"De modo que si alguno está en Cristo, nueva criatura es; las cosas viejas pasaron; he aquí todas son hechas nuevas"*.

Saúl a Jonatán no le escondía al parecer nada, pero este asunto contra el ungido, no se lo diría. Lo que Saúl tenía contra David nacía y se nutria del celo y de la envidia. El no ungido jamás admitiría que era celoso y envidioso.

Pero el ungido sabía quién era el no ungido. Podía olfatear a Saúl a mucha distancia. Su detector de carnalidad siempre se encendía con la presencia de Saúl.

David le dice a Jonatán: *"Tu padre sabe claramente que yo he hallado gracia delante de tus ojos, y dirá: No sepa esto Jonatán, para que no se entristezca…"* (20:3).

Al ungido Dios le revela el corazón de Saúl y el corazón de Jonatán. David a los ojos de Jonatán había *"hallado gracia"*. Cuando Dios da gracia y pone en gracia, no hay nadie que la quite. Para ser aceptados y reconocidos por otros, Dios nos tiene que poner en gracia y tenemos que ser hallados en gracia. La gracia no es algo que uno se propone buscar, es algo que llega de manera natural. La tiene que dar Dios. Y nuestra relación con Dios y el servicio a los demás, puede ser la ruta a un estado de gracia.

Saúl quería a Jonatán y nunca le diría que en su corazón estaba matar al ungido. Él no le podía quitar la unción ni la gracia a David, pero eso sí lo podía eliminar.

Finalmente David le declara a Jonatán: *"y ciertamente, vive Jehová y vive tu alma, que apenas hay un paso entre mi y la muerte"* (20:3). David está seguro y delante de Dios y ante Jonatán lo afirma, que estaba a un paso de la muerte. Dios le reveló que Saúl lo iba a matar. Dios siempre le revela al ungido lo que el no ungido quiere hacerle.

III. La necesidad

"Y Jonatán dijo a David: Lo que deseare tu alma, haré por ti" (20:4).

El ungido estaba en la necesidad de ser ayudado por Jonatán. Los ungidos necesitan mucha ayuda y se le debe dar toda la que se pueda. Hay que ayudar a los ungidos contra los no ungidos. No podemos cruzarnos de brazos mientras los Saúles planifican acabar con los Davides.

Jonatán se pone a la disposición del ungido: *"Lo que deseare tu alma, haré por ti"*. Él estaba dispuesto a hacer por David cualquier cosa:

Primero, *esto demuestra que Jonatán era un amigo de verdad*. En la necesidad sabemos si la amistad es verdadera o simple simulacro socioemocional. Con sus palabras Jonatán empeño su amistad.

Segundo, *esto demuestra que Jonatán era un amigo de integridad*. Conocía a David y ni aun su padre lo podría convencer para creer de manera diferente sobre él. El peor golpe que puede recibir un ungido es cuando un llamado amigo le cree a los que dicen otros negativamente sobre él.

Tercero, *esto demuestra que Jonatán era un amigo de compromiso*. Al momento de la verdad muchos no se quieren comprometer. Son nuestros amigos hasta que tienen que comprometerse así mismos, o comprometer su posición. A Jonatán no le importaba que dijeran: "El hijo de Saúl ha traicionado a su padre, ayudando a David su enemigo".

Cuarto, *esto demuestra que Jonatán era un amigo de sacrificio*. Su promesa a David era un sacrificio serio. Podía exigirlo todo de él. Pero Jonatán no mira las consecuencias mira su deber de amigo.

Conclusión

(1) El ungido debe ser un hombre o una mujer que sea humilde y espiritual. (2) El ungido es una persona a la cual Dios le revela el corazón de otros. (3) El ungido necesita de amigos verdaderos, íntegros, comprometidos y sacrificados.

EL PACTO DEL UNGIDO

"Entonces dijo Jonatán a David: ¡Jehová Dios de Israel, sea testigo! Cuando le haya preguntado a mi padre mañana a esta hora, o el día tercero, si resultare bien para con David, entonces enviaré a ti para hacértelo saber. Pero si mi padre intentare hacerte mal, Jehová haga así a Jonatán, y aun le añada, si no te lo hiciere saber y te enviare para que te vayas en paz. Y esté Jehová contigo, como estuvo con mi padre. Y si yo viviere, harás conmigo misericordia de Jehová, para que no muera, y no apartarás tu misericordia de mi casa para siempre. Cuando Jehová haya cortado uno por uno los enemigos de David de la tierra, no dejes que el nombre de Jonatán sea quitado de la casa de David. Así hizo Jonatán pacto con la casa de David, diciendo: Requiéralo Jehová de la mano de los enemigos de David. Y Jonatán hizo jurar a David otra vez, porque le amaba, pues le amaba como a sí mismo" (1 S. 20:12-17).

Introducción

El ungido es una persona que aprende a discutir los problemas. Todo problema, grande o pequeño, difícil o complejo, hablando matemáticamente tiene que tener su solución. Y cuando no se le encuentra una solución, se debe aceptar como tal o olvidarse del mismo.

Los problemas no se maximizan con un lenguaje negativo y un espíritu pesimista, por el contrario se minimizan con un lenguaje positivo, de fe y un espíritu optimista.

En el mundo existen dos clases de individuos, los que complican las cosas con su actitud derrotista y los que simplifican las cosas con su actitud triunfalista.

Los ungidos son unos "resuelve problemas" y no unos "mantienen problemas". Jonatán le había expresado al ungido David su buen deseo de ayudarlo: *"Lo que deseare tu alma, haré por ti"* (20:4).

Esto me recuerda de lo dicho por el Señor Jesucristo: *"Y todo lo que pidiereis al Padre en mi nombre, lo haré, para que el Padre sea glorificado en el Hijo. Si algo pidiereis en mi nombre, yo lo haré"* (Jn. 14:13-14). Toda oración que se haga en el nombre de Jesús está respaldada por su promesa y se sostiene en la autoridad de su nombre.

Al Jonatán ofrecerle ayuda al ungido, este la aprovecho inmediatamente. Era costumbre de David sentarse a cenar con Saúl en el comedor del palacio y el próximo día de luna nueva le tocaba hacerlo, pero se escondería por tres días (20:5) y dejaría de participar.

El ungido se invento la excusa de que si Saúl preguntaba por él, se le dijera que estaba en Belén sacrificando con su familia (20:7). Si la respuesta de Saúl era positiva, el ungido sabía que no corría peligro de muerte. Si la respuesta era negativa, las intenciones malas de Saúl eran reveladas (20:7).

Los ungidos siempre prueban los corazones de los no ungidos. Estos disciernen cuando se quiere mal contra ellos. Por eso no se dejan engañar por las invitaciones de los no ungidos. Los velan y se cuidan de estos. Mantenerse lejos de los no ungidos, es una medida de seguridad espiritual.

Los ungidos son humildes, se someten a la autoridad espiritual, son de un corazón de siervo, les encanta la adoración, son buenos guerreros espirituales, pero no son tontos. Son mansos, pero no mensos. Saben emplear su inteligencia.

I. La solicitud del ungido

"Harás, pues, misericordia con tu siervo, ya que has hecho entrar a tu siervo en pacto de Jehová contigo: y si hay maldad en mi, mátame tu, pues no hay necesidad de llevarme hasta tu padre" (20:8).

Primero, *el ungido reconoce la importancia de la misericordia*. La misericordia implica que no se nos da lo que merecemos. David le dice a Jonatán: *"Harás, pues, misericordia con tu siervo"*.

La misericordia no es algo que se siente, es algo que se hace. Es llevar a la práctica lo que sabemos que es el deber. El ungido le pide al príncipe Jonatán que hiciera misericordia con él. Notemos su actitud de humildad al referirse así mismo con estas palabras: *"con tu siervo"*. Él no se veía como uno que tenía que ser servido, sino como uno que tenía que servir.

Los ungidos primero son llamados a ser servidores y luego a ser líderes. Un líder que no ha sido siervo y que no es siervo, no sirve para nada. El secreto para un liderazgo eficaz, prospero, que toque y marque vidas, es mantenerse siempre en la plataforma del servicio.

Segundo, *el ungido le recuerda a Jonatán de su iniciativa: "ya que haz hecho entrar a tu siervo en pacto de Jehová contigo"*. Los ungidos siempre son gente de pacto. Noé hizo pacto con Dios. Abraham hizo pacto con Dios. Isaac hizo pacto con Dios. Jacob hizo pacto con Dios. Moisés hizo pacto con Dios. Josué hizo pacto con Dios. Elías hizo pacto con Dios… la Iglesia ha hecho pacto con Dios en la persona de Jesucristo.

Los pactos con Dios no se pueden violar, romper, olvidar o ignorarlos. Dios llama a cuentas a los que han hecho pacto con Él. La profesión de fe es un pacto que se hace con Dios. El matrimonio es un pacto que se hace con Dios. La dedicación de niños es un pacto que se hace con Dios. El dar el diezmo es un pacto que se hace con Dios. El servirle a Dios y a la iglesia es un pacto que se hace con Dios. El aceptar un ministerio es un pacto que se hace con Dios.

Más que la iniciativa propia de Jonatán en hacer pacto con el ungido, era Dios quien se lo había puesto en el corazón que lo hiciera. Este *"pacto de Jehová"* entre un príncipe y un futuro rey, conlleva una gran enseñanza. Es el pacto con el ungido. Y con los ungidos hay que hacer pacto. Este pacto no se hace de labios, se hace con el corazón. Dios mismo se le tiene que revelar a las personas para que estos puedan hacer pacto con los ungidos.

Jonatán era un creyente serio, que ante Dios mantenía su palabra. Era un hombre de palabra. Hombres y mujeres de palabra son las que el Espíritu Santo está levantando y las está trayendo a los ungidos. Este príncipe al hacer pacto con el ungido puso a Dios por testigo y juez del mismo.

Jesús de Nazaret es nuestro Jonatán que nos ha hecho entrar en pacto con el Padre celestial. Al participar de la copa del Señor en la Cena Pascual, sus discípulos entraron con Él en un pacto: *"Porque esto es mi sangre del nuevo pacto, que por muchos es derramada para remisión de los pecados"* (Mt. 26:28).

La Cena del Señor le recuerda a la Iglesia que entre esta y Cristo hay un pacto de sangre. Al participar de los elementos el pan y el vino se recuerda de su muerte redentora y de su parusía (1 Co. 11:23-26).

Este nuevo pacto se había profetizado en Jeremías 31:31-33, donde leemos: *"He aquí que vienen días, dice Jehová, en los cuales haré nuevo pacto con la casa de Israel y con la casa de Judá. No como el pacto que hice con sus padres el día que tomé su mano para sacarlos de la tierra de Egipto; porque ellos invalidaron mi pacto, aunque fui yo un marido para ellos dice Jehová. Pero este es el pacto que haré con la casa de Israel después de aquellos días, dice Jehová: Daré mi ley en su mente, y la escribiré en su corazón; y yo seré a ellos por Dios, y ellos me serán por pueblo"*.

Así como Jonatán tomó la iniciativa en el *"pacto de Jehová"* con David, Jesús de Nazaret, que es nuestro Jonatán, nos ha hecho entrar en pacto con el Padre celestial.

Los ungidos son personas de pacto. El pacto de Jesús habla de fe, de gracia, de amor, de bendiciones y de posición celestial. Ese pacto nos da derechos espirituales. Lamentablemente muchos creyentes aunque tienen la garantía de un pacto de gracia, viven esclavizados a incisos anexados de obras y cargas religiosas. Están trabajando ante el Padre por algo que ya el Hijo trabajo por ellos.

Tercero, el ungido es integro al decir: *"y si hay maldad en mi, mátame tú, pues, no hay necesidad de llevarme hasta tu padre"*. En los ungidos no puede haber maldad. Están limpios por fuera y por dentro. En sus armarios no hay esqueletos escondidos, ni tampoco se esconden en estos. Su vida es un libro abierto que puede ser revisado por cualquiera.

No temen de que lo sorprendan haciendo algo indebido. En ellos no hay dobleces espirituales. Desde cualquier ángulo que se les observe se ven los mismos.

II. La confianza del ungido

"Y Jonatán le dijo: Nunca tal te suceda; antes bien, si yo supiere que mi padre ha determinado maldad contra ti, ¿no te lo avisaría yo?" (20:9).

El príncipe Jonatán deseaba lo mejor para el ungido. No deseaba que nada malo le sucediera. Los ungidos necesitan rodearse de personas que los cubran con su buena voluntad. Para el ungido no se puede desear ningún mal. En la aflicción Jonatán era un bálsamo para David.

Jonatán sería los ojos y los oídos para el ungido. Los ungidos necesitan personas de confianza que los cuiden y que les cubran bien las espaldas. Un verdadero Jonatán siempre velará por la seguridad de un David. Los que tienen el espíritu de Jonatán protegen a los ungidos. Con esto el ungido no tiene que preocuparse mucho de los enemigos.

"Ven salgamos al campo", invitó Jonatán a David, *"y salieron ambos al campo"* (20:11). esta es una invitación para que el ungido se renueve, se refresque y reflexione. Es invitar al ungido a separarse momentáneamente de sus problemas inmediatos. El ungido tiene que ser invitado a salir, invitado a caminar, invitado a conversar. Necesita compañía y hay que brindársela.

En el campo Jonatán se compromete con David: *"¡Jehová Dios de Israel, sea testigo! Cuando le haya preguntado a mi padre mañana a esta hora, o el día tercero, si resultare bien para con David, entonces enviaré a ti para hacértelo saber. Pero si mi padre inventare hacerte mal, Jehová haga así a Jonatán, y aun le añada, si no te lo hiciere saber y te enviare para que te vayas en paz. Y esté Jehová contigo, como estuvo con mi padre"* (20:12-13).

Lo que está haciendo Jonatán es demasiado serio. Voluntariamente está abdicando como príncipe a su derecho a ser rey. A pesar de tener a un padre tan carnal, Jonatán fue un hijo espiritual.

Primero, Jonatán pone a Dios delante: *"¡Jehová Dios de Israel sea testigo!"*. Los Jonatanes son personas espirituales que en todo y para todo ponen a Dios por delante. Todo plan está incompleto y toda agenda vacía si a Dios no se le da su parte. Muchos fracasos son el resultado de que a Dios se le excluyó y que su opinión no se le pidió.

Los que quieren ayudar al ungido para que el propósito de Dios se cumpla en este, son personas que primero se dejan ayudar por Dios, para luego ayudar a otros. Con Dios todo se puede y sin Dios nada se puede. Ponga a Dios por delante en todo y las cosas mi hermano y mi amigo le saldrán bien.

Dios debe ser *"testigo"* de todas nuestras acciones y compromisos. Que Dios vea, que Dios escuche y que Dios apruebe, es necesario e importante.

Segundo, Jonatán velaría por David: "Cuando le haya preguntado a mi padre mañana a esta hora, o el día tercero, si resultare bien, para con David, entonces enviare a ti para hacértelo saber".

En Jonatán había esperanza de que Saúl su padre cambiaría. Ese deseo de ver a nuestros familiares cambiados, debe estar siempre con nosotros. Los *Jonatanes* no ven a las personas como en realidad son, sino como pueden llegar a ser con la ayuda de Dios. Que tremenda confesión!

Tercero, Jonatán también le haría saber cualquier cosa mala: *"Pero si mi padre intentare hacerte mal, Jehová haga así a Jonatán, y aun le añada, si no te lo hiciere saber y te enviare para que te vayas en paz"*.

Con Dios no se juega. Los que se atreven a jugar con Él siempre salen perdiendo. Jonatán sabía que ante Dios él asumía una tremenda responsabilidad con el ungido. No le escondería nada ni le ocultaría ningún peligro. Por encima de su relación congénita con Saúl su padre, pondría su relación espiritual con el ungido.

Cuarto, Jonatán tiene buena voluntad para con David: *"Y esté Jehová contigo, como estuvo con mi padre"*. A los ungidos tenemos que bendecirlos y orar por ellos, para que la presencia de Dios siempre los acompañe. Sin Dios los ungidos son nadie.

III. El compromiso del ungido

"Y si yo viviere, harás conmigo misericordia de Jehová, para que no muera, y no apartarás tu misericordia de mi casa para siempre. Cuando Jehová haya cortado uno por uno los enemigos de David dé la tierra, no dejes que el nombre de Jonatán sea quitado de la casa de David" (20:15).

El que se pega a los ungidos será bendecido. Jonatán había tenido en su espíritu una revelación del éxito y la victoria que *David el ungido* tendría.

Los Jonatanes ven en su óptica espiritual lo que el futuro hará con los ungidos. Hay que orarle a Dios y pedirle que el Espíritu Santo nos muestre aunque sea ligeramente o de refilón la visión de los ungidos.

Un día todos los enemigos de David serían cortados por Dios, incluyendo a Saúl y aun los que de la misma casa de David se levantarían contra él. Jonatán era un hombre espiritualmente inteligente, pidiendo misericordia para él si estaba vivo o para su familia. Un día su hijo lisiado Mefi-boset se sentaría a la mesa del rey David y comería todos los días con él, por causa de la promesa hecha por David a su padre Jonatán (2 S. 4:4; 9:1-13).

Mientras los ungidos se mantengan haciendo la voluntad de Dios y sometidos a su Palabra, Dios honrará sus pasos y sus palabras. Los ungidos siempre comienzan sin nada, pero llegan a tener mucho. No parecen que llegarán a algún sitio, pero Dios los llevará bien lejos. Para muchos son unos flojos, pero Dios los hará bien fuertes.

En 1 Samuel 20:17 leemos: *"Y Jonatán hizo jurar a David otra vez, porque le amaba, pues le amaba como a sí mismo"*. Lo que debe unir a uno a los ungidos debe ser el amor espiritual. Este era un amor sincero y motivado por Dios mismo. Al ungido hay que amarlo y demostrárselo.

En los versículos 18 al 22 Jonatán le da instrucciones a David de cómo se harían las cosas. En el versículo 23 leemos: *"En cuánto al asunto de que tu y yo hemos hablado, este Jehová entre nosotros dos para siempre"*. Este era un pacto de por vida. Jonatán nunca dejaría a David y David nunca dejaría a Jonatán. Ante Dios se habían dado la palabra el uno al otro y la cumplirían siempre.

Conclusión

(1) Dios honrará al ungido que cumple con la parte de su pacto delante de Él. (2) Los que tienen el espíritu de Jonatán cuidan bien del ungido. (3) El compromiso con el ungido traerá bendición futura y si nosotros no nos beneficiamos, nuestros hijos se beneficiarán.

LA NECESIDAD DEL UNGIDO

"Así el sacerdote le dio el pan sagrado, porque allí no había otro pan sino los panes de la proposición, los cuales habían sido quitados de la presencia de Jehová, para poner panes calientes el día que aquellos fueron quitados" (1 S. 21:6).

"Y el sacerdote respondió: La espada de Goliat el filisteo, al que tú venciste en el valle de Ela, está aquí envuelta en un velo detrás del efod; sí quieres tomarla, tómala; porque aquí no hay otra sino como esa. Y dijo David: Ninguna como ella; dámela" (1 S. 21:9).

Introducción

Después del ungido David haberse separado del príncipe Jonatán se fue a Nob (21:1); lugar que quedaba en el monte Scopus, uno de los picos del monte de los Olivos, en la falda oriental. Al ser destruida Silo, lugar donde estaba el tabernáculo y el arca del pacto (1 S. 4:4; cp. 4:10); los sacerdotes sin el arca huyeron a Nob y allí establecieron el tabernáculo.

El arca del pacto capturada fue llevada por los filisteos de Eben-ezer a Asdod, una de las ciudades de la pentápolis filistea (1 S. 5:1). Pero allí la pusieron en el templo de Dagón y su estatua se cayó el primer día (5:3) y el segundo día volvió a caerse y se hizo pedazos (5:4). Siendo luego heridos con tumores los habitantes de Asdod (5:6). De ahí la pasaron a la ciudad filistea de Gat y tumores también hirieron a sus habitantes (5:8-9) y de ahí a Ecrón donde el juicio divino también llegó (5:10-12).

Después de siete meses de estar el arca de Dios presa en territorio filisteo (6:1), fue colocado en un carro nuevo uncido con dos vacas y dejando atrás sus becerros probaron a ver si el carro seguía a Bet-semes o se volvía atrás donde estaban los becerros, de esta manera sabrían si era un accidente lo ocurrido entre ellos o juicios divino (6:7-l0). Las vacas siguieron el camino de Bet-semes y de allí los de Quiriat-jearim llevaron el arca a la casa de Abinadab y allí se quedó veinte años (6:19-21).

El sacerdote Ahimelec al cual vino el ungido, debe haber sido biznieto de Elí y posiblemente corresponde al Ahias de 14:3 o algún descendiente del sumo sacerdote Elí (22:9). En todo caso el ungido va al sacerdote en busca de ayuda. Los ungidos siempre buscan la ayuda espiritual de personas espirituales y maduras en Dios.

El sacerdote se sorprendió de no verlo con una escolta real, sino solo (21:2). El temor hace mentir al ungido al decir: *"El rey me encomendó un asunto, y me dijo: Nadie sepa cosa alguna del asunto a que té envió, y lo que te he encomendado..."* (21:2). Aun los ungidos por miedo, y al sentirse perseguidos pueden fallarle a Dios con mentiras que los ayuden; en vez de encomendar a Dios su causa y protección. No nos olvidemos que el ungido en este momento era un joven de veinte años, ya que estuvo en exilio diez años (2 S. 5:4-5).

I. La necesidad del alimento

"Ahora, pues, ¿qué tienes a mano? Dame cinco panes, o lo que tengas" (21:3).

El ungido estaba en necesidad de ser alimentado. Y él va a quien lo puede alimentar. Su necesidad era física. Pero los ungidos también tienen necesidades espirituales y emocionales. Necesitan buscar a un Ahimelec que pueda suplírselas.

El hecho del ungido pedir únicamente *"cinco panes"* por lo menos es indicativo quizá del reducido grupo que lo acompañaba, que por cierto eran jóvenes (21:5). El ungido no es egoísta al pensar únicamente en sus necesidades, también piensa en las necesidades de los que comparten con él. En la oración modelo se nos enseña a orar: *"El pan nuestro de cada día, dánoslo hoy"* (Mt. 6:11). Nuestras oraciones no pueden ser egoístas o individuales, tienen que ser también por otros.

El ungido cuando ora intercede por los que están cerca de él. Lo que desea para sí mismo también lo desea para los que creen en su visión y están dispuestos a pagar el precio del rechazo y del repudio.

Notemos con que autoridad el ungido pide: *"Ahora, pues, ¿qué tienes a mano? Dame cinco panes, o lo que tengas".* Los ungidos hablan con autoridad y esa autoridad se deriva de su relación y comunión con Dios.

Los ungidos no son tampoco personas caprichosas o voluntariosas. David pidió *"cinco panes"* y si no se tenían, pues lo que tuviera. Aquí se descubre el espíritu negociador del ungido. El cual pide y no exige. Los ungidos no son "dictadores espirituales". La dictadura espiritual es señal de que falta la verdadera unción que se expresa en autoridad espiritual.

Ahimelec le dice a David: *"No tengo pan común a la mano, solamente tengo pan sagrado; pero lo daré si los criados se han guardado a lo menos de mujeres"* (21:4). El ungido puede participar de las cosas sagradas, pero si desea que los que lo acompañen también participen debe asegurarse de que espiritualmente están aptos.

El sacerdote no tenía problemas en darle el pan de la proposición al ungido, pero le preocupa los que están con el ungido. Para el ungido y sus asociados Dios tiene los mismos requisitos.

Nadie mejor que el ungido para conocer los que ministran a su lado, que lo acompañan, que están a su servicio. El ungido responde: *"En verdad las mujeres han estado lejos de nosotros ayer y anteayer; cuando yo salí, ya los vasos de los jóvenes eran santos aunque el viaje es profano; ¿cuánto más no serán santos hoy sus vasos?"* (21:5).

A los soldados israelitas se les exigía continencia sexual en las expediciones militares. Su atención tenía que estar concentrada en la guerra y en sus enemigos. Nada ni nadie debería tomar su concentración. Dios desea que muchas veces nos concentremos en lo que tenemos que hacer para Él y no en otras cosas o deseos.

David sabía desde hacia dos días, que tanto él como los jóvenes que le acompañaban estaban santos. El ungido también tiene que cuidar de su santidad y velar por la misma, es fácil velar por la santidad de otros y descuidar la nuestra. Los ungidos no son intocables, creyendo que nada los puede tocar.

Los ungidos deben promover la santidad entre los jóvenes y por eso ellos tienen que darles ejemplos con su conducta y acciones. Los jóvenes que quieran comer del *"pan sagrado"* deben ser santos. Tienen que apartarse de muchas cosas que los harán impuros y rechazados por Dios.

Leemos: *"Así el sacerdote le dio el pan sagrado, porque allí no había otro pan sino los panes de la proposición, los cuales habían sido quitados de la presencia de Jehová, para poner panes calientes el día que aquellos fueron quitados"* (21:6).

En Levítico 24:5-9 se nos menciona el pan de la proposición.

(1) Eran doce tortas de flor de harina. Representando las doce tribus de Israel. (2) Se ponía en líneas en la mesa limpia. Ante Dios las tribus tenían que estar ordenadas y limpias. (3) Se ponían en dos hileras y sobre cada hilera el incienso puro, cada israelita tenía que ser un perfume para Dios. (4) Cada día de reposo se cambiaban.

En Levítico 24:9 leemos: *"Y será de Aarón y de sus hijos, los cuales lo comerán en lugar santo; porque es cosa muy santa para él, de las ofrendas encendidas a Jehová, por derecho perpetuo".*

Solo los sacerdotes podían comer el pan sagrado que había estado ante la presencia de Dios por siete días. La necesidad del ungido se puso por encima de esta prohibición religiosa. Al ungido se le permite hacer algo que a nadie más se le permitía.

En Mateo 12:3-4 leemos: *"Pero él les dijo: ¿No habéis leído lo que hizo David, cuando él y los que con él estaban tuvieron hambre; cómo entró en la casa de Dios, y comió los panes de la proposición, que no les era lícito comer ni a él ni a los que con él estaban, sino solamente a los sacerdotes?"*

Jesús empleó este suceso histórico ante los fariseos para demostrarles que la necesidad humana estaba por encima del ritualismo religioso. Los discípulos un sábado tuvieron hambre y arrancaron espigas y se pusieron a comer, siendo criticados por los fariseos (Mt. 12:1-2).

Para los ungidos las personas en necesidad son más importantes que la religión, que la tradición, que el dogma y que el ritualismo. Lamentablemente muchos religiosos se interesan más en las cosas que en las gentes. En lo que pasa en el día que en lo que significa el día.

El ungido por ser el ungido puede gozar de algunos derechos que a otros le son prohibidos. Nadie, absolutamente nadie, podía comer del *"pan sagrado"* a no ser que fuera del oficio sacerdotal, pero el ungido si pudo comer. Tuvo derecho a comer de la ofrenda perfumada que se le había presentado a Dios.

II. La necesidad de la protección

"Y David dijo a Ahimelec: ¿No tienes aquí a mano lanza o espada? Porque no tomé en mi mano mi espada ni mis armas, por cuánto la orden del rey era apremiante" (21:8).

El ungido todavía se está cuidando y por eso no le dice la verdad al sacerdote Ahimelec, implicando que estaba bajo órdenes del rey Saúl. El ungido entonces pasa a presentarle una segunda necesidad al sacerdote Ahimelec, estaba desarmado y tenía que armarse. Los ungidos no pueden andar desarmados.

A la petición del ungido el sacerdote le responde: *"La espada de Goliat el filisteo, al que tu venciste en el valle de Ela, está aquí envuelta en un velo detrás del efod; si quieres tomarla, tómala; porque aquí no hay otra sino esa"* (21:9).

El efod aquí mencionado no era la vestidura sacerdotal (cp. 1 S. 2:18), sino algún objeto o caja con el cual se podía consultar a Dios (1 S. 23:6-9) y lo más probable que en esto se guardaba el Urim y el Tumin (cp. 1 S. 28:6).

Detrás del efod se había guardado la espada de Goliat, al que David había vencido con la honda y que con su propia espada le corto la cabeza. La misma parece que se le había dedicado a Dios y por eso estaba envuelta detrás del efod.

En Dios no hay coincidencias sino propósitos. Ya Dios sabía que algún día esa misma espada de Goliat sería necesitada por el ungido. Y Dios usó a alguien para guárdasela al ungido.

La espada de Goliat le recordaría al ungido que el Dios que estuvo con él en el pasado, lo estará en el presente y en el futuro. Así como venció a un Goliat humano grande y corpulento, el ungido vencería a muchos otros Goliat espirituales que se le levantarían en su camino.

Leemos: *"Y dijo David: Ninguna como ella; dámela"* (21:9). En ese momento esa espada era lo que el ungido necesitaba. Dios siempre le da a sus ungidos lo que necesitan. Ya no sería la espada de Goliat, sería la espada de David.

Al diablo y al mundo Dios le está quitando muchas cosas y se las está dando a los ungidos. Lo que Dios ha santificado en las manos de los ungidos puede ser de gran ayuda y bendición. Lugares que eran utilizados por gente mundana para recrearse en el pecado, hoy día Dios los ha transformado en lugares donde se reúnen el pueblo de Dios. Radioemisoras mundanas, profanas y con voces de degenerados, hoy día la iglesia las posee y hombres y mujeres transmiten su voz. En otros lugares la iglesia está comprando estaciones de televisión, donde se alimentaba el pecado y ahora se presenta el evangelio que transforma.

Hay que tomar la espada de Goliat y convertirla en espada de David. Muchas cosas que el mundo tiene, después que sean santificadas por Dios y estén detrás del efod, pueden ser muy buenas en manos de los ungidos.

Ahimelec y Abiatar su hijo (Mr. 2:25) estaban guardando la espada de Goliat para el ungido. Muchos creyentes sin saberlo están guardando cosas para los ungidos. Pueden ser libros, mesas, escritorios, vehículos, ropas y cuantas cosas más. Llegará el momento cuando el ungido tendrá necesidad de lo que estamos guardando y se lo tendremos que ofrecer.

Aunque esa espada no era del ungido, ya que se le había presentado a Dios y dedicado. Cuando el ungido la necesita el sacerdote se la da. Lo que se le presenta a Dios hay que guardarlo hasta que Dios dirija al ungido para que haga uso de esto.

Solo los ungidos deben tener acceso a los objetos que están en el santuario. Personas sin unción no tienen derecho a usar lo que ya ha sido santificado por Dios.

En 1 Samuel 21:7 leemos: *"Y estaba allí aquel día detenido delante de Jehová uno de los siervos de Saúl, cuyo nombre era Doeg, edomita, el principal de los pastores de Saúl"*. Mientras el ungido conversaba con el sumo sacerdote Ahimelec, un edomita prosélito, escuchaba al ungido y vio que se le dio la espada de Goliat (22:9-16).

Los ungidos tienen que cuidarse de los Doeg, son gente mala. Y aunque entran al santuario, todavía no tienen una revelación espiritual de los ungidos. Aunque ven al ungido no los reconocen como tal. Se prestan para llevar chismes sobre los ungidos y hacerle daño a los que los apoyan.

Por culpa de Doeg, la ciudad de Nob cayó bajo el juicio de Saúl (22:19). Este mismo Doeg mató a ochenta y cinco sacerdotes de Dios (22:18) Abiatar, hijo de Ahimelec, pudo escapar e informárselo al ungido (22:20-23).

Conclusión

(1) Los ungidos cuando tienen necesidad tienen derecho a utilizar el "pan sagrado", y aunque sea difícil de entender esto, Dios lo permite. (2) El trato de Dios con los ungidos muchas veces es exclusivo. (3) Hay cosas del mundo que santificadas pueden ser de una tremenda utilidad a los ungidos. (4) La espada de Goliat no se puede votar, se tiene que envolver en un velo y guardarla y en su momento darle un buen uso. Hay espadas del mundo que están ayudando a los ungidos a ganar muchas batallas.

EL DISIMULO DEL UNGIDO

"Y David puso en su corazón estas palabras, y tuvo gran temor de Aquis rey de Gat. Y cambió su manera de comportarse delante de ellos, y se fingió loco entre ellos, y escribía en las portadas de las puertas, y dejaba correr la saliva por su barba. Y dijo Aquis a sus siervos: He aquí, veis que este hombre es demente; ¿por qué lo habéis traído a mí? ¿Acaso me faltan locos, para que hayáis traído a éste que hiciese de loco delante de mí? ¿Había de entrar éste en mi casa?" (1 S. 21:12-15).

Introducción

Después que ungido tomó la espada de Goliat que estaba en Nob de manos de Ahimelec el sumo sacerdote, sigue huyendo de Saúl (21:10) hasta Aquis rey de Gat.

Muy probablemente el ungido haya sido tomado prisionero por los soldados del rey Aquis de Gat, de la pentápolis filistea. Es sumamente interesante que el gigante Goliat era de Gat (17:4), que David se hubiera armado con su espada y que llegue a su ciudad donde en otro tiempo aquel fue considerado un héroe nacional.

Los ungidos muchas veces se encontrarán en el territorio de sus enemigos, y allí tienen que cuidarse mucho de la fama que se les ha dado y no hacer alardes de su unción.

I. La visita equivocada

"Y levantándose David aquel día, huyó de la presencia de Saúl, y se fue a Aquis rey de Gat" (21:10).

El ungido pudo consultar la voluntad de Dios a través del efod, pero no lo hizo. Salió sin dirección divina. Cualquier viaje que hagan los ungidos sin ser dirigidos por Dios, puede ser fatal y peligroso para su ministerio.

El disimulo del ungido

El diablo siempre tendrá un lugar para que el ungido visite. Al ungido se le podrán olvidar muchas victorias y derrotas que le haya infligido al maligno, pero este jamás se olvidará, y siempre buscará la revancha.

Mucho se ha especulado cómo David llegó hasta Aquis. Leemos: *"y se fue a Aquis rey de Gat".* La persona y el lugar eran equivocados para el ungido. Hay personas y lugares con las cuales los ungidos no pueden asociarse. Su contacto con ellos puede ser la causa de su ruina ministerial.

¿Por qué el ungido se fue a Aquis rey de Gat? Primero, pensó que siendo aquel enemigo de Saúl, y siendo el perseguido por Saúl, esto lo pondría en una buena posición de aceptación. Segundo, quizás no le quedara otra alternativa que pasar por la ciudad de Gat y sin desearlo se encontró con Aquis. Tercero, llegó hasta Aquis porque no previo las consecuencias de su visita.

Los ungidos deben orar a Dios primero para que Él les apruebe o desapruebe con quién se quieren asociar y dónde deben ir. "Aquis" y "Gat" aunque aparecen en el camino, tienen la apariencia de ser una bendición, son una trampa del diablo para destruir al ungido. Ungido no te asocies con Aquis y no entres a la ciudad de Gat. No tomes esa ruta aunque parezca buena. Mejor desvíate, toma una ruta más larga y menos placentera, pero tomarás la ruta de Dios.

No visites a Aquis y no visites a Gat. Allí la vida del ungido corre peligro. David se estaba metiendo en la boca del león sin darse cuenta.

II. La realización correcta

"Y David puso en su corazón estas palabras, y tuvo gran temor de Aquis rey de Gat" (21:12).

Los siervos de Aquis reconocieron al ungido. *"Y los siervos de Aquis le dijeron: ¿No es éste David, el rey de la tierra? ¿no es éste de quien cantaban en las danzas, diciendo: Hirió Saúl a sus miles, Y David a sus diez miles?"* (21:11). Muchas cosas que el ungido escucha a otros decir las tiene que poner en su corazón. Allí las tiene que filtrar y analizarlas espiritualmente. Lo que decían los siervos de Aquis era halagador y adulador, pero conllevaba peligro para la seguridad del ungido.

De la madre de Jesús leemos: "Pero María guardaba todas estas cosas, meditándolas en su corazón" (Lc. 2:19). Hay cosas que hay que poner en el corazón, hay que guardarlas en el corazón y hay que meditarlas en el corazón.

El ungido se tiene que cuidar mucho de que su fama y lo que de él digan, no se convierta en causa de su propia destrucción. Leemos: *"Y David puso en su corazón estas palabras, y tuvo gran temor de Aquis rey de Gat".* No era un temor cobarde, sino un temor por su seguridad.

III. El extraño cambio

"Y cambió su manera de comportarse delante de ellos, y se fingió loco entre ellos, y escribía en las portadas de las puertas, y dejaba correr la saliva por su barba" (21:13).

El ungido fingió ser la persona que no era para proteger su vida. Actuó totalmente contrario a lo que de él se decía. Lo que él llegaría a ser era de más importancia que todo lo que de él se decía.

Al verse en peligro de muerte, se fingió loco. Antiguamente a las personas dementes o afectadas de sus facultades mentales, se les respetaba la vida.

El rey Aquis se quedó convencido de que David estaba demente (21:14). Por eso pregunta: *"¿Por qué lo habéis traído a mi?"* Aun loco no lo quería en su presencia y menos todavía en su casa (21:15).

Los ungidos se encontrarán en ocasiones cuando tendrán que jugar a los tontos. Aparentarán ser unos ignorantes. Disimularán su autoridad y no expresarán su unción.

A veces conviene dejar que las personas se crean de nosotros lo que no somos. El ungido aunque se presente como un tonto y pretenda ser un tonto, no es ningún tonto. La vida es un melodrama y en ocasiones nos toca actuar en uno de sus papeles.

En esta ocasión el ungido tenía que preservar su vida. Por eso actuó como lo hizo. El que fuera criticado, burlado, subestimado y menospreciado; era algo que no le quitaba nada a él. Por el contrario, lo ayudaría a sobrevivir y a moverse hacia el futuro.

En 1 Samuel 27:1-12, transportándonos ya al futuro del ungido, veremos que con seiscientos hombres se refugio en Gat y el rey Aquis le dio asilo a él, a sus hombres y familias, incluyendo las esposas de David, Ahinoam jezreelita y Abigail.

El rey Aquis también le regaló la ciudad de Siclag, que se hizo parte de Judá (27:6). En territorio filisteo David llegaría a vivir en el futuro un año y cuatro meses (27:7). Desde allí el ungido saldría en incursiones militares con sus hombres (27:8-9). Todo esto lo haría secretamente el ungido (27:10-12).

Conclusión

(1) El ungido antes de asociarse con alguien y de mudarse a algún lugar debe buscar la dirección divina. (2) El ungido tendrá mucho cuidado cuando sus enemigos le dan mucha fama. (3) El ungido tendrá que saber cuando disimular para no perder la unción.

EL RECLUTAMIENTO DEL UNGIDO

"Yéndose luego David de allí, huyó a la cueva de Adulam; y cuando sus hermanos y toda la casa de su padre lo supieron, vinieron allí a él. Y se juntaron con él todos los afligidos, y todo el que estaba endeudado, y todos los que se hallaban en amargura de espíritu, y fue hecho jefe de ellos; y tuvo consigo como cuatrocientos hombres" (1 S. 22:1-2).

Introducción

El ungido huyó a la cueva de Adulam. Aquis lo separó de él y de Saúl andaba alejado. Llegará el momento cuando los carnales no querrán al ungido y los mundanos no les verán nada interesante.

El rechazo y la persecución son la mejor escuela de entrenamiento para los ungidos. Cuando nadie los quiera tendrán que huir buscando el refugio en Dios.

I. El contexto

"Yéndose luego David de allí, huyó a la cueva de Adulam…" (22:1).

El ungido huyó a las cercanías de la ciudad de Adulam, y allí en una cueva busco refugio. El nombre Adulam significa "lugar cerrado". Fue una ciudad cananea (Jos. 12:15); que luego entró a formar parte de la tribu de Judá (Jos. 15:35). Es posible que corresponda en la actualidad al Tell esh-Sheikh Mdhkur (Horvat Adullam, localizado entre Aquis y Jerusalén) o puede ser la Aid-el-ma. En los anales bíblicos la cueva tomó más importancia que la ciudad. Otro lugar identificado es el Wadi Khureibun, en el área oriental de Judá, donde se presenta una cueva de gran tamaño y corresponde bastante bien al relato bíblico. En esta cueva de Adulam el ungido fue inspirado por el Altísimo en la composición de los Salmos 57 y 142.

El Salmo 57 es una oración cantada donde el salmista expresa al Altísimo su confianza y se ampara en su misericordia (57:1). En el versículo 4 expresa: *"Mi vida está entre leones; estoy echado entre hijos de hombres que vomitan llamas; sus dientes son lanzas y saetas, y su lengua espada aguda"*. Aquí se hace una alusión a la persecución emprendida contra él por Saúl. En el versículo 6 dice: *"Red han armado a mis pasos; se ha abatido mi alma; hoyo han cavado delante de mí; en medio de el han caído ellos mismos"*. El ungido declara que el mal que quieren contra él se volverá contra sus enemigos.

En medio de su aflicción, el ungido es un adorador. Aunque su alma estaba abatida, dolorida y en angustia; su espíritu está dispuesto en la alabanza y la adoración.

En su canto dice: *"exaltado seas sobre los cielos, oh Dios; sobre toda la tierra sea tu gloria"* (57:5). *"Pronto está mi corazón, oh Dios, mi corazón está dispuesto; cantaré, y trovaré salmos. Despierta, alma mía; despierta, salterio y arpa; me levantaré de mañana. Te alabaré entre los pueblos, oh Señor; cantaré de ti entre las naciones"* (57:7-9).

El Salmo 142 es la oración del ungido cuando se encontraba dentro de la cueva de Adulam. En su angustia él se quejaba a Dios (142:2). En el versículo 4 dice: *"Mira a mi diestra y observa, pues no hay quien me quiera conocer; no tengo refugio, ni hay quien cuide de mi vida"*.

Primero, *"no hay quien me quiera"*. Muchas veces los ungidos se encuentran tan deprimidos, que se sienten como *"el búho de las soledades"* o como *"el pelicano del desierto"* (Sal. 101:6).

En su aflicción se ven rechazados por otros. Están solos en su dolor y angustia. Nadie parece quererlos. Muchos le dan la espalda y parece no importarles en nada lo que les está ocurriendo.

Segundo, *"no tengo refugio"*. En su carencia de refugio humano, Dios le enseñaría que Él es el refugio. En el Salmo 61:3 dice el ungido: *"Porque tú has sido mi refugio, y torre fuerte delante del enemigo"*. En el Salmo 46:1 leemos: *"Dios es nuestro amparo y fortaleza, nuestro pronto auxilio en las tribulaciones"*. Los ungidos tienen que aprender a refugiarse en la presencia de Dios.

Tercero, *"ni hay quien me cuide"*. El ungido se sentía como alguien que había sido descuidado. Los ungidos también se sienten en ocasiones que nadie los cuida. El ungido debe ser cuidado. Su ministerio debe ser protegido. Su visión debe ser guardada. Su unción tiene que ser cuidada.

Notemos en el Salmo 142:7 cuando el ungido dice: *"Saca mi*

alma de la cárcel, para que alabe tu nombre; me rodearan los justos, porque tú me serás propicio". El ungido cuando está perseguido, afligido y solo se siente estar en una cárcel. La soledad es la peor de todas las cárceles. Pero en esa cárcel emocional, el ungido tiene la esperanza de que será acompañado Por eso confiesa: *"me rodearan los justos".* En realidad, Dios le enviaría personas para estar con él en el desierto. Al ungido no se le puede dejar solo en el desierto.

II. La familia

"y cuando sus hermanos y toda la casa de su padre lo supieron, vinieron allí a él" (22:1).

La familia del ungido no puede dejarlo solo. Cuando va al desierto, deben ir con él al desierto. Si la familia no es la primera en apoyar al ungido, difícilmente otros le apoyaran.

El fracaso de muchos ungidos ha sido por causa de cónyuges, hijos, hermanos y padres que no les han brindado su apoyo. Deben ser parte de este ministerio, beneficiarse de esta unción.

En 1 Samuel 22:3 leemos: *"Y se fue David de allí a Mizpa de Moab, y dijo al rey de Moab: Yo te ruego que mi padre y mi madre estén con vosotros, hasta que sepa lo que Dios hará de mí".*

Este es el único pasaje donde Isaí el padre de David aparece asociado con su madre. El ungido es uno que cumple con el mandamiento: *"Honra a tu padre y a tu madre, para que tus días se alarguen en la tierra que Jehová tu Dios te da".*

Después del ungido salir de la cueva de Adulam, busco la seguridad de sus progenitores con el rey de Moab. Ya el ungido estaba dando señales de ser un buen diplomático.

El ungido tampoco expondría a la necesidad y el peligro a su padre y a su madre. La protección y la provisión de ellos era prioridad para David. Dios honrará a los ungidos que honran a sus padres y que honran a su familia.

La familia del ungido debe ser ejemplo de unidad. Esa es la primera congregación del ungido. Un ungido que no puede convivir en familia y dar ejemplo con esta, podrá llave de paso a la unción de Dios sobre su persona.

Muy probablemente la familia del ungido corría peligro con Saúl el no ungido. Los que no tienen unción desean atacar nuestra familia. Los critican, hablan mal de ellos, los fustigan, los desprecian, hacen chistes sobre ellos y hasta les ponen sobrenombres.

Llama la atención la expresión: *"vinieron allí a él".* Sus padres y sus hermanos voluntariamente se fueron donde sabían que estaba el ungido. Ellos sabían que sobre ese miembro de la familia, aunque fuera el menor, y hubiera sido el pastor de las ovejas, estaba descansando la unción del Todopoderoso. Dios puede ungir a un niño o a un joven y una familia espiritual irá donde él o ella está.

Eso de que *"vinieron allí a él"*, me hace pensar en un sometimiento a la autoridad del ungido. La familia debe ser la primera en respetar y obedecer las instrucciones y direcciones expresadas por los hombres y mujeres ungidos por Dios. Cuando una familia se rebela contra el ungido, está promoviendo la rebelión y la división contra él y a la vez levantándose en oposición contra Dios mismo.

María y Aarón, hermanos de Moisés, lo criticaron por casarse con una mujer cusita (Nm. 12:1). La misma Biblia sale en defensa de Moisés cuando dice: *"Y aquel varón Moisés era muy manso, más que todos los hombres que había sobre la tierra"* (Nm. 12:3).

Ellos se creían que Dios no solo hablaría por medio de Moisés, sino también por medio de ellos (12:2). Dios le pidió a Moisés que con María y Aarón se reunieran a la puerta del tabernáculo (12:4). Allí Dios los llamó y les dijo: *"Cuando haya entre vosotros profeta de Jehová, le apareceré en visión, en sueños hablaré con él. No así a mi siervo Moisés, que es fiel en toda mi casa. Cara a cara hablaré con él, y claramente, y no por figuras; y verá la apariencia de Jehová. ¿Por qué, pues, no tuvisteis temor de hablar contra mi siervo Moisés?"* (12:6-8).

Al Dios de Moisés *"que es fiel en toda mi casa"*, es una alusión al tabernáculo y a los que ministraban en él. De todos los que se acercaban en adoración, Moisés sobresalía en fidelidad.

Cuando Dios se apartó del tabernáculo, María estaba leprosa. Inmediatamente Aarón se arrepintió y dijo: "Ah! Señor mío, no pongas ahora sobre nosotros este pecado; porque locamente hemos actuado, y hemos pecado. No quede ella ahora como el que nace muerto, que al salir del vientre de su madre, tiene ya medio consumida su carne" (12:11).

Dios no contestó la oración de Aarón, sino la petición de Moisés: "Entonces Moisés clamó a Jehová, diciendo: Te ruego, oh Dios, que la sanes ahora" (12:13).

Moisés era el ungido de Dios. Sobre Moisés estaba la autoridad espiritual. Dios siempre escucha al que le ha encargado su autoridad. Moisés habló con autoridad: "que la sanes ahora". Dios la sanó inmediatamente, pero tuvo que estar siete días fuera del campamento (12:15).

Notemos el lenguaje fuerte de Dios: "Sea echada fuera del campamento por siente días, y despúes volverá a la congregación" (12:14).

Dios honró la posición de Aarón como sumo sacerdote, pero disciplinó la actitud de María, que sin lugar a dudas fue la instigadora. Por eso experimentó la vergüenza de estar inmunda siete días y por causa de ella "el pueblo no pasó adelante hasta que se reunió María con ellos" (12:15).

Aunque Aarón era sumo sacerdote y María una profetiza, la unción de autoridad sobre Moisés, estaba por encima de la posición del don. La familia del ungido no puede usurpar su autoridad espiritual y se tiene que someterse a la misma.

III. Los reclutas

"Y se juntaron con él todos los afligidos, y todo el que estaba endeudado, y todos los que se hallaban en amargura de espíritu, y fue hecho jefe de ellos; y tuvo consigo como cuatrocientos hombres" (22:2).

La congregación del ungido.continua aumentando. Comenzó posiblemente con cinco (21:3); luego se le unió la familia y ahora leemos: *"y tuvo consigo como cuatrocientos hombres"*. Ese número lo vemos creciendo cuando leemos 1 Samuel 23:13 donde se dice: *"David entonces se levantó con sus hombres, que eran como seiscientos..."*

El ejército de David se va formando de reclutas no cualificados. Personas sin ningún potencial. Gente que nadie quería. Individuos que humanamente no valían la pena. En ellos no se veía ningún futuro bueno para el ungido. Pero a esos el ungido tendría que discipular y transferir su espíritu de adorador y de guerrero.

En la *Biblia Plenitud* en la *acción* que aplica dice: "Líderes, no menospreciéis a nadie que el Señor ponga delante de vosotros. Dios es capaz de levantar hasta el más pequeño por medio de su dirección" (Editorial Caribe, 1994, p. 378).

Primero, *"y se juntaron con él todos los afligidos"*. La *Nueva Biblia Española* dice: *"gente en apuros"*. El ejército comienza con reclutas voluntarios que estaban afligidos y apurados. Eran personas que estaban metidos en muchos problemas. Mentalmente se encontraban confundidos y sin dirección en sus vidas. Pero en el ungido encuentran a alguien que se identifica con ellos, que tiene oídos para ellos.

Muchas personas que están afligidas y en apuros, buscan un ungido que les reciba y atienda. El ungido no es exclusivista, sino inclusivista. En su ejército hay lugar para los que andan apurados, viven apurados, se muestran apurados y se comportan apurados.

David el ungido

Segundo, *"y todo el que estaba endeudado"*. La *Biblia de las Américas* expresa: *"todo el que estaba endeudado"*. La nota al margen lee: "Literalmente, *tenía un acreedor"*. En la *Nueva Biblia Española* leemos: *"o llena de deudas"*.

Las deudas es una de la principales causas de los divorcios en muchos países. Por causa de las deudas muchos han llegado al extremo del suicidio. Las deudas tienen a hombres y a mujeres viviendo ahogados y apretados.

Los préstamos, las tarjetas de crédito, las hipotecas de treinta años, los muebles a crédito... nos tienen viviendo de cheque en cheque.

Al ungido se le unieron reclutas que debían mucho dinero. Vivían bajo presiones económicas. Se estaban ahogando en las finanzas. Una persona endeudada está bajo presiones y una persona presionada se le afecta su comportamiento, su relaciones con otros y se puede enfermar emocionalmente.

Esta gente oprimida financieramente llegan donde el ungido. Él les ministraría y daría su consejo Los ayudaría a superarse y un día Dios los bendeciría de tal manera que estos pagarían todas sus deudas.

Dios no desea que nosotros estemos en deuda con nadie. El creyente debe ser buena paga. Al particular dicen las Escrituras: *"Pagad a todos lo que debéis: al que tributo, tributo; al que impuesto, impuesto; al que respeto, respeto; al que honra, honrara. No debáis a nadie nada, sino el amaros unos a otros..."* (Ro. 13:7-8).

Una deuda que siempre tendremos con Dios es la del diezmo. (Mal. 3:6-12). El diezmo no es algo que le damos a Dios voluntariamente, sino que le pertenece a Él. En Levítico 27:30 leemos: *"Y el diezmo de la tierra, así de la simiente de la tierra como del fruto de los árboles, de Jehová es; es cosa dedicada a Jehová"*. Dios es dueño de los diezmos. No traerlos al *"alfolí"* es robarle a Dios.

Muchos creyentes viven bajo maldición financiera porque no han hechos pacto financiero con Dios. Sobre ellos Dios no puede abrir las ventanas de los cielos y derramar bendición (Mal. 3:10). Tampoco les puede reprender al devorador de sus finanzas, y por eso las deudas los tienen siempre estériles (Mal. 3:11). El creyente que no diezma cree parte de la Biblia, pero no cree toda la Biblia. En su canon personal no está incluido el libro de Malaquías y otros pasajes bíblicos.

El diezmo lo determina Dios, la ofrenda la determinamos nosotros. Paguemos los diezmos y con Dios siempre tenderemos buen crédito. Él no hace negocios con individuos que le roban.

Tercero, *"y todos los que se hallaban en amargura de espíritu"*. En otras versiones dice: *"y todo el que estaba descontento"* (*Biblia de las América*), o: *"desesperados de la vida"* (*Nueva Biblia Española*).

Al ungido llegaron personas que estaban cansados de vivir. En sus vidas no había alegría, sino inconformidad, tristeza, melancolía, desesperación, amargura y vacíos. El ungido con sus palabras los motivaría y alentaría a sentirse mejor.

Personas tristes necesitan acercarse a ungidos que los animen, que los fortalezcan, que los muevan a salir de su cuarto oscuro, que les inyecten entusiasmo y que les despierten el valor en sus corazones.

Toda iglesia que este ungida abierta para recibir estos reclutas de David, crecerá, se multiplicará y hará la diferencia en cualquier lugar. David era un ungido con un ministerio de restauración. En su ministerio y bajo su unción muchos fueron levantados. Su unción no era para que la gente cayera bajo la anestesia divina, era para levantar a gente ya caída por la anestesia del diablo.

La iglesia debe ser una clínica de primeros auxilios y un hospital de ingreso, para que los pacientes que lleguen a ella, reciban recuperación y terapia espiritual. Las celebraciones, programas, ministerios, enseñanzas y predicaciones deben ser encaminadas hacia el propósito de traer sanidad a los enfermos espirituales. Muchas congregaciones le dan más interés al enfermero o enfermera, al doctor y al especialista, que al enfermo o enferma. Hay que hacer más espacio para los enfermos. Hay que recibirlos sin citas previas.

Conclusión

(1) La cueva de Adulam en vez de ser la cueva del escondite, puede ser el refugio con Dios. (2) La familia del ungido debe saber dónde está y llegar allí. (3) El ungido debe recibir a todo el que llegue a él.

LA OBEDIENCIA DEL UNGIDO

"Y se fue David de allí a Mizpa de Moab, y dijo al rey de Moab: Yo te ruego que mi padre y mi madre estén con vosotros, hasta que sepa lo que Dios hará de mí. Los trajo, pues, a la presencia del rey de Moab, y habitaron con él todo el tiempo que David estuvo en el lugar fuerte. Pero el profeta Gad dijo a David: No te estés en este lugar fuerte; anda y vete a tierra de Judá. Y David se fue, y vino al bosque de Haret" (1 S. 22:3-5).

Introducción

En el desierto David llegó a levantar un ejército de cuatrocientos hombres (22:1) Todos estaban incapaces, descalificados, sin mucho potencial humano. Psicológicamente no eran los más aptos para ser reclutados en un ejército. Estaban llenos de deudas, amargados y afligidos (22:2). Pero en ellos Dios encontró el ingrediente necesario para comenzar a levantarle un ejército de valientes al ungido.

De tan poco, este grupo continuó multiplicándose hasta que el ungido llegó a tener un ejército de doscientos ochenta y ocho mil soldados, organizados en doce divisiones de veinticuatro mil cada una, sirviendo al ungido una división por mes (1 Cr. 27:1-15).

Los ungidos pueden comenzar con poco o sin nada, pero llegarán a tener mucho. La visión del ungido es la que invita a otros a que se le añadan. Hay que tener una revelación futura de lo que Dios es capaz de realizar con sus ungidos.

I. La salida

"Y se fue David de allí a Mizpa de Moab, y dijo al rey de Moab: Yo te

ruego que mi padre y mi madre estén con vosotros, hasta que sepa lo que Dios hará de mí" (22:3).

En la cueva de Adulam la familia se le había juntado al ungido. También había alcanzado a tener seguidores. Pero Dios no quería que el ungido se fuera a acostumbrar a la cueva de Adulam. Su tiempo para abandonar la cueva y buscar la dirección divina le había llegado.

En la cueva uno se puede acostumbrar a la inactividad, a la tranquilidad, al descanso… pero los ungidos son personas que han sido llamadas a la acción, a la actividad, al movimiento.

La cueva también nos habla de un lugar de comunión, de separación, de revelación y de dirección. Representa nuestra búsqueda de Dios y nuestra adoración hacia Él. A pesar de lo placentero que es la cueva, el ungido no se puede quedar oxidándose en esa experiencia.

De allí el ungido se movió hacia Mizpa en Moab. La palabra Mizpa significa "atalaya" o "lugar de donde se vigila". Habla de un lugar alto y de una posición de ventajas.

Para el ungido Mizpa representa una etapa de crecimiento y de madurez en su vida y en su ministerio. Es levantarse en la posición donde Dios le ha puesto. Las posiciones son honradas por los ungidos.

La experiencia de Mizpa lleva al ungido a ser más vigilante. A tener más cuidado. A ser más observador. A mantener más cautela. A dar pasos más seguros. A pensar antes de actuar. El ungido no puede dejar de vigilar sus pasos. No puede dejar de vigilar sus acciones. No puede dejar de vigilarse así mismo.

El ungido cuando llegó a Mizpa de Moab habló con el rey de allí, solicitándole albergue y hospitalidad para su padre y su madre. Por parte de su bisabuela Rut, que era Moabita (Rut 1:5; 4:13, 17), David tenía parentesco con los moabitas. Lo cual en esta necesidad le sirvió de mucho.

Dios muchas veces puede utilizar nuestra cultura, nuestras tradiciones, nuestro contexto social, experiencias pasadas, para ser escalones en el cumplimiento de su propósito y en la realización de su voluntad. Por una bisabuela de fe, un biznieto fue bendecido. La bendición de David había comenzado dos generaciones antes en Rut la moabita.

El ungido es uno que honra a su padre y a su madre (Éx. 20:12). Lo cual es uno de los diez mandamientos. En Mateo 15:4 el Señor Jesucristo cita este mandamiento. En Efesios 6:2 el apóstol Pablo también lo citó. La relación que mantiene el ungido con sus padres, si estos viven todavía, determinará la bendición de Dios sobre su vida y su ministerio.

David buscó la seguridad y estabilidad de sus padres. No los quiso exponer al peligro. Los ungidos cuidan bien de su familia. No la meten en sus aventuras ministeriales. Los cuidan de que las consecuencias del ministerio no los golpee a ellos.

David le dice al rey de Moab que esto será "hasta que sepa lo que Dios hará de mí". No sabía todo lo que Dios haría de él, pero sí sabía que Dios hará algo con él. No es tanto lo que Dios haga por medio de mí, sino lo que haga en mí. Muchos quieren tener ministerios para hacer obras, pero no son pacientes en esperar que Dios haga la obra en ellos. Antes de que Dios haga algo con nosotros tiene que hacer algo en nosotros.

II. La habitación

"Los trajo, pues, a la presencia del rey de Moab, y habitaron con él todo el tiempo que David estuvo en el lugar fuerte" (22:4).

Por otro lado leemos: *"y habitaron con él todo el tiempo que David estuvo en el lugar fuerte"*. Los ungidos necesitan una familia que los apoye, que espere por ellos, que sepan donde encontrarla cuando más la necesiten.

Mientras sus padres estaban en Moab, el ungido se fue a refugiar en el *"lugar fuerte"*. A unos 25 kilómetros al sur de En-gadi en la ribera occidental del Mar Muerto hay una fortaleza conocida como Masada que significa "fortaleza" y "peñas firmes". En la época macabea aquí se construyo una fortaleza y luego Herodes el Grande levantó uno de sus principales lugares de protección milibar y palacio de veraneo. En los años 66 al 73 judíos zelotes buscaron aquí protección, prefiriendo 964 personas ofrendar sus vidas mediante un sorteo de muertes voluntarias, antes que ser tomados esclavos, sufrir, o ser muertos por la Legión X romana, dirigida por el comandante Silva.

Con toda probabilidad el *"lugar fuerte"* donde David se refugió sea lo que hoy se conoce como Masada. Se llega a su cima por medio de un camino conocido como el de la "serpiente" y en la actualidad con el teleférico.

El *"lugar fuerte"* para los ungidos puede ser la confianza. No solo uno confiara en Dios, también tenemos que confiar en los que están cerca de nosotros. Y sobre todo, confiar en nosotros. En medio de las crisis esa confianza nos ayuda a mantenernos firmes y decididos.

Muchos fracasos se deben a la falta de confianza. Líderes desconfiados difícilmente se podrán proyectar a la distancia que

Dios quiere y ha trazado para ellos. Llénese de entusiasmo. Muévase con determinación. Desarrolle su visión. Crea en posibilidades. Confiese la victoria. Extiéndase hacia delante.

El *"lugar fuerte"* para los ungidos puede ser la espera. Muchas personas han malogrado los planes de Dios en sus vidas y otros planes personales porque no han sabido esperar. La impaciencia los ha llevado a cometer muchos errores. Solo piensan en el presente y no usan a este como un trampolín para el futuro. Nuestro presente es el futuro de un pasado. Si nuestra inversión de tiempo, energías, recursos, ideas, planes... fue de lo mejor, así también lo será nuestro futuro.

El tiempo de espera nunca es perdido. Se ahorra uno mucho en la espera. Los ungidos tienen que aprender a esperar. No se pueden intranquilizar porque no ven resultados inmediatos. No se pueden desanimar porque las cosas se demoren. ¡Esperemos cuando no sepamos lo que tenemos que hacer! Esperemos cuando estemos inseguros de los resultados!

El *"lugar fuerte"* para los ungidos puede ser la preparación. Mientras más y mejor nos preparemos, de mayor utilidad seremos para Dios y su reino. Aprendamos todo lo que podamos. Tomemos toda la experiencia que sea posible. La falta de preparación determinara la baja calidad del ministerio que podamos dar. La preparación es un tiempo de discipulado, donde nos ponemos bajo la tutela espiritual de los Moisés y los Elías.

III. La obediencia

"Pero el profeta Gad dijo a David: No te estés en este lugar fuerte; anda y vete a tierra de Judá. Y David se fue, y vino al bosque de Haret" (22:5).

En la vida de David hubo tres profetas que influyeron en su vida: *"Y los hechos del rey David, primeros y postreros, están escritos en el libro de las crónicas de Samuel vidente, en las crónicas de del profeta Natán, y en las crónicas de Gad vidente"* (1 Cr. 29:29).

El profeta Gad debe haber sido uno de los profetas que estuvo en la escuela de profetas de Samuel. Dios lo puso al lado del ungido para traerle el consejo y la amonestación (2 S. 24:11-14; 2 Cr. 29:25). Dios uso a los profetas Natán y Gad para que David implementara un movimiento de alabanza y adoración en el tabernáculo (2 Cr. 29:25).

Después de David llevar un tiempo en el *"lugar fuerte"*, Dios le habla por medio del profeta Gad y le declara: *"No te estés en este lugar fuerte; anda y vete a tierra de Judá"*. El ungido se estaba ya acostumbrando a la tranquilidad, la seguridad, a la ausencia de problemas, al mucho descanso. Era ya el tiempo de volver al desarrollo de la visión.

En el *"lugar fuerte"* nos sentimos cómodos. Al parecer nada nos está molestando. Lo que pasa afuera y le pasa a otros no nos está ya preocupando. Nos encerramos dentro de nosotros mismos.

En el *"lugar fuerte"* vivimos en la presencia de Dios. Nos sentimos arropados por la misma. Nuestra espiritualidad aumenta. Es tan bueno el lugar que no quisiéramos salir del mismo.

En el *"lugar fuerte"* estamos donde queremos estar. Nos sentimos alejados de todo lo que nos molesta. Pero es muy fácil olvidarnos de nuestro compromiso, ofuscarnos en nuestra visión, descuidar nuestra misión (Dt. 1:6-8; Mt. 17:4-7).

Dios le dice al ungido: *"No te estés en este lugar fuerte"*. Esa es la orden divina. Los ungidos no se mandan así mismos, Dios los manda. Y cuando Dios no los quiere ya en un lugar, estos tienen que moverse. A David le gustaba el lugar, pero ya Dios no lo quería ahí. La voluntad divina tiene que ir por encima de nuestros gustos y deseos. Lo que nos agrada a nosotros, no siempre es lo que Dios desea para nosotros.

Luego Dios le dice: *"anda y vete a tierra de Judá"*. El ungido nunca ira a un lugar que Dios no le apruebe o lo envié. Hay que tener oídos para oír la voz de Dios. Diferente a Saúl que ya no oía la voz de Dios, el ungido sí la oye.

Leemos: *"Y David se fue; y vino al bosque de Haret"*. Al este de Adulam en las montañas de Judea estaba el "bosque de Haret". Allí en Judá el ungido buscó el lugar apropiado para refugiarse. Una vez más estaría en la espera de Dios. Cuando el ungido no sepa que hacer debe esperar en Dios.

Conclusión

(1) Mizpa es el lugar donde el ungido crece y madura en su ministerio. (2) El "lugar fuerte" es placentero, tranquilo, seguro… pero el ungido no se puede quedar siempre ahí, de lo contrario su visión se puede apagar. (3) El ungido no se moverá de ningún lugar a no ser que Dios le hable.

LA PROTECCIÓN DEL UNGIDO

> "Quédate conmigo, no temas; quien buscare mi vida,
> buscará también la tuya; pues conmigo estarás a
> salvo" (1 S. 22:23).

Introducción

La noticia pronto le llegó al no ungido de que David estaba en el bosque de Haret (22:5). Leemos: *"Oyó Saúl que se sabía de David y de los que estaban con él. Y Saúl estaba sentado en Gabaa, debajo de un tamarisco sobre un alto; y tenía su lanza en su mano, y todos sus siervos estaban alrededor de él"* (22:6). Los no ungidos vigilan de cerca a los ungidos y siempre informan por dónde estos andan.

Llama la atención el hecho de que Saúl estaba sentado en Gabaa, en un lugar alto y debajo de un árbol de tamarisco, típico de los lugares semidesiertos. Allí tenía su lanza y estaba rodeado por sus siervos. Los no ungidos también tienen su gente que los cuidan y en posiciones altas se protegen. Esa lanza en su mano era para un día matar al ungido.

Allí Saúl acusó a sus siervos de estar conspirando contra él, buscando posiciones con David, al igual que su hijo hizo alianza con él y nadie se lo descubrió (22:7-8).

Doeg edomita que era uno de los principales de Saúl y que había estado en Nob cuando el ungido comió del pan sagrado (21:6-7), delató a Saúl la actuación de Abimelec hacia David, dándole provisiones, la espada y ayudándolo a consultar a Jehová (22:9-10).

Saúl envió por Abimelec, y todos los sacerdotes de Nob (22:11). Lo acusó de haber conspirado junto a David contra él (22:13). El sacerdote Abimelec salió en defensa del ungido con estas palabras: *"¿Y quién entre todos tus siervos es tan fiel como David, yerno también del rey, que sirve a tus órdenes y es ilustre en tu casa?"*

(22:14). Para Abimelec David era un siervo fiel, obediente e ilustre. Además le recuerda a Saúl que era su yerno.

Molesto ante las palabras de Abimelec (22:15), Saúl le dio órdenes a sus siervos para que mataran a los sacerdotes de Jehová, ya que según él, estaban con David (22:16-17). Pero sus siervos, no quisieron cumplir con sus órdenes. Estos respetaban a los sacerdotes.

Los que son sacerdotes espirituales de Dios, siempre estarán a favor del ungido. Los que tienen respeto hacia los que sirven a Dios, nunca se levantarán y buscarán la muerte espiritual de estos.

A Doeg edomita le dijo Saúl: *"Vuelve tú, y arremete contra los sacerdotes. Y se volvió Doeg el edomita y acometió a los sacerdotes, y mató en aquel día ochenta y cinco varones que vestían efod de lino"* (22:18).

Siempre habrá un Doeg edomita que hará el trabajo sucio para los no ungidos. Un carnal que obedecerá a los carnales. Aunque había estado en el tabernáculo en Nob con los sacerdotes, nunca había estado con Dios. Era un religioso sin temor de Dios en su vida.

Leemos: *"Y a Nob, ciudad de los sacerdotes, hirió a filo de espada; así a hombres como a mujeres, niños hasta los de pecho, bueyes, asnos y ovejas, todo lo hirió a filo de espada"* (22:19).

Doeg edomita fue un asesino de la santidad y del culto a Dios. Mató todo lo que había sido consagrado para Dios. Los carnales son enemigos de la santidad, aborrecen la adoración, detectan la consagración.

I. El aviso

"Y Abiatar dio aviso a David de cómo Saúl había dado muerte a los sacerdotes de Jehová" (22:21).

Doeg no tuvo ninguna misericordia para con los sacerdotes y familiares en Nob. Leemos: "Pero uno de los hijos de Ahimelec hijo de Ahitob, que se llamaba Abiatar, escapó, y huyó tras David" (22:20). Al diablo se le escapó uno que se fue a refugiar con el ungido.

En 23:6-12, Abiatar se presenta como un sacerdote que al huir de Saúl, llevó el efod y con este David consultaba a Dios. Al ungido nunca le faltarán los profetas y los sacerdotes. Dios protege a Abiatar, ya que este será un instrumento para que la voluntad divina se revelara al ungido.

Aunque Doeg edomita dio muerte a los santos de Dios, Dios hacia a Saúl responsable de esto. Los no ungidos un día tendrán que responder a Dios por muchas cosas que hacen mal por intermedio de otros. Dios los llamará a cuentas por todas esas muertes espirituales de ministerios que estaban a su servicio.

Los Saúles aborrecen todos los que se asocien con la unción y que se identifiquen con el ungido. Ser amigo del ungido, es constituirse en enemigo de Saúl. Darle pan sagrado al ungido es caer bajo la sentencia del no ungido.

Pero siempre Dios tendrá un Abiatar, que escapará de la muerte, y llegará al ungido para avisarle de lo que ha hecho Saúl. El ungido necesita de un Abiatar, que se preocupe por él, que lo cuide, que lo prevenga contra el peligro espiritual. Y que huya para estar a su lado.

II. El consuelo

"Quédate conmigo, no temas; quien buscare mi vida, buscará también la tuya; pues conmigo estarás a salvo" (22:23).

En medio de su crisis, en la tormenta de su prueba, en el fuego de la oposición, en el laberinto sin salida, hay para el ungido una persona que necesita de consolación.

Los ungidos necesitan tener un ministerio de consolación. Que en el momento precario y difícil puedan acercarse a otros con un mensaje de consolación.

Aunque David era un ungido herido emocionalmente y con mucho dolor en el alma, no obstante supera su telaraña de conflictos emocionales y de tristezas internas, para dar los primeros auxilios espirituales al sacerdote de Dios.

En nuestra necesidad nosotros podemos ser los instrumentos que el Señor Jesucristo utilicé por medio del Espíritu Santo, para socorrer a otros. Abiatar escapó de la muerte para ser protegido por David.

Dios nos va a permitir atravesar por muchas situaciones, experimentar muchas pruebas, ser golpeados muchas veces, estar a punto de morir. De esa manera aprenderemos a ser sensibles ante las tragedias ajenas.

La mala experiencia de Abiatar lo hace recurrir al ungido. Gente adolorida, triste, afligida, que lo han perdido todo, son los que recurren al Señor Jesucristo en busca de refugio.

Le invito a analizar lo expresado por David. Sus palabras son las apropiadas para el ungido. Están cargadas de sinceridad, de confianza y de apoyo.

Primero, *"quédate conmigo, no temas"*. David le ofrece su compañía al sacerdote al decirle: *"quédate conmigo"*. Los ministros muchas veces se sienten solos, faltos de compañía. Necesitan que los que tengan el espíritu y el corazón de David se les acerquen y compartan con ellos.

David le dijo a Abiatar: *"no temas"*. Los ungidos y los visionarios son atacados por el temor. Si un mensaje necesitan los que son usados por el Espíritu Santo, es que no se dejen amarrar por el temor.

El temor es el hacha que le quiere cortar los brazos a la unción y a la visión. Hay hombres y mujeres que son ungidos y visionarios impotentes, porque dejaron que esa enfermedad llamada temor los contagiara.

El temor nos hace tartamudear en el lenguaje de la fe. El temor nos encierra en un cuarto pequeño y oscuro. El temor no permite que el gigante dormido dentro de nosotros se despierte. El temor nos tiene siempre como cola y no como cabeza (Dt. 28:13).

Segundo, *"quien buscare mi vida, buscará también la tuya"*. ¡Tremendo consuelo! David está dispuesto a morir por el sacerdote. Estas palabras dan evidencia de su fidelidad. Voluntariamente se comprometió con el sacerdote. En los momentos difíciles los ungidos conocerán quiénes están con su visión. Con los ungidos o flotamos o nos ahogamos!

Vida por vida, esto es una entrega total. Abiatar había renunciado a todo por el ungido. Por causa de Jesucristo debemos renunciar a todo. Nuestra vida se la tenemos que dedicar a Él. Para Cristo vivimos y para Cristo morimos (Ro. 14:8).

Tercero, *"pues conmigo estarás a salvo"*. David era un hombre de fe que hablaba fe. A Abiatar le inyectó fe. Los que tienen fe siempre se las pasan transmitiendo la misma a los demás. ¡Piensan con fe! ¡Hablan con fe! ¡Actúan con fe! ¡Se mueven con fe! ¡Miran con fe! ¡Estar cerca de ellos o escucharlos a ellos, es uno llenarse de fe! ¡Nuestra fe debe contagiar a los demás!

Lo que uno siembra, eso cosecha (2 Co. 9:6). El que siembra amor, cosecha amor. El que siembra paz, cosecha paz. El que siembra comprensión, cosecha comprensión. El que siembra perdón, cosecha perdón. El que siembra ayuda, cosecha ayuda. El que siembra atención, cosecha atención. El que siembra respeto, cosecha respeto. El que siembra para la obra de Dios, cosecha prosperidad. El que siembra fe, cosecha fe. Cualquier semilla que sembremos, buena o mala, la cosecharemos. Sembrar una buena semilla será tener una buena cosecha. Sembrar una mala semilla será tener una mala cosecha.

Muchos creyentes no cosechan bien porque no saben donde sembrar. Tampoco saben cómo sembrar. Ni les interesa saber cuanto sembrar. Si nuestra siembra es abundante, nuestra cosecha será grande.

Siembre una sonrisa y cosechará una sonrisa. Siembre afecto y cosechará afecto. Siembre amistad y cosechará amistad. Siembre una buena mirada y cosechará una buena mirada. La ley espiritual de la siembra y de la cosecha nunca falla. Toda buena semilla que sembremos Dios le dará el crecimiento (1 Co. 3:6).

Conclusión

(1) El ministro necesita de un David que lo asesore, que le avise del peligro y que le avise cuando algo no este marchando bien. (2) El ministro necesita de un David que se le acerque, lo consuele y que le inyecte fe.

LA LIBERACIÓN DEL UNGIDO

"Fue, pues, David con sus hombres a Keila, y peleó contra los filisteos, se llevó sus ganados, y les causó una gran derrota; y libró David a los de Keila. Y aconteció que cuando Abiatar hijo de Ahimelec huyó siguiendo a David a Keila, descendió con el efod en su mano. Y fue dado aviso a Saúl que David había venido a Keila. Entonces dijo Saúl: Dios lo ha entregado en mi mano, pues se ha encerrado entrando en ciudad con puertas y cerraduras. Y convocó Saúl a todo el pueblo a la batalla para descender a Keila, y poner sitio a David y a sus hombres" (1 S. 23:5-8).

Introducción

Los ungidos como David siempre serán presa de persecución por los no ungidos como Saúl. Los habitantes de Keila habían sido atacados por los filisteos (23:1). Los ungidos cuando ven que otros son atacados por los filisteos, no se cruzan de brazos, inmediatamente van ante la presencia de Dios en busca de dirección espiritual (23:2). El mensaje de Dios para el ungido fue: *"Ve ataca a los filisteos y libra a Keila"* (23:2).

David había sido ungido para combatir a los filisteos. Han sido ungidos para la guerra espiritual. Pero en la guerra espiritual hay que moverse bajo las órdenes de Dios.

No siempre los que están a nuestro lado están preparados para la guerra. Los hombres de David se expresaron diciendo: *"He aquí que nosotros aquí en Judá estamos con miedo; ¿cuánto más si fuéremos a Keila contra el ejército de los filisteos?"* (23:3).

A los hombres de David les faltaba la autoestima, el valor, la fe y la realización de quiénes eran en Dios. Veían los filisteos como un ejército, pero se veían así mismos como menos que un ejército.

I. La confirmación

"Entonces David volvió a consultar a Jehová. Y Jehová le respondió y dijo: Levántate, desciende a Keila, pues yo entregaré en tus manos a los filisteos" (23:4).

El temor y la inseguridad de sus hombres, no se transmitió al espíritu del ungido. Los ungidos han sido inoculados por el Espíritu Santo contra el contagio del desanimo en otros.

Los ungidos no permiten que el miedo de otros los pueda arrinconar. Han aprendido a sacudirse del mismo y a moverse hacia adelante. Cuando David vio a sus hombres, que parecían ovejas rodeadas por lobos, se volvió a Dios en oración. Cuando los ungidos no saben qué hacer, qué decir o cómo resolver un problema, se amparan en la potencia de la oración.

Hablar con Dios en medio de una crisis espiritual, es el mejor antídoto contra el miedo o el temor. Los ungidos buscan ellos llenarse de fe y optimismo antes de tratar de influenciar en otros.

Dicen las Escrituras: *"Entonces David volvió a consultar a Jehová"*. Dios nunca se cansará de que le hagamos preguntas, de que busquemos orientación, de que solicitemos dirección. David no quería dar ningún paso fuera de la voluntad de Dios.

Vuelve a consultar a Dios, cuando no sepas que hacer. No hagamos las cosas y fracasemos para luego consultar a Dios para saber si era o no su voluntad.

Vuelve a consultar a Dios, cuando veas que los que estaban alrededor tuyo no entienden lo que dices o vas a hacer. Asegúrate de que esa encomienda viene de Dios. No es un capricho, ni tampoco es una emoción lo que sientes hacer, tiene que ser una orden de Dios para tu vida y los tuyos.

Vuelve a consultar a Dios, si te das cuenta de que el miedo ha hecho su nido en muchos corazones. Ese momento en la presencia de Dios te traerá consuelo y te dará fuerzas para no doblegarte en tus empeños.

Dios le dijo a David: *"Levántate, desciende a Keila, pues yo entregaré en tus manos a los filisteos"*. Ya el ungido estaba acostumbrado al lenguaje de Dios. A Goliat el filisteo, el ungido le profetizó: *"Jehová te entregará hoy en mi mano…"* (17:46). Con estas palabras afirmó la intervención divina: *"… porque de Jehová es la batalla, y él os entregará en nuestras manos"* (17:47).

Todo no se lo podemos dejar a Dios. Muchos no hacen nada y

quieren que Dios lo haga todo por ellos. Los ungidos primero hacen su parte y luego dejan a Dios hacer la suya. Notemos lo que Dios esperaba que hiciera David: *"Levántate, desciende a Keila…"*

Una vez que el ungido hiciera su parte, se esforzara primero y se moviera en fe, Dios entonces se comprometía a hacer lo que a Él le tocaba: *"pues yo entregare en tus manos a los filisteos".* La victoria del ungido ya estaba asegurada en el cielo. La confesión del ungido tenía que ser: *"Me levantaré, descenderé a Keila, pues yo sé que Dios entregará en mis manos a los filisteos".* Esto no dependía de si lo sentía o no, dependía de si lo creía o no.

Leemos: *"Fue, pues, David con sus hombres a Keila, y peleó contra los filisteos, se llevo sus ganados, y les causó una gran derrota; y libró David a los de Keila"* (23:5).

Keila distaba unos trece kilómetros de Hebrón y era fronteriza con Filistea. El ungido con sus hombres se enfrentaron a los filisteos que habían ocupado a Keila, dándoles una tremenda derrota y tomando sus ganados.

Abiatar el sacerdote, hijo de Ahimelec que huyó de Nob, acompañó a David a Keila y llevaba consigo el efod (23:6). El efod era un vestido de lino y era señal de que Dios hablaba por medio del sacerdote que lo tenía..

La presencia de Abiatar daba testimonio de que la voluntad de Jehová acompañaba al ungido. Estar ungido significa estar bajo la voluntad de Dios. David descendió a Keila acompañado de la voluntad divina.

II. La trampa

"Y fue dado aviso a Saúl que David había venido a Keila. Entonces dijo Saúl: Dios lo ha entregado en mi mano, pues se ha encerrado entrando en ciudad con puertas y cerraduras" (23:7).

Mientras el ungido enfrentaba a sus enemigos los filisteos por defender a los de Keila, Saúl estaba al tanto de todo lo que le estaba ocurriendo al ungido. Al saber que había entrado a la ciudad de Keila, Saúl vio la oportunidad de darle muerte al ungido. Los no ungidos siempre pelean con quien no tienen que pelear y no pelean con quienes tiene que pelear.

Leemos: *"Y convocó Saúl a todo el pueblo a la batalla para descender a Keila, y poner sitio a David y a sus hombres"* (23:8). Los *Saúles* lo que buscan es atrapar a los *Davides.* Cuando más ocupados los ven haciendo la voluntad de Dios y cumpliendo con el ministerio, es cuando más los quieren acorralar.

Los que están ungidos tienen que saber que Saúl siempre está

La liberación del ungido 137

planificando cómo darle muerte a su ministerio y a su unción. Los espirituales pelean contra los demonios, los carnales buscan pelear contra sus hermanos ungidos.

Dios le reveló todo a David: *"Mas entendiendo David que Saúl ideaba el mal contra él, dijo a Abiatar sacerdote: Trae el efod"* (23:9). El corazón del ungido era un radar espiritual que detectaba la maldad de Saúl.

El ungido todo el tiempo estaba buscando la voluntad de Dios. No se alejaba del "efod". Hoy día el "efod" son las Sagradas Escrituras. Ellas tienen que ser consultadas siempre y en todo momento.

David consultó con Dios lo que más le preocupaba: si los vecinos de Keila lo entregarían en las manos de Saúl (23:10-11). La respuesta de Dios fue positiva: *"Os entregarán"*.

Tristemente el ungido muchas veces será traicionado por muchos por los cuales se ha sacrificado. Personas a las cuales ha servido con su ministerio, bajo las presiones de Saúl lo entregaran al mismo.

Los *"vecinos de Keila"* (23:11) son unos malagradecidos, venden el ministerio de los ungidos. No ayudan cuando más se les necesita. Nos dan la espalda aunque les hayamos servido con las manos.

¡Saúl era un tramposo! ¡Saúl era un manipulador! Dios le reveló al ungido que los de Keila no eran gente de confiar. Con ellos la unción y el ministerio del ungido estaba en peligro.

Leernos: *"David entonces se levantó con sus hombres, que eran como seiscientos, y salieron de Keila, y anduvieron de un lugar a otro. Y vino a Saúl la nueva de que David se había escapado de Keila, y desistió de salir"* (23:13).

Los ungidos tiene que separarse de *"los vecinos de Keila"*. El ungido David con su ejército como de seiscientos hombres, salió de Keila. Y comenzó a moverse de un lugar a otro. Se mantuvo muy activo. La unción siempre tiene a los ungidos activos, en movimiento, haciendo algo, aquí y allá.

El diablo no puede darle un golpe a los que se mueven mucho. David tenía a Saúl desorientado. No sabía dónde encontrarlo. Los ungidos no se paran, siempre están en acción. La unción no deja a nadie estarse quietos. El Espíritu Santo mantiene a los creyentes activos, ministrando, actuando, evangelizando, declarando y moviéndose.

Cuando a Saúl se le informó que el ungido se escapó de Keila y que estaba muy activo, leemos: *"Y desistió de salir"* (23:13). Llegará el momento que el no ungido tendrá que tomarse un descanso. El diablo se cansará de tratar de destruir a los que están ungidos. Pero esto no significa que se olvidará de ellos. Por un tiempo se tranquilizara, pero volverá al ataque. Hay que estar listos. Usted y yo estamos en la lista de los más buscados por el diablo. Y a los que nos entreguen les dará su recompensa.

Conclusión

(1) Los ungidos nunca deben permitir que el malestar espiritual de sus subalternos los vayan a enfermar. (2) Mientras los ungidos están ocupados haciendo la voluntad de Dios, el diablo también estará ocupado tratando de hacerle daño.

LA HABITACIÓN DEL UNGIDO

"Y David se quedó en el desierto en lugares fuertes, y habitaba en un monte en el desierto de Zif; y lo buscaba Saúl todos los días, pero Dios no lo entregó en sus manos" (1 S. 23:14).

Introducción

Después de salir de Keila, el ungido con sus hombres se fue a refugiar en los lugares fuertes del desierto (23:14), y allí en el desierto compuso el Salmo 11. Los que han sido ungidos por Dios para alguna misión o función en el cuerpo de Cristo, ante la persecución de los no ungidos buscaran siempre los "lugares fuertes" para protegerse.

La *oración* es un *"lugar fuerte"* donde los ungidos se refugiarán ante las presiones y las cargas. En la oración se descansa y se descarga en Dios.

El *ayuno* es otro *"lugar fuerte"* donde los ungidos se refugiarán para fortalecerse y resistir en las batallas espirituales.

La *alabanza* es otro *"lugar fuerte"* donde los ungidos se ejercitarán en el poder de Dios. La alabanza manifiesta la presencia de Dios. En el desierto de Zif el ungido cantaba el Salmo 11 como un cántico de victoria espiritual.

Hasta el desierto de Zif (23:15) llegó el príncipe Jonatán para profetizarle al ungido su victoria futura (23:17). La palabra consoladora siempre le llegará a los ungidos cuando más necesitados estén.

En el pasaje expositivo de esta ocasión, nos presenta en los zifaibas un espíritu de confabulación y de traición contra el ungido (23:19-24). Ellos no pudieron discernir las buenas motivaciones en el corazón del ungido, pero sí entregaron sus corazones al no ungido.

El ungido sabiendo lo que Saúl y los zifaitas le querían hacer, huyó al desierto de Maón en el Arabá (23:24). Los ungidos prevén las situaciones y no se dejan atrapar por las mismas.

El no ungido con sus no ungidos, tenían acorralados al ungido y a sus ungidos; pero cuando ya estaban para echarles las manos, los filisteos irrumpen en el territorio de Saúl (23:27). Mientras los filisteos entretienen a Saúl, el ungido tiene la oportunidad de escapar a los *"lugares fuertes de En-gadi"* (23:29). Allí el ungido nuevamente descansaría, se renovaría y esperaría pacientemente en Dios.

I. La protección

"... pero Dios no lo entrego en sus manos..." (23:14).

Para Saúl tocar al ungido, Dios se lo tenía que entregar en sus manos. Los enemigos de los ungidos solo tendrán acceso y poder sobre ellos si Dios les da permiso.

En Job 2:6 leemos: *"Y Jehová dijo a Satanás: He aquí, él está en tu mano; mas guarda su vida"*. Hasta que Dios no le dio permiso a Satanás, este no pudo tocar a Job.

El ungido David gozaba de la protección y del respaldo divino. La cobertura espiritual de Dios estaba sobre él. Dios vela y cuida de sus ungidos. Le pone cerco de protección espiritual.

El diablo y su pandilla de títeres demonios, podrán perseguir, molestar, afligir, acorralar, asediar y mortificar a los ungidos...; pero siempre verán en estos la camiseta espiritual impresa con la sangre de Jesucristo el Ungido que lee: *"No toquéis a mis ungidos"* (1 Cr. 16:22; Sal. 105:15; 20:6).

Tú eres un ungido de Dios. Esa unción te da garantía espiritual de tu identidad con Dios. El enemigo tendrá que respetar esa garantía. Te podrá ensuciar, empujar, criticar, acusarte..., pero no podrá romperte. Tienes la garantía a prueba de fuego y de destrucción.

Por causa de la unción, tú eres algo especial para Dios. Nunca subestimes la unción de Dios en tu vida. La unción es la que te levanta y te da a conocer. Date a conocer en el mundo espiritual a causa de la unción que reposa en ti. El enemigo no te respetará en muchas áreas: conocerá tus debilidades; sabrá que temperamento te domina; te podrá enumerar muchas faltas y deficiencias. Pero jamás podrá negar la unción del Espíritu Santo que esta y fluye a través de tu persona. Esa unción te da a respetar y te da investidura en el mundo espiritual.

En Hechos 10:38 dicen las Escrituras: *"Como Dios ungió con el*

Espíritu Santo y con poder a Jesús de Nazaret, y como éste anduvo haciendo bienes y sanando a todos los oprimidos por el diablo, porque Dios estaba con él".

La unción daba a conocer a Jesús de Nazaret. Esa unción era el Espíritu Santo en Él (Mt. 3:16, cp. 4:1; Lc. 4:1, 14). Esa unción le dio poder para obrar, sanar y libertar a los oprimidos.

La unción pudre yugos. En Isaías 10:27 leemos: *"Acontecerá en aquel tiempo que su carga será quitada de tu hombro, y su yugo de tu cerviz, y el yugo se pudrirá a causa de la unción".* La unción trae liberación. Esos yugos de maldición, de timidez, de complejos, de heridas emocionales, de culpas pasadas, de rechazos, de inferioridad, la unción los pudre.

II. La fortaleza

"...y fortaleció su mano en Dios" (23:16).

En Hores, en el desierto de Zif, llegó el príncipe Jonatán y voluntariamente abdicó de su derecho al trono y se lo entregó al ungido. Los que tienen el espíritu de Jonatán saben abdicar espiritualmente de muchas cosas y aun posiciones que tienen, por causa de la revelación que reciben de los ungidos.

Jonatán le declara: *"No temas, pues no te hallará la mano de Saúl mi padre, y tu reinaras sobre Israel, y yo seré segundo después de ti; y aun Saúl mi padre así lo sabe"* (23:17).

El príncipe de Israel, hijo de Saúl, renunció a su derecho a ser primero, para que el ungido lo fuera. Pero se conformaría con el segundo lugar. Esto muestra una tremenda madurez espiritual en Jonatán. Fue muy receptivo a la revelación divina.

El nepotismo invitaba a Jonatán a ser el próximo rey, la teocracia le afirmaba que ese rey lo sería David. A los puestos y a las posiciones se debe llegar no por parentesco familiar, sino por llamado de Dios.

La unción y no lo elección haría de David un rey. Los ministerios se alcanzan por la unción. Solo la unción puede autorizar a alguien para cumplir con el propósito especial de Dios.

Jonatán podía luchar por la posición, pero no sería ungido en la posición. Sin unción se tiene posición, pero no ministerio. Hay que estar ungido *para* y *en* la posición.

Hoy día tenemos a muchos Jonatanes en posiciones que Dios nunca los llamó, ni los ungió, pero que han llegado a tenerlas por la política, la influencia y la manipulación. Personas en ministerios que no han sido ungidos por Dios, ocuparan posiciones y tendrán títulos, pero carecerán de la gracia para los mismos.

Si algo descubro en Jonatán es que no tuvo celos. Los celos de su padre Saúl no se le transmitieron a él. Prefería ver al ungido promovido y ser su subalterno, antes que serle una piedra de tropiezo en el plan y propósito divinos.

Notemos esta expresión: "...y fortaleció su mano en Dios" (23:16). Jonatán era una persona muy espiritual. Tenía el don de la consolación. Tenemos necesidad de personas que tengan el espíritu de la consolación. ¡Que oren para que otros sean consolados! ¡Que sepan cuándo, dónde y cómo consolar!

Jonatán fue un ministro para otro ministro. Fue un sanador para un sanador herido. Puso la necesidad del ungido por encima de la suya propia. Dejo de pensar en su futuro y pensó en el futuro del ungido.

Una vez más prestemos atención a esta declaración: "... y fortaleció su mano en Dios". Aquí no dice que "Dios le fortaleció su mano", sino que Jonatán "fortaleció [a David] su mano en Dios". Lo animó a estar fuerte en Dios, a estar confiado en Dios, a esperar en Dios y a moverse en Dios.

Muchas serían las palabras que le diría Jonatán al ungido para que se fortaleciera en Dios. Su ministerio al ungido era el de animarlo, fortalecerlo, motivarlo y alentarlo.

En la Versión Popular se traduce lo anterior: "... y a darle ánimo fortaleciendo su confianza en Dios". Los ungidos necesitan de otros que los animen a no perder su confianza en Dios. La confianza en Dios es clave para la perseverancia de los ungidos. El ánimo produce confianza.

Después de Jonatán profetizar bendición al ungido, hizo una renovación en el pacto con David (23:18). El hacer y repetir el pacto con el ungido se debe practicar siempre. Al ungido hay que profesarle lealtad y fidelidad. Déjese usar por Dios motivando a los ungidos. Anímelos a realizar la visión y a cumplir con el ministerio.

III. La búsqueda

"Y se fue Saúl con su gente a buscarlo" (23:25).

Después de Jonatán despedirse, David se quedó refugiado en el monte de Haquila, en Hores, al sur del desierto (23:19). Pensó que con los zifaibas estarían protegido, pero no fue así.

Solo el tiempo manifestará cuantos en realidad están con los ungidos. Muchos que participan junto a los ungidos ahora, en el futuro los abandonaran. Los ungidos tienen que tener cuatro ojos abiertos, los naturales y los espirituales. Los que tienen el espíritu zifaita son gente muy peligrosa que juegan a estar con el ungido. Con una mano saludan al ungido y con la otra al no ungido.

Los zifaitas enviaron mensajeros a Gabaa, para delatar al ungido delante de Saúl (23:19); e invitar a Saúl para que viniera por él, para ellos entregárselo (23:20). Los que tienen el *espíritu zifaita* les gusta hacer las cosas a escondidas de los ungidos. De frente a los ungidos son de una cara y por la espalda tienen obra cara. Estos son los enemigos secretos del ungido. Están dispuestos a entregar a los ungidos para quedar políticamente bien con los no ungidos.

Saúl pretende bendecir a los zifaitas: *"¡Qué Dios los bendiga por haberse compadecido de mí!"* (23:21, Versión Popular). El no ungido no podía bendecir, ya que a él mismo le faltaba la bendición divina. Los del espíritu zifaita les gusta recibir o esperan recibir bendición de quien no se la puede dar.

Luego les dio instrucciones precisas para que le dieran una información detallada del paradero de David (23:22). Saúl era un experto jugando con información distorsionada: *"porque me han dicho que él es muy astuto"* (23:22, *Versión Popular*).

Los no ungidos, los que tienen *espíritu Saulita,* siempre andan diciendo que le han dicho algo malo de los ungidos. Cuando en realidad son ellos los que lo dicen. Estos ponen palabras de ellos en otros para disimular que son ellos los difamadores.

En 23:23 leemos: *"Fíjense bien en todos los escondites en que se mete, y vuelvan a mí con datos seguros; y entonces yo iré con ustedes. Y si en verdad está en esa región, yo lo buscaré palmo a palmo entre todos los clanes de Judá"* (Versión Popular).

Judá significa "alabanza". Ya Saúl no era popular con "los clanes de Judá". Es decir con "los clanes de la alabanza". Pero los de la alabanza sí querían a David. Estos sabían que él era un adorador.

Los que tienen el *espíritu zifaita* se dejan manipular y utilizar fácilmente por los no ungidos. Se prestan para hacer el trabajo dañino de aquellos. Son los que vigilan, acechan y hacen trampas para que los ungidos sean atrapados.

Una vez que los zifaitas se fueron, Saúl salió con su gente en busca del ungido (23:25). A Saúl se le informó que David estaba en Maón; y allí fue a buscarlo. Por un lado del monte iba Saúl y su gente; y por el otro lado, David y sus acompañantes (23:26).

A Saúl le llegó la noticia de que la presencia filistea estaba en su reino (23:27). Esto hizo que Saúl suspendiera la *operación David* y comenzara la *operación filistea*. Tarde o temprano Dios le cambiara la agenda a los enemigos de los ungidos.

Leemos: *"Entonces Saúl dejó de perseguir a David y fue a enfrentarse con los filisteos. Por esa razón aquel lugar fue conocido como "Peñasco de la Separación" ("Sela-hama-lecot", Reina-Valera) (23:28, Versión Popular).*

Llegará el momento cuando los mismos enemigos de la obra, los filisteos, se levantaran contra el no ungido y los que lo apoyan. En el *"peñasco de la separación"*, Dios separara al ungido del no ungido. Por eso hay que aprender a confiar y a esperar en Dios. Aunque Saúl nos tenga emboscados en el *"peñasco de la separación"*, será alejado de nosotros.

Conclusión

(1) El enemigo podrá perseguirnos, pero sin el permiso divino no podrá tocarnos. (2) Los que tienen el espíritu de Jonatán no se interesan en puestos, sino en consolar al que es ungido. (3) Los no ungidos utilizan a los zifaitas para tratar de atrapar a los ungidos.

EL PERDÓN DEL UNGIDO

"He aquí han visto hoy tus ojos cómo Jehová te
ha puesto hoy en mis manos en la cueva;
y me dijeron que te matase, pero te perdoné,
porque dije: No extenderé mi mano contra mi señor,
porque es el ungido de Jehová. Y mira, padre mío, mira la
orilla de tu manto en mi mano; porque yo corté la orilla de
tu manto, y no te maté. Conoce, pues, y ve que no hay mal
ni traición en mi mano, ni he pecado contra ti; sin embargo, tú andas a caza de mi vida para quitármela. Juzgue
Jehová entre tú y yo, y vengueme de ti Jehová; pero mi
mano no será contra ti" (1 S. 24:10-12).

Introducción

En las fortalezas de En-gadi (24:1), el ungido se fue a refugiar.
Saúl supo que David estaba allí, y al terminar con los filisteos
volvió a la persecución del ungido (24:2).

Con tres mil soldados lo buscó por entre las peñas (24:2). Y
luego se metió en una cueva *"para hacer sus necesidades"* (24:3,
Versión Popular). La ironía de esto es que David y sus hombres
estaban refugiados en esa misma cueva.

Ante la visita inesperada de Saúl, los hombres de David le
dijeron: *"Hoy se cumple la promesa que te hizo el Señor de que pondría
en tus manos a tu enemigo. Haz con él lo que mejor te parezca"* (24:4,
Versión Popular).

En ese día, Dios le cumplió una profecía al ungido. Allí tenía a
Saúl desprevenido, susceptible, fácil de ser atacado… A pesar de
que sus hombres le sugieren que aproveche bien esa oportunidad
contra su enemigo, el ungido solo le cortó un pedazo de su manto
(24:4). Aun haciendo esto, le mortificó la conciencia.

Notemos cómo el ungido habló a sus hombres: *"¡El Señor me libre de alzar mi mano contra mi señor el rey!"* (24:6, Versión Popular). Saúl salió de la cueva (24:7), ignorando el grave peligro que corrió de morir a manos del ungido. Luego el ungido le testificó al no ungido de lo que no le hizo al mostrarle el pedazo del manto.

David podía discrepar con Saúl, pero le respeto su investidura como rey. Solo Dios que le permitió ser rey, podía quitarlo como rey. Los términos "rey" y "ungido" son intercambiables. Hablan de una investidura para una posición. Respetar la posición es respetar la investidura.

I. La ocasión

"... entró Saúl en ella para cubrir sus pies; y David y sus hombres estaban sentados en los rincones de la cueva" (24:3).

La expresión *"para cubrir sus pies"* (Reina-Valera), se lee en la *Versión Popular "para hacer sus necesidades"*. Saúl entró a la cueva para defecar. Su posición lo hacia susceptible ante cualquier enemigo.

El no ungido tendrá su momento de descuido ante el ungido. Cometerá errores que lo pondrán en una situación peligrosa. Para el ungido esa era la cueva de la vida, para el no ungido era la cueva de la muerte. Lo que es vida para uno, puede ser muerte para el otro.

A Saúl le llegará esa "ocasión" cuando tendrá que entrar a la cueva de David. El ungido en su cueva podía hacer con él como le placiera. En los *"rincones de la cueva"*, David con sus hombres estaban sentados. Tenemos que aprender a sentarnos y a esperar en Dios. El Saúl que nos persigue un día tendrá la necesidad de entrar a nuestra cueva y allí se quitará su manto. El manto era símbolo de su posición, representaba su autoridad e investidura.

Busquemos *"un rincón"* para **orar**. La oración todavía es el arma principal en la guerra espiritual. Iglesias guerreando con los mísiles de la oración producen bajas al ejército enemigo.

Por la oración se han ganado guerras mundiales. Se han derrumbado imperios. Se han convertido enemigos del evangelio. Se han tomado fortalezas espirituales. Se han soltado nudos de opresión. Se han abierto puertas para el evangelio.

Busquemos *"un rincón"* para **adorar**. La adoración es el pasadizo secreto a la presencia de Dios. Adorar es invitar a Dios a acercarse a nosotros. ¡Es nuestro espíritu que se abraza con su Espíritu! Adorar es el clímax de toda intimidad del corazón humano con el corazón de Dios.

Busquemos *"un rincón"* para **alabar**. Nuestras reuniones deben ser verdaderas celebraciones. El gozo y la alegría deben señalar las mismas. Si el mundo no cree por el evangelio que predicamos, debe convencerse por el gozo que expresamos. Cada reunión debe ser una "fiesta" espiritual.

Los hombres de David entendieron que el descuido de Saúl era un cumplimiento profético (24:4). Por eso declararon: *"Haz con él lo que mejor te pareciera" (Versión Popular).*

Sus hombres interpretaron aquello como profético y a su manera. El ungido se cuida mucho de cómo otros interpretan las situaciones para darle un tono profético. Aunque esto era halagador, el ungido no se dejó manipular por la opinión de otros. La presión puede hacer que los ungidos actúen en la carne y no según los dictados de Dios.

Con el ungido muchos quieren jugar al "colegio de los profetas". Ser sus agentes proféticos. ¡Mucho cuidado ungido! ¡No adelantes el propósito de Dios por una profecía mal infundada! ¡Óyelo todo y retén lo bueno!

II. La orden

"… y no les permitió que se levantasen contra Saúl…" (24:7).

Ante lo que parecía una profecía de cumplimiento inmediato, pero que era un razonamiento carnal, el ungido responde con prudencia y altura ministerial. Escuchemos lo que dijo: *"¡El Señor me libre de alzar mi mano contra mi señor el rey!"* (24:6, *Versión Popular*).

El ungido siempre respeta la autoridad delegada, aunque esta le haya fallado a Dios. Pero mientras tenga la posición para la cual fue investido o ungido, se tiene que respetar.

La señal de un verdadero ungido es que respeta la autoridad y no se rebela contra la misma. David huía y no confrontaba la autoridad, aunque tenía recursos y razones para hacerlo.

Al darle respeto a la autoridad delegada, enseñaba a sus seguidores el principio de respetar a los que están en autoridad espiritual. Quien se somete a la autoridad delegada y llega a estar en autoridad, los que estén bajo su autoridad le darán el mismo respeto que este le daba a su autoridad.

Watchman Nee ha dicho al particular: "Delante de Dios somos gente que se interesa por los hechos y no por la política; por lo tanto, no ponemos énfasis en el procedimiento. Aunque al cortar la orilla de un manto y llevarnos una lanza y una vasija de agua harían que se nos prestara más atención, se nos turbaría, sin embargo, el corazón. David podía someterse a la autoridad. Jamás invalidó la autoridad de Saúl; simplemente esperaba en Dios para conseguir su autoridad. No trato de ayudar a Dios para que lo hiciera; en cambio, voluntariamente esperaba en Dios. Todo el que ha de ser autoridad delegada de Dios debe aprender a no tratar de conseguir la autoridad por sí mismo" *(Autoridad espiritual.* Editorial Vida, 1997, pp. 170-171).

David le cortó un pedazo del manto de Saúl, que este había puesto en algún lugar mientras hacia su defecación. Con esta acción le dejaría una señal de la oportunidad que tuvo en sus manos, pero por respeto a su investidura no la tomó (Jue. 3:24).

A sus enemigos, los ungidos no los matan cuando tiene la oportunidad, solo les cortan un pedazo del manto. Siempre hay que cortarles algo para que ellos reconozcan quiénes somos. El ungido manifiesta su autoridad correctamente y no utiliza su autoridad equivocadamente e ignorantemente.

Aun así, lo que hizo el ungido fue algo que le molesto. En su espíritu se sintió mal por su acción. El ungido en las pequeñas acciones que no están de acuerdo con los dictados espirituales de su corazón, se siente mal.

David refrenó a sus hombres de hacerle mal a Saúl (24:7). No le hizo daño él, pero tampoco le permitió a sus hombres que se lo hicieran. A sus colaboradores les trasfirió su espíritu perdonador. ¡Que tremenda lección espiritual! ¡No pagó mal con mal! El ungido no mató a Saúl, pero tampoco permitió que otros lo mataran.

III. El perdón
"...pero te perdoné..." (24:10).

Los versículos 9 al 15 registran el tremendo discurso del ungido dirigido al no ungido. En el mismo le declaró el respeto por su posición y por su persona. También le dio testimonio de su integridad.

Pero de todo lo dicho impactan estas palabras *"...pero te perdoné...".* Los ungidos por encima de todo y de todos tiene un corazón grande que sabe perdonar. La primera señal del ungido es su respeto por la autoridad delegada. Su segunda señal es que practica el perdón. ¡No mata y perdona! Algunos no matan a Saúl, pero jamás lo perdonan. El que no perdona es tan homicida como el que mata delante de Dios.

El ungido no está haciendo un simulacro de espiritualidad enchapada al decir estas palabras. Él habló con su corazón en la mano. El perdonar no es un florido discurso, es una práctica demostrada. No se perdona de labios, se perdona con el corazón.

El que verdaderamente perdona, no sigue recordando la ofensa cometida ni al ofensor. Cuando alguien vive recordando lo que le hicieron, es porque todavía no ha perdonado totalmente.

Muchos creyentes viven atormentados por su pasado; porque alguien lo abandonó; alguien lo abusó o la ultrajó... Mientras no perdonen en sus corazones, su pasado será su peor carcelero. ¡Destierre de su corazón esos recuerdos amargos del pasado! ¡Despierte de esa horrible pesadilla! ¡Perdone y sonría a la vida!

La falta de perdón tiene a muchos arrastrando una pesada carga de rencor, de ira y de venganza. Los tiene comiéndose por dentro. Les ha quitado el sueño. Les ha producido úlceras. Les da dolores de cabeza. Los tiene desquitándose con otros. ¡Aprenda a perdonar y déle la bienvenida a un espíritu afable!

La falta de perdón, sigue a la falta de comunicación, como las dos causas principales en la mayoría de los divorcios. Los consejeros matrimoniales saben que estas son dos áreas delicadas en reestablecer las relaciones y la salud matrimonial.

Muchos problemas de interrelaciones humanas se resolverían si una de las dos partes cediera a perdonar a la otra. Esos conflictos humanos sin resolverse traen las guerras, y los crímenes premeditados por venganza.

Congregaciones se dividen por la falta de perdón de pastor a líderes, de líderes a pastor, de pastor a feligreses, de feligreses a pastor, de miembros a miembros, de líderes a líderes...

El ungido pudo confesar: *"pero te perdoné"*. ¿Podemos nosotros también decir as así a los que han sido unos Saúles con nosotros? ¿Sabrán los Saúles que los hemos perdonado?

IV. La reacción

"...yo entiendo que tú has de reinar..." (24:20).

Al discurso de David, Saúl le respondió con otro discurso saturado de emociones. Pero todo este melodrama en Saúl nos demuestra que más que espiritual, era un emocionalista. Su reacción es emocional y no una conversión racional. Habla con las emociones y no con el corazón.

Leemos: *"Y alzó Saúl su voz y lloró"* (24:16). Su discurso era muy emotivo y no volitivo. Sentía y no cambiaba. Le habló muy halagadamente al ungido, poro eso no significaba que había cambiando en su corazón. Saúl era un demagogo, sabía jugar con las palabras.

Tenemos que cuidarnos de esos Saúles que hablan bien y hablan mucho, sin embargo harán mal a los Davides cuando se les pase la emoción. Saúl hizo una confesión de labios para afuera: "Yo entiendo que tú has de reinar" (24:20). Lo sabía, pero lucharía para no dejarlo reinar. ¡Qué tremenda ironía! Saúl era un rebelde a la visión celestial. Pablo dijo: *"...no fui rebelde a la visión celestial"* (Hch. 26:19).

Muchos saben lo que Dios hará con los ungidos, peor luchan contra eso. Se rebelan contra la voluntad de Dios. Aunque sepan quién será el ungido, lucharán para que este no llegue a realizar su ministerio.

Saúl también declara: *"bajo tu dirección el reino de Israel hará de prosperar"* (24:20, *Versión Popular*). Le profetiza la verdad, sabía que sería de bendición, pero aun así lucharía para que no fuera una realidad.

Uno se rebela contra la visión del ungido, cuando se interesa más por la posición, que por la manifestación de la misma. La visión es el corazón de Dios manifestado.

En 24:21 leemos: *"Júrame, pues, por el Señor, que no acabarás con mis descendientes ni borrarás mi nombre de mi familia"*. Lo que Saúl le pidió a David, si este se lo hubiera pedido a él, le hubiera dicho que no. Un día David sería el ungido con autoridad delegada. Saúl quería que esa autoridad y poder salpicara misericordia hacia su familia.

Al no ungido le preocupaba el ser olvidado. Estos serán solamente recordados a causa de los ungidos. David le juró a Saúl que sería así (24:22). La historia posterior atestiguaría que el ungido era una persona de palabra. Él tendría misericordia de la casa de Saúl.

El relato termina así: *"y después Saúl regresó a su palacio, en tanto que David y los suyos se fueron a la fortaleza"* (24:22, *Versión Popular*). Esa "fortaleza" debe referirse a Masada, cerca de En-gadi, al oeste del Mar Muerto; donde posteriormente Herodes el Grande construyó una tremenda fortaleza y después de la destrucción de Jerusalén en el año 70, judíos zelotes resistieron a los romanos por tres años y terminaron sacrificándose así mismo sobre novecientas personas. El ungido a la *"fortaleza"* y el no ungido al *"palacio"*. Pero un día el ungido habitaría en el palacio. Por ahora, solo tendría que esperar el momento de Dios.

Conclusión

(1) El ungido en los rincones de la cueva, buscará estar cerca de Dios. (2) El ungido no le hace daño a su enemigo, ni deja que sus escuderos tampoco lo hagan. (3) El ungido posee un corazón que perdona. (4) El ungido se cuidará de las muchas palabras bonitas y emotivas que expresa el no ungido.

LA SOLICITUD DEL UNGIDO

"Entonces envió David diez jóvenes y les dijo:
Subid a Carmel e id a Nabal, y saludadle en mi nombre, y
decidle así: Sea paz a ti, y paz a tu familia, y paz a todo
cuanto tienes. He sabido que tienes esquiladores. Ahora,
tus pastores han estado con nosotros; no les tratamos mal,
ni les falto nada en todo el tiempo que han estado en
Carmel. Pregunta a tus criados, y ello te lo dirán. Hallen,
por tanto, estos jóvenes gracia en tus ojos, porque hemos
venido en buen día; te ruego que des lo que tuvieres a
mano a tus siervos, y a tu hijo David" (1 S. 25:5-8).

Introducción

El relato de 1 Samuel 25 se centraliza en un lugar conocido como Carmel que no debe confundirse con el monte Carmelo y distaba un kilómetro y medio de Maón y se centralizaba en los montes de Judá.

La historia gira alrededor de tres personajes: (1) Nabal, hombre rico (25:2); malagradecido (25:10-11); y perverso de carácter (25:25). Por su terquedad expuso a toda su casa al exterminio por parte del ungido (25:22). (2) Abigail, mujer atenta (25:13); diplomática (25:23-29) y profetiza (25:30-31). (3) David, el ungido que le pidió ayuda a Nabal (25:5-9) y que con coraje reaccionó a la dureza de aquel (25:13, 21-22); pero el carácter fuerte de Abigail y su actitud de humillación ante él, le ganó su favor (25:32-35). A la muerte de Nabal tomó a Abigail por esposa (25:39).

I. El reproche

"¿Quién es David, y quién el hijo de Isaí?" (25:10).

Nabal era un rico de Maón, que tenía la hacienda en Carmel

(25:2). Era un hacendado con tres mil ovejas y mil cabras (25:2). Podía dar y no le faltaría. Siendo la época de esquilar, el ungido solicitó su gracia en base al buen trato que él y sus hombres le dieron en Carmel (25:4-8).

Nabal significa "tonto" o "insensato". Se le describe como: *"pero el hombre era duro y de mala obras; y era del linaje de Caleb"* (25:3). No tenía el espíritu de Caleb, aunque era su descendiente.

A la petición de los jóvenes enviados por el ungido, Nabal habló como "tonto" espiritual. Para él, David no era nadie, ni tampoco el ser hijo de Isaí (25:10). Y lo atacó verbalmente: *"Muchos siervos hay hoy que huyen de sus señores"* (25:10). Lo comparó a un esclavo fugitivo. Su corazón estaba duro e incrédulo para recibir la revelación de que David, ese fugitivo del desierto, era el ungido un rey sin palacio.

Nabal era egoísta, tacaño y miserable. No supo sembrar en ese terreno fértil que era el ministerio del ungido. Leemos: *"¿He de tomar yo ahora mi pan, mi agua, y la carne que he preparado para mis esquiladores, y darle a hombres que no sé de donde son?"* (25:12). Al rechazar a los enviados por el ungido rechazaba el ungido.

Los que tienen el espíritu de Nabal, el espíritu del "tonto", hablan con necedad de los ungidos. Hablan sin revelación de Dios en sus corazones. Rechazan la oportunidad que Dios les da de formar parte del trabajo divino.

II. La apelación

"Ahora, pues, reflexiona y ve lo que has de hacer…" (25:17).

Cuando al ungido se le comunicó del espíritu "tonto" de Nabal, este reaccionó con coraje (25:12-13) y con cuatrocientos hombres se dispuso a castigar a Nabal.

Uno de los criados le habló a Abigail, esposa de Nabal. Mujer descrita como: *"de buen entendimiento y de hermosa apariencia"* (25:3). El contenido en ella era más importante que el envase. Era una mujer inteligente primero y bonita después. Muchas son bonitas, pero sin inteligencia espiritual.

Escuchemos lo dicho por el criado: *"He aquí David envío mensajeros del desierto, que saludasen a nuestro amo, y él los ha zaherido. Y aquellos hombres han sido muy buenos con nosotros, y nunca nos trataron mal, ni nos faltó nada en todo el tiempo que anduvimos con ellos, cuando estábamos en el campo. Muro fueron para nosotros de día y de noche, todos los días que hemos estado con ellos apacentando las ovejas. Ahora, pues, reflexiona y ve lo que has de hacer, porque el mal está ya resuelto contra nuestro amo y contra toda su casa; pues él es un hombre tan perverso, que no hay quien pueda hablarle"* (25:14-17).

Nabal no conocía a David y a sus hombres, pero sus criados conocían a David y a sus hombres. Ellos sabían quien era el ungido y quienes lo acompañaban. Daban testimonio de su trato, su provisión, y su protección. Al que está con el ungido o cerca de él, Dios siempre le bendice. Nabal tenía tres mil ovejas y mil cabras porque David lo protegió.

El criado le dice a Abigail: *"reflexiona y ve lo que has de hacer"* (25:17). Le habló así porque sabía que con ella se podía dialogar. Era una persona que sabía reflexionar, cuando la mayoría reacciona. Ella pensaba antes de actuar. Si Nabal se equivocó, ella arreglaría las cosas. No era una mujer que tiene la cabeza para llevar pelo únicamente, sino que la usa con sabiduría.

El criado conocía bien a Nabal y por eso lo recrimina: *"pues él es un hombre tan perverso, que no hay quien pueda hablarle"* (25:17). Los adjetivos que se le dan a Nabal son: *"duro y de malas obras"* (25:3); *"perverso"* (25:17) y *"la insensatez está con él"* (25:25). Con Nabal no podía haber comunicación o diálogo. No escuchaba a nadie. Con todo el mundo tenía problemas porque el mismo se los había buscado.

En el tiempo de la esquila se preparaba la comida para la fiesta, por eso David pidió. Abigail tomó suficientes provisiones (25:18) y montada en un asno salió al encuentro del ungido (25:20).

A sus criados los envío delante, *"y nada declaró a su marido Nabal"* (25:19). Como mujer espiritualmente sabía no le dijo a su marido algo que no estaba capacitado espiritualmente para entender. Hay cosas que una mujer espiritual no le puede decir a un marido carnal.

En el asno ella *"descendió por una parte secreta del monte"* (25:20) y se encontró con David y sus hombres. El ungido venía quejándose con sus hombres de Nabal y pronunciándole la sentencia (25:21-23).

III. La intercesión

"Señor mío sobre mí sea el pecado…" (25:24)

Ante David se postró en humillación (25:23). Se echó la culpa: *"Señor mío, sobre mí sea el pecado…"* (25:24). Asume una responsabilidad y una culpa que no es de ella. Está dispuesta a cargar el pecado de otro. Nos presenta un cuadro mesiánico del Señor Jesucristo.

Acto seguido intercede ante el ungido, pidiéndole que la escuche (25:24). Era una mediadora, una reconciliadora…una mujer que arreglaba con las manos lo que su esposa desbarataba con los pies.

Primero, *no excusa a su marido,* le dio a David un retrato de

Nabal, tal y como este era; llamándolo *"perverso"* y afirmando *"y la insensatez está con él"* (25:25). Ella dejó ver que era muy diferente a él: *"mas yo tu sierva no vi a los jóvenes que tú enviasteis"*.

Segundo, *lo aconseja de no vengarse*, *"...Jehová te ha impedido el venir a derramar sangre y vengarte por tu propia mano..."* (25:26). El ungido tenía que saber que de Jehová era la venganza. Los que se meten con el ungido están empujando a Dios.

Tercero, *le ofrece una ofrenda de paz*, (25:27). Lo aplacó dándole lo que su corazón pedía. A Dios hay que darle ofrendas de paz.

Cuarto, *le pidió perdón*, *"Y yo te ruego que perdones a tu sierva esta ofensa..."* (25:28). Ella mostró un corazón arrepentido. En el Salmo 51:17 leemos: *"Al corazón contrito y humillado no despreciarás tú, oh Dios"*.

Quinto, *le profetiza al ungido*. Le declara: *"...Jehová de cierto hará casa estable a mi señor...y él arrojará la vida de tus enemigos como de en medio de la palma de una honda...y te establezca por príncipe sobre Israel..."* (25:28-31).

Sexto, *le pidió ser recordada*, *"...y cuando Jehová haga bien a mi señor, acuérdate de tu sierva"* (25:31). Ella no quería que en la hoja de vida del ungido apareciera que se vengó de Nabal.

Actuando en fe le dice: *"acuérdate de tu sierva"*. El crucificado en el Calvario le dijo al Señor Jesucristo: *"Acuérdate de mí cuando vengas en tu reino"* (Lc. 23:42).

Aquel crucificado vio en Jesucristo a un rey con un reino que sería establecido y quería ser parte del mismo. Abigail vio en David a un futuro rey, con un futuro reino y ella quería ser parte de todo eso.

David reaccionó y dijo: *"...bendito sea tu razonamiento, y bendita tú..."* (25:32-33). Abigail lo libró de haber hecho mal como ungido. Le cuidó su testimonio. Los ungidos necesitan personas con el espíritu de Abigail que los aconsejen y cuiden de tomar malas decisiones.

David recibió los presentes y la bendijo: *"Sube en paz a tu casa, y mira que he oído tu voz"*. Ella se ganó el respeto del ungido. Abigail se dio a respetar por su integridad, humildad y espiritualidad. A David lo convenció por su *"razonamiento"* (25:35).

IV. La unción

"...David nos has enviado a ti para tomarte por su mujer" (25:40).

Cuando Abigail llegó a su casa, Nabal estaba celebrando el banquete de la esquila, alegre en su borrachera, pero ella no le habló nada de lo ocurrido (25:36). Sabía que hablarle a un borracho, que en su sentido cabal no escuchaba a nadie, era perdida de tiempo.

Al día siguiente cuando ya estaba sobrio le dijo todo, y al parecer le dio un derrame cerebral *"se quedó como piedra"* (25:37). El juicio de Dios alcanzó al "tonto". En ese estado de parálisis permaneció diez días y murió (25:38).

El ungido vio en la muerte inesperada de Nabal, la intervención divina a su favor, tal y como lo profetizó Abigail (25:39). Dios saldrá en defensa de sus ungidos.

Leemos: *"Después envío David a hablar con Abigail, para tomarla por su mujer"* (25:39). David no la tomó, le pidió tomarla. Envío *"a hablar con Abigail"*. Ella le diría que "sí" o que "no", y le dijo: *"Hay bodas, David"*.

En realidad ella respondió a los siervos del ungido: *"He aquí tu sierva, que será una sierva para lavar los pies de los siervos de mi señor"* (25:41). Acepto "un ministerio de servidora". Mujeres con un corazón de "servidoras" son promovidas en el reino. No anheló una posición de privilegio, sino una posición de servidora. Quería el "ministerio de lavar pies". Ese ministerio el Señor Jesucristo se lo ofreció a sus discípulos y le dio dos instrumentos de trabajo "la toalla" y "el lebrillo". Todavía los sigue ofreciendo a quien quiere recibirlos (Jn. 13:3-17).

De Abigail terminamos con esta afirmación *"y fue su mujer"* (25:42). Dios la puso en alto porque ella puso a Dios en alto, honrando y sirviendo al ungido. Tuvo la bendición de ser bendición del ungido.

Conclusión

(1) Si Dios nos da la oportunidad de sembrar en algún ministerio ungido hagámoslo. (2) Jamás debemos olvidar la ayuda que el ungido nos dio en le pasado. (3) El espíritu de Abigail invita a la reconciliación. (4) La espiritualidad hará que jamás el ungido se olvide de los otros.

LA COINCIDENCIA DEL UNGIDO

"Guárdeme Jehová de extender mi mano contra el ungido de Jehová. Pero toma ahora la lanza que está a su cabecera, y la vasija de agua, y vámonos" (1 S. 26:11).

Introducción

¡Qué tremenda coincidencia! La historia relatada en 1 Samuel 26 enmarca parecidos a lo relatado en 1 Samuel 24. En ambos episodios el ungido pudo haber dado muerte al no ungido.

Las coincidencias son notables: (1) Saúl llevó consigo tres mil hombres (24:2; cp. 26:2). (2) Saúl estaba desprevenido (24:3; cp. 26:5). (3) A David le sugieren que de muerte a Saúl (24:4; cp. 26:8). (4) David respetó a Saúl como el ungido de Jehová (24:6; cp. 26:9). (5) David dejó señal a Saúl de que lo podía matar (24:4, 11; cp. 26:8, 12). (6) David le dirigió un pequeño discurso (24:9-15; cp. 26:18-20). (7) Saúl aparenta estar arrepentido (24:16-21; cp. 26:21-25).

Las acciones y el mensaje repetidos del ungido al no ungido, tendrán muchas veces reacciones emocionales del segundo, pero no un corazón genuinamente arrepentido. Saúl es un actor repitiendo las mismas escenas.

I. La oportunidad

"...Saúl estaba tendido durmiendo..." (26:7).

Los de Zif ya habían tratado de entregar a David en el desierto (23:14-15, 19); y ahora aparecen de nuevo ante Saúl en Gabaa para infórmale que el ungido estaba escondido "en el collado del Haquila al oriente del desierto" (26:1).

De alguna manera el ungido tuvo la revelación de que Saúl lo perseguía (26:3) Por medio de dos espías descubrió donde estaba Saúl (26:4).

Al llegar a donde estaba Saúl, lo encontró durmiendo junto Abner su general, ambos descuidados (26:5). Tarde o temprano el no ungido y su persona clave se dormirán y serán vistas por el ungido.

Los dos espías enviados por David fueron sus valientes Ahimelec Heteo y su sobrino Abisai. A la invitación de que uno de los dos descendiera con él, Abisai se ofreció como voluntario (26:6).

Abisai le declaró: *"Yo descenderé contigo"* (26:6). El ungido siempre encontrará a un Abisai que será su escudero en misiones difíciles y de gran riesgo.

Cuando David y Abisai llegaron al campamento, Saúl estaba tendido en tierra y Abner y el ejército dormían a distancia. A la cabecera Saúl tenía su lanza clavada (26:7).

Al no ungido le llegará el momento cuando se dormirá y se desarmará. Tendrá su momento susceptible ante el ungido. El perseguidor puede llegar a ser exterminado fácilmente. Pero el ungido es una persona de integridad que no toma ventajas contra alguien desaventajado.

II. La tentación

"...Hoy ha entregado Dios a tu enemigo en tu mano..." (26:8).

Ya antes el ungido había escuchado un mensaje parecido que tenía el mismo tono, que buscaba el mismo resultado (24:4). El ungido tiene que cuidarse de esos mensajes que parecen tener el acento de Dios, pero están plagados de los borrones de la carne.

Los ungidos son personas tranquilas de espíritu. Saben actuar con calma ante las presiones psicológicas de los que están cerca de ellos y dan la apariencia de que se preocupan.

Luego Abisai le agrega a lo dicho: *"ahora, pues, déjame que le hiera con la lanza, y lo enclavaré en la tierra de un golpe, y no le daré un segundo golpe"*. Sobre este sobrino de David, que llegó a ser uno de sus generales y estuvo en la lista de los treinta valientes leemos: *"Y Abisai hermano de Joab, hijo de Sarvia, fue el principal de los treinta. Este alzó su lanza contra trescientos, a quienes mató, y ganó renombre con los tres."* (2 S. 23:18).

Abisai era un líder excepcional, valiente y destacado, que por su jefe haría cualquier cosa. Si el ungido le permitía actuar, con esto buscaría adelantar el propósito de Dios.

III. La defensa

"...No le mates: porque ¿quién extenderá su mano contra el ungido de Jehová, y será inocente?" (26:9).

El ungido le dio una orden: *"no le mates"*. En esas palabras demostró su autoridad. Los ungidos tienen que aprender a decir que no. El decir que "no" ayuda al ungido a honrar su posición.

El ungido le dio una razón: *"¿quién extenderá su mano contra el ungido de Jehová, y será inocente?"* Una vez más respetó la unción que tuvo Saúl y la posición que continuaba teniendo. Solo Dios podía juzgar al que había sido su ungido.

El ungido es *misericordioso*. Tenía toda la razón para matar a Saúl, este lo había difamado, había hablado mal de él, pero a pesar de todo no desea su mal.

El ungido es *justo*. Aplicar la justicia motivado por la venganza es ser injusto. David no quiso convertirse en juez de Saúl. Por el contrario, se constituyó en su defensa. Matar a Saúl en esa oportunidad y de esa manera era algo injusto.

El ungido es *espiritual*. No entendería porque Saúl lo perseguía y buscaba matarlo, pero en su corazón sabe que ese hombre con una telaraña de defectos, de manifestaciones carnales, de ataduras espirituales, fue ungido para ocupar la posición que tenía. El único que lo podía despedir de ese trabajo fue el que lo contrató. Saúl todavía estaba bajo contrato con Dios.

IV. La prueba

"Se llevó, pues David la lanza y la vasija..." (26:12).

Abisai fue instruido por David para tomar la lanza y la vasija que pertenecía a Saúl y luego lo invitó a retirarse. Leemos: *"... y se fueron; y no hubo nadie que viese, ni entendiese, ni velase, pues todos dormían; porque un profundo sueño enviado de Jehová había caído sobre ellos"* (26:12).

Saúl y sus hombres estaban bajo la anestesia de Dios. Dios les dio *"un profundo sueño"*. Eso demuestra que el director de todo este drama lo era Dios. Él es el que cambia el escenario. Él da sueños a algunos como a Jacob (Gn. 28:10-17); José el patriarca (Gn. 37:5,9); Faraón (Gn. 41:1; cp. 41:25-32); Nabucodonosor (Dn 2:1, 27-36); José el carpintero (Mt. 1:20-21). Le quita el sueño a otros como Nabucodonosor (Dn. 2:1) y la esposa de Poncio Pilato (Mt. 27:19).

Este episodio de David y Saúl en el capítulo 26 tiene ciertos parecido con el capítulo 24: (1) En ambos Saúl reconoce su voz y lo llama "hijo mío David" (26:17; cp. 24:16). (2) En ambos David fue tentado por alguien para dar muerte a Saúl (26:8; cp. 24:4). (3) En ambos David tomó algo de Saúl como prueba de sus encuentros con él (26:12; cp. 24:4). (4) En ambos David defendió a Saúl porque era "el ungido de Jehová" (26:9; cp. 24:6). (5) En ambos David defendió su inocencia de mal hacia Saúl (26:18; cp. 24:11). (6) En ambos David se comparó a una pulga (26:20; cp. 24:14). (7) En ambos David es visto por Saúl con un futuro brillante (26:25; cp. 24:20).

Abner era el principal general de Saúl pero en este episodio David lo hace lucir mal ante Saúl (26:14 -16). Abner era responsable por la seguridad personal de Saúl. Tenía que cuidarlo a capa y espada.

En el capítulo 26:21 leemos del aparente arrepentimiento de Saúl: *"Entonces dijo Saúl: He pecado, vuélvete, hijo mío David, que ningún mal te haré más, porque mi vida ha sido estimada preciosa hoy a tus ojos. He aquí yo he hecho neciamente, y he errado en gran manera"*. Saúl era un artista juzgando al arrepentido. Ya antes hizo un simulacro: *"Y alzo Saúl su voz y lloró"* (24:16).

David conocía la ley espiritual de siembre y cosecha (2 Co. 9:6; Gá. 6:7). En 26:24 leemos: *"Y he aquí, como tu vida ha sido estimada preciosa hoy a mis ojos, así sea mi vida a los ojos de Jehová, y me libre de toda aflicción"*. Haciendo bien a otros, Dios nos hará bien a nosotros.

V. La profecía

"…Bendito eres tú, hijo mío David, sin duda emprenderás tú cosas grandes, y prevalecerás…" (26:25).

Saúl sin desearlo, sin programarlo, sin premeditación…estaba profetizándole al ungido:

Primero, le declara: *"bendito eres tú"*. El no ungido testifica que el ungido es y está bendecido. El mundo tiene que admitir tarde o temprano que los ungidos tienen una posición de bendición.

Segundo, le declara: *"sin duda emprenderás tú cosas grandes"*. Dios le reveló a Saúl la visión del ungido. Los ungidos hacen y harán *"cosas grandes"*.

Tercero, le declara: *"y prevalecerás"*. Aquí le habla de sus futuras victorias. Saúl tenía ante sí a un triunfador. Aunque estaba con esmero y paciencia sembrando para su futuro. Los ungidos se capacitan y preparan en la escuela del desierto para el momento que Dios los usara. Su futuro se determina por su esfuerzo en el presente.

Leemos: *"Entonces David se fue por su camino, y Saúl se volvió a su lugar"* (26:25). En 24:22 se leía: *"Entonces David juró a Saúl. Y se fue Saúl a su casa y David y sus hombres subieron al lugar fuerte"*.

El ungido conoce *"su camino"* y nada ni nadie le apartará de ese camino. Caminará por donde Dios lo autorice. Por su parte Saúl a *"su lugar"* o a *"su casa"*. Saúl tenía *"casa"*, el ungido tenía el *"desierto"*. Es mejor el desierto con la presencia de Dios, que una casa con la ausencia de Dios. Para el ungido el desierto implicaba un retiro con Dios.

Conclusión

(1) El ungido tendrá la oportunidad de eliminar a Saúl, pero dejará todo en la manos de Dios. (2) El ungido se cuidará de aquellos asociados que le transmiten mensajes carnales. (3) El ungido ante la tentación de la venganzas se mostrará misericordioso, justo y espiritual. (4) El ungido haciendo bien a sus enemigos sembrará bien ante Dios. (5) El ungido un día tendrá que escuchar del no ungido profecía de bendición.

LA ALIANZA DEL UNGIDO

"Se levantó, pues, David, y con los seiscientos hombres que tenía consigo se pasó a Aquis hijo de Maoc, rey de Gat" (1 S. 27:2).

Introducción

Tarde o temprano el ungido tendrá que aprender el arte de la negociación. El empleo de la diplomacia lo ayudará a guardarse para el plan y el propósito de Dios.

David tuvo que tener un acercamiento con Aquis, rey filisteo, para escaparse de la muerte de Saúl. Con el rey de Gat hizo alianza más por razón de supervivencia que por convicción.

La capacidad de relacionarse públicamente con los demás, es clave para que el ungido llegue hasta donde Dios lo quiere. El ungido al entrar en contacto con Aquis, rey filisteo, participaría con él pero no permitiría que las costumbres, conducta y actitudes filisteas influyan negativamente en él.

I. La realización

"...nada, por tanto, me será mejor que fugarme a la tierra de los filisteos..." (27:1).

Primero, "dijo luego David en su corazón". El ungido meditaba todo en su corazón. Antes de tomar alguna decisión los que están ungidos piensan claramente y objetivamente en cualquier paso que darán. El ungido actúa conforme a los dictados correctos del corazón.

Segundo, "al fin seré muerto algún día por la mano de Saúl". El ungido tiene que ser realista, no puede ser idealista. David tuvo la revelación de que Saúl no cambiaría hacia él. Su sentencia de muerte por el jurado de la carne, el celo y la envidia en el tribunal de Saúl, estaba ya determinada.

Llegará el momento en que los que tienen el espíritu de David llegarán a la conclusión de que los que están poseídos por el espíritu de Saúl no quieren reconciliación, ni comunicación, sino destrucción. David le habló a Saúl, le pidió comprensión a Saúl, le perdonó la vida a Saúl, pero a pesar de todo el corazón del no ungido estaba enfermo.

Tercero, *"nada por tanto, me será mejor que fugarme a la tierra de los filisteos"*. Para morir a manos de Saúl, David prefiere arriesgarse a vivir con los filisteos. Muchos del "mundo" son más benévolos con el ungido, que los que han perdido la unción.

David con sus seiscientos hombres (27:2); sus futuros valientes buscó refugio con el rey Aquis de Gat (27:2). Allí estos vivieron con sus familias. David se acompañó con sus dos mujeres Ahinoam jezreelita y Abigail del Carmel (27:3).

De esto aprendemos que el ungido es una persona de principios, familiares; y que ese mismo valor lo transmite en sus colaboradores. Las familias son importantes en el éxito de los ungidos. A la familia se le debe ministrar primero y luego a los demás.

Mientras el ungido estaba seguro en Gat, la noticia le llegó a Saúl, *"y no lo buscó más"*. Aquí se cumplió lo dicho por el ungido: *"y no me ande buscando más por todo el territorio de Israel; y así escaparé de su mano"* (27:1). Jamás Saúl y David volverían a tropezarse el uno con el otro.

II. La petición

"...Si he hallado gracia ante tus ojos, séame dado lugar en alguna de las aldeas para que habite allí..." (27:5).

David había caído en gracia con Aquis el rey filisteo. A los ungidos Dios los pone en gracia dondequiera que van. Por la gracia los ungidos se dan a conocer; se ganan el corazón de otros; se les abren las puertas; son ayudados en sus necesidades.

La gracia bendijo a José el patriarca con una túnica de colores regalada por su padre Isaac.

La gracia sacó a José de la cisterna y lo puso como administrador en la casa de Potifar.

La gracia promovió a José en la cárcel, lo sacó de allí y le puso como segundo después de Faraón.

La gracia hizo que Ester ganara un certamen de la "Señorita Persa del Año". Por esa misma gracia entró al patio del rey Asuero y este le extendió su báculo de oro garantizándole su vida.

La gracia es el ascensor por el cual suben alto hombres y mujeres, que han sido ungidos para servir en el cuerpo de Jesucristo.

La gracia es la llave que abre las puertas para que los ungidos puedan entrar a la sala de las oportunidades de Dios.

Los ungidos tienen gracia, Dios los pone en gracia y saben aprovechar la gracia. David le pidió a Aquis permiso para habitar en alguna de las aldeas.

Al ungido el rey Aquis le dio trato de persona muy importante. Lo recibió como huésped diplomático en la ciudad real (27:5).

Leemos: *"Y Aquis le dio aquel día a Siclag, por lo cual Siclag vino a ser de los reyes de Judá hasta hoy"* (27:6). David pidió lugar en alguna aldea, pero la gracia de Dios en él hizo que el rey Aquis, le diera la ciudad de Siclag. Dos años atrás, el ungido ante el rey Aquis se fingió loco, dejando la baba correr por su barba. Cuando se manifiesta la gracia ya no se necesita dejar la baba corriendo por la barba.

Por causa de la gracia Dios permite que los ungidos reciban más de lo que pidan y de los que necesitan. Lo que un ungido recibe por gracia nadie se lo puede quitar. El cronista declaró: *"... por lo cual Siclag vino a ser de los reyes de Judá hasta hoy"*. La bendición de David pasó también a sus sucesores.

III. La actividad

"...y esta fue su costumbre todo el tiempo que moró en la tierra de los filisteos" (27:11).

En Siclag, ciudad filistea, David y sus hombres habitaron un año y cuatro meses (27:7). Dios sabía que el ungido necesitaba tiempo y privacidad y por eso le dio esta ciudad.

Mientras el ungido estuvo en Gat, con sus hombres se mantuvo ocupado realizando incursiones y asolando a los gerusitas, los gezritas y los famosos amalecitas (27:8). David le daba muerte a estos enemigos y tomaba sus despojos.

Los ungidos le infligen castigo al enemigo y se apoderan de sus bienes. Ensayarán con cosas pequeñas lo que un día serán cosas grandes.

Aquis le preguntaba a David: *"¿Dónde habéis merodeado hoy?"* (27:10). El mundo siempre estará interrogando a los ungidos para saber qué están haciendo. Con el mundo se coexiste, pero no se convive.

David se cuidaba de que sus actividades privadas, no fueran a llegar a los oídos de Aquis. Hay cosas que hace el ungido privadamente que no pueden darse a conocer públicamente.

Por otra parte el enemigo se equivoca con los ungidos y los quiere hacer sus servidores. Aquis decía: *"El se ha hecho abominable a su pueblo de Israel, y será siempre mi siervo"* (27:12).

David el ungido

El mundo también se equivocará con los ungidos, muchas veces creerá que los suyos ya no los quieren y se propondrá hacerlos sus servidores para siempre.

Conclusión

(1) El ungido es muy calculador en su conducta, cuidándose mucho. (2) El ungido busca que la gracia de Dios se manifiesta en su vida. (3) El ungido en territorio enemigo se comportará con prudencia y sabiduría.

EL RECHAZO AL UNGIDO

"Y Aquis llamó a David y le dijo: Vive Jehová, que tú has sido recto, y que me ha parecido bien tu salida y tu entrada en el campamento conmigo, y que ninguna cosa mala he hallado en ti desde el día que viniste a mí hasta hoy; mas a los ojos de los príncipes no agradas. Vuélvete, pues, y vete en paz, para no desagradar a los príncipes de los filisteos" (1 S. 29:6-7).

Introducción

El relato bíblico afirma que David habitó *"un año y cuatro meses"* (27:7) en territorio filisteo. La confianza que David se gano con Aquis, se puede resumir en estas palabras: *"Y Aquis creía a David…"* (27:12).

Se nos dice que en esos días, *"los filisteos reunieron sus fuerzas para pelear contra Israel."* (28:1) Aquis entonces lo invitó a participar junto a sus hombres de la compañía militar contra Israel. (28:2).

David le respondió: *"Muy bien, tú sabrás lo que hará tú siervo."* (28:2) El ungido habla ambiguamente, no promete nada dice mucho y no dice nada. Se maneja muy bien en la manera de contestar.

Aquis reacciona diciéndole: *"Por tanto, yo te constituiré guarda de mi persona durante toda mi vida"* (28:2). Al ungido se le quiere tentar con una posición. Se le ofrece ser un escudero de Aquis. El mundo ofrecerá posiciones a los ungidos para desviarlos del plan divino.

I. La asociación

"… David y sus hombres iban en la retaguardia con Aquis" (29:2). El ungido con sus servidores iban a la retaguardia filistea con

el rey Aquis. Por su asociación con Aquis, David se estaba metiendo en situaciones difíciles. Los ungidos necesitan ser cautelosos con quiénes se asocian. Hay compañeros que son agentes de espionajes enviados al ungido por la oficina central de inteligencia del infierno. La infiltración enemiga puede acercársele al ungido en cualquier descuido.

Muchos como Aquis pretenden ser aliados del ungido, porque solo están interesados en su seguridad y posición. Usan a los ungidos para su propio bienestar. Andan con los ungidos a la retaguardia porque les conviene.

Cuando David se asoció y acompañó a Aquis, sus hombres que apoyaban su visión, también siguieron sus ejemplo. El ungido tiene que cuidarse de cómo y con quién se compromete, porque en su acto otros también son arrastrados.

David y sus hombres iban a la retaguardia con Aquis más por compromiso que por convicción. Aquis les hizo un favor y estaban comprometidos. A los ungidos muchos favores que les hacen les cuesta caro a la postre.

II. La desconfianza

"… Despide a este hombre…" (29:4).

La presencia del ungido y de sus hombres desagrado a los filisteos: *"¿Qué hacen aquí estos hebreos?"* (29:3) El mundo se siente incómodo con la presencia de los que participan de la unción. Los ve como gente extraña y rara. La razón es que los creyentes son los radicales de Dios. Para el mundo son "anormales", para Dios son "normales".

Escuchemos la respuesta de Aquis: *"¿No es éste David, el siervo de Saúl rey de Israel, que ha estado conmigo por días y años, y no he hallado falta en él desde el día que se pasó a mí hasta hoy?"* (29:3).

Aun un rey filisteo como Aquis tiene que dar una buena recomendación del ungido. Analicemos esta recomendación:

Primero, *"… David, el siervo de Saúl…"* Esto implica que aun ante Aquis David testifica de su ministerio de servidor a Saúl. Nunca afirmó ser su músico, ni su guerrero, sino su servidor.

Segundo, *"que ha estado conmigo por días y años"*. Aquis conoció bien al ungido con el tiempo. Los ungidos no cambian con el tiempo. En cualquier estación o temporada son los mismos.

Tercero, *"y no he hallado falta en él"*. Aquis observó bien a David y vio en él a un hombre íntegro. Aunque Aquis era filisteo, David supo serle agradecido. Nunca lo defraudó.

A los príncipes filisteos la asociación de Aquis con David los enojó. (29:6) El mundo y los carnales se enojan contra los que se acercan y comportan con los ungidos.

Escuchemos las palabras de estos príncipes filisteos: *"Despide a este hombre, para que se vuelva al lugar que le señalaste, y no venga con nosotros a la batalla, no sea que en la batalla se nos vuelva enemigo; porque ¿con qué cosa volvería mejor a la gracia de su señor que con las cabezas de estos hombres?"* (29:4).

Los filisteos le tenían desconfianza y miedo al ungido. Temían que en la batalla este se virara contra ellos, uniera a estos y que les cortara los cabezas para ponerse en gracia con Saúl.

El enemigo siempre tendrá temor de los ungidos. Sabe que cuando la unción se manifieste en ellos, correrán peligro.

III. El testimonio

"Ya sé que tú eres bueno ante mis ojos…" (29:9).

Ante el rechazo filisteo, el ungido reaccionó delante de Aquis: *"¿Qué he hecho?"* *"¿Qué has hallado en tu siervo desde el día que estoy contigo hasta hoy, para que yo no vaya y pelee contra los enemigos de mi señor el rey?"* (29:8).

Todo el lenguaje del ungido es para dar brillo al rechazo filisteo, y por ende salir de esa situación con elegancia de un líder. Los ungidos saben tener y mantener el brillo.

Desde luego el ungido en su corazón sabía que era Dios obrando, y sacándolo de un problema difícil y comprometedor. Aquis le responde: *"Yo se que tú eres bueno ante mis ojos, como un ángel de Dios, pero los príncipes de los filisteos me han dicho: No venga con nosotros a la batalla"* (29:9).

Primero, *"yo se que tú eres bueno ante mis ojos"*. La bondad es uno de los adornos que sobresale en el carácter de los ungidos. Sus expresiones y actuaciones son buenas. El ungido es alguien al que se le puede decir: *"Yo se que tú eres bueno ante mis ojos."* De cualquier manera que se le mire, la bondad se refleja en él.

Segundo, *"como un ángel de Dios."* Los ungidos son como ángeles de Dios para otros. En ellos se ve a Dios reflejado. Cuando aparecen, llenan un vacío, suplen una necesidad, traen un consuelo y dan una palabra adecuada.

Veamos esa expresión: *"No venga con nosotros a la batalla"*. El mundo no quiere a los ungidos en sus fiestas, parrandas, reuniones o visitas. Al ungido no se le extendió tarjeta de invitación. Eso indica su carácter santo. Aquis le dice a David: *"Levántate, pues, de mañana, tú y los siervos de tu señor que han venido contigo, y levantándoos al amanecer, marchad."* (29:10).

David el ungido

Primero, *"levántate, pues, de mañana, tú y los siervos..."* Los ungidos son madrugadores y los que los siguen también lo son. El que comienza bien su mañana termina su día bien. Madrugar temprano es terminar a tiempo las tareas diarias.

Segundo, *"marchad."* El ungido no se sienta hasta tomar moho. Su consigna es *"marchad."* Su ministerio siempre está en marcha. ¡Marcha cuando ora! ¡Marcha cuando alaba a Dios! ¡Marcha cuando sirve a otros! Al otro día David y sus hombres marcharon a Siclag, mientras los filisteos se fueron al valle de Jezreel a Estraelon (29:11).

Conclusión

(1) El ungido debe considerar bien con quién se asocia, porque otros seguirán su ejemplo (2) El ungido es todo íntegro que no es de extrañar que los que son del mundo no quieran compartir con él. (3) El ungido es visto como un "ángel" por los que le conocen.

EL CONFLICTO DEL UNGIDO

"Las dos mujeres de David, Ahinoam jezreelita y Abigail la que fue mujer de Nabal el de Carmel, también eran cautivas. Y David se angustió mucho, porque el pueblo hablaba de apedrearlo, pues todo el pueblo estaba en amargura de alma, cada uno por sus hijos y por sus hijas; mas David se fortaleció en Jehová su Dios" (1 S. 30:5-6).

Introducción

A su regreso a Siclag, el ungido encontró que su ciudad había sido invadida por gente de Amalec y la había quemado (30:1). Tomando cautivos a las mujeres, niños y los que allí estaban (30:2); incluso a las dos mujeres de David, Ahinoam y Abigail (30:4).

Todo esto causó tristeza en el ungido y sus seguidores (30:4). En su angustia el pueblo hablaba de apedrear al ungido (30:6). Después de este haber recibido la palabra de Dios; y ser notificado por un egipcio abandonado por su amo amalecita (30:7-16); el ungido con cuatrocientos hombres atacó al enemigo (30:17); rescatando todo de sus manos y despojándoles de lo que tenían (30:18-20).

Del botín tomado repartió equitativamente a los doscientos hombres que no pasaron el torrente de Besor y a los cuatrocientos a pesar de la crítica de algunos "malos y perversos" (30:21-25). También le dio obsequios a los ancianos de Judá (30:26) y gratificó a aquellos lugares que dieron albergue y ayuda a sus hombres (30:27-31).

I. El peligro

"...porque el pueblo hablaba de apedrearlo..." (30:6).

Por causa de la incursión amalecita el secuestro de las mujeres y niños, ganados y una ciudad encendida, la tristeza y el dolor contagió a David, a sus hombres y a la gente.

Leemos: *"Entonces David y la gente que con él estaba alzaron su voz, y lloraron, hasta que les faltaron las fuerzas para llorar"* (30:4). ¡Los ungidos también lloran! Son sensibles al dolor y a las pruebas. Lloran por lo que les pasa a otros y lo que les pasa a ellos.

En el versículo 5 se nos informa que las dos mujeres del ungido Ahinoam y Abigail "también eran cautivas". Con esto se aclara que si los demás tenían problemas, el ungido tenía también los suyos. Muchos piensan que los ungidos no tienen problemas, pero a veces tienen el doble de los demás.

Sobre esto el pueblo le añade más angustia. Leemos: *"Y David se angustió mucho, porque el pueblo hablaba de apedrearle, pues todo el pueblo estaba en amargura de alma, cada uno por sus hijos y por sus hijas; mas David se fortaleció en Jehová su Dios"* (30:6).

Si algo angustió al ungido más que el dolor ajeno y el de su propio corazón, fue que *"el pueblo hablaba de apedrearlo"*. A Jesús el *Ungido* sus adversarios también quisieron apedrearlo: (1) *"Tomaron entonces piedras para arrojárselas; pero Jesús se escondió y salió del templo y atravesando por en medio de ellos, se fue"* (Jn. 8:59). (2) *"Entonces los judíos volvieron a tomar piedras para apedrearle"* (Jn. 10:31).

De Esteban el diácono leemos: *"Y echándole fuera de la ciudad, le apedrearon..."* (Hch. 7:58). Del apóstol Pablo leemos: *"...y habiendo apedreado a Pablo..."* (Hch. 14:19).

La tentación de apedrear a los ungidos sucederá tarde o temprano en el ministerio de estos. Se les apedrea con la crítica, la falta de apoyo, y no defendiéndoles delante de los demás.

Ante esta situación, *"David se fortaleció en Jehová su Dios"*. El secreto del ungido está en su relación con Dios. Sus fuerzas espirituales vienen de Él. El Salmo 25 se considera que fue la oración del ungido durante su prueba.

II. La consulta

"Y David consultó a Jehová..." (30:7).

A David lo acompañaba el sacerdote Abiatar, que tenía *"el efod"* y que de alguna manera era un instrumento para consultar a Dios (30:7). David preguntó a Jehová: *"¿Perseguiré a esto merodeadores? ¿Los podré alcanzar?"* (30:8). Dios por intermedio de Abiatar le declaró: *"Síguelos, porque ciertamente los alcanzarás, y de cierto librarás a los cautivos"* (30:8).

El ungido recibió un mensaje profético que le garantizaba una victoria segura. Los ungidos se mueven y actúan en lo que Dios les dice. Son obedientes a la Palabra.

En el camino, después que doscientos hombres se quedaron atrás cansados (30:9-10); el resto se encontraron con un esclavo egipcio, abandonado por su amo porque estaba enfermo y llevaba tres días y tres noches hambriento y sediento (30:12). Este egipcio llevó a David al campamento amalecita (30:13-16). Donde los amalecitas fueron heridos de muerte y solo escaparon cuatrocientos jóvenes (30:17).

Primero, el ungido *consulta*. No hace nada fuera de la voluntad de Dios. Se somete a la Palabras de Dios y por eso Dios lo respalda.

Segundo, el ungido *comparte*. Ve a alguien en necesidad y le da de lo que tiene. Tiene alimento para el hambriento y sediento.

Tercero, el ungido se *compadece*. Dejó huir a cuatrocientos jóvenes. No les quitó la vida. Mostró compasión por ellos. El ungido considera a la juventud.

III. La recuperación

"...*todo lo recuperó David*" (30:19).

El ungido recuperó "*todo*" lo que el enemigo le había quitado. Jesucristo es nuestro *Ungido*, nuestro "*David*" que le ha arrebatado al enemigo de las almas "*todo*" lo que este había tomado de la raza humana, y que ahora le han sido devuelto a la Iglesia.

Primero, el ungido recuperó *las pertenencias*. Él sabía lo que era de ellos. Es tiempo ya, de que los creyentes comienzan a reclamar lo que el mundo le ha tomado, ha profanado y le ha dado usos viles.

Segundo, el ungido recuperó *las mujeres*. Se nos dice específicamente: "*Y asimismo libertó David a sus dos mujeres*" (30:18). En el período cultural en el cual vivió el ungido, era justificable el que se le atribuyeran estas dos mujeres. Los ungidos buscan la libertad de sus cónyuges.

Tercero, el ungido recuperó *los hijos e hijas*. La familia es importante para todos. Al ungido le interesa ministrar a los hijos. Hay que recuperar a nuestros hijos del mundo. Tenemos que quitárselos al enemigo.

Cuarto, el ungido recuperó *las ovejas* y *el ganado mayor*. Estos se utilizaban en el acto de la adoración. Para el ungido la adoración y recuperar lo que corresponde a esta es de vital importancia. La adoración no se puede separar de la unción; la unción no se puede separar de la visión; la visión no se puede separar de la misión; y la misión no se puede separar de la Gran Comisión. Así como no podemos separar a Moisés del Pentateuco; a David de los Salmos; a Salomón de los Proverbios; a Jesús de los Evangelios; a Pablo de las Epístolas y a Juan del Apocalipsis.

IV. El repartimiento

"...así ha de ser la parte del que queda con el bagaje; les tocara parte igual" (30:24).

A su regreso David *"saludó con paz"* (30:21) a los hombres que por causa del cansancio se quedaron en el torrente de Besor; doscientos en total. Ahora aprendemos que entre los hombres de David había *"malos y perversos"* (30:22). Se mostraron renuentes a compartir el botín con los que se quedaron.

Dios permitirá situaciones para revelar al ungido el corazón de *"todos los malos y perversos"*. El tiempo de discipulado y convivencia con el ungido, la restauración que este les ministró, los privilegios recibidos no lograron ningún cambio en su corazón. En esa, ocasión se manifestaron *"todos"* los de corazón malo y egoísta.

El ungido les reconviene: *"No hagáis eso, hermanos míos, de lo que nos ha dado Jehová, quien nos ha guardado, y ha entregado en nuestra mano a los merodeadores que vinieron contra nosotros...Porque conforme a la parte del que desciende a la batalla, así ha de ser la parte del que queda con el bagaje; les tocará parte igual"* (30:23-24).

El ungido tiene que regañar a los que se tornan egoístas cuando reciben bendiciones. Que únicamente piensan en ellos y se olvidan de compartir con los que han quedado atrás.

Escuchemos con que autoridad el ungido se expresa: *"No hagáis eso"*. Decir *"no"* muchas veces es difícil para el ungido, pero es necesario que aprenda a decir que *"no"*. Escuchemos con que *ternura* el ungido se expresa: *"hermanos míos"*. No los trata con rudeza o autoritarismo, sino con el corazón de un hermano. Les habla como a hermanos.

Escuchemos con que *agradecimiento* el ungido se expresa: *"de lo que nos ha dado Jehová, quien nos ha guardado, y ha entregado en nuestra mano a los merodeadores que vinieron contra nosotros"*. El ungido es agradecido por causa de Dios. No se toma el mérito que le pertenece a Dios.

Para los que quedarían con el bagaje y los que fueron a la batalla, la recompensa sería equitativa: *"les tocará parte igual"* (30:24). En la iglesia todos son bendecidos los que trabajan como los que se quedan atrás.

El escritor de Primero Samuel dice: *"Desde aquel día en adelante fue esto por ley y ordenanza en Israel, hasta hoy"* (30:25). La acción de David estableció un buen precedente. Algo que se tendría por ley en generaciones futuras. Los buenos precedentes sobreviven a la presente generación. Los malos precedentes afectan a otros en el futuro.

No solo David fue generoso con sus hombres los fue también con los ancianos de Judá, *"sus amigos"* (30:26) y en *"todos los lugares donde David había estado con sus hombres"* (30:31). El ungido jamás olvida a *"sus amigos"* y colaboradores en los días de la bendición.

Conclusión

(1) El ungido algún día encontrará a algunos que quieran apedrearlo. (2) El ungido buscará dirección de Dios antes de actuar. (3) El ungido recupera lo de él y lo de otros. (4) El ungido es justo y equitativo a todos los trata por igual.

LA REACCIÓN DEL UNGIDO

"Y David dijo a aquel joven que le había traído las nuevas: ¿De dónde eres tú? Y él respondió: Yo soy hijo de un extranjero, amalecita. Y le dijo David: ¿Cómo no tuviste temor de extender tu mano para matar al ungido de Jehová? Entonces llamo David a uno de sus hombres, y le dijo: Ve y mátalo. Y él lo hirió, y murió. Y David le dijo: Tu sangre sea sobre tu cabeza, pues tu misma boca atestiguó contra ti, diciendo: Yo maté al ungido de Jehová" (2 S. 1:13-16).

Introducción

Después del ungido haber derrotado a los amalecitas, regresó a Siclag, y al tercer día se le presentó un amalecita con la corona del rey Saúl y con su brazalete (1:1, 10). Exactamente tres días es lo que tomaba el viaje del ungido.

Con señal de duelo y señal de reverencia, el amalecita le informó a David de la muerte de Saúl y su hijo Jonatán (1:2, 4). El ungido buscando confirmación a lo expresado por el amalecita, oyó de este el inflado reporte de que Saúl le había pedido que le diera muerte (1:6-10).

La primera reacción del amalecita fue una señal de duelo. Indicándose con esta expresión que aun un amalecita enemigo de Israel tenía que hacer duelo por una "autoridad" no ungida como Saúl.

La segunda reacción del amalecita fue una señal de reverencia, que este le expresaba al futuro rey David. El amalecita era todo un político, con un bachillerato en ciencias sociales y una licenciatura en política internacional. Toda esta noticia de primera plana arreglada por el amalecita, es con el fin de aprovecharse de esta situación particular.

De seguro este amalecita fue parte de una banda de saqueadores lo cual le brindó acceso a las prendas valiosas e identificadoras de Saúl. En vez de lo expresado por el amalecita aprovechador de situaciones, producir una noticia de alegría en el ungido. Este reaccionó con la altura de un líder espiritual manifestando un espíritu de tristeza que se transfirió a sus acompañantes (1:11-12).

Ante el interrogatorio del ungido, el amalecita miente acerca de la muerte de Saúl y se acredita como el autor de la misma. David entonces dio orden de que al amalecita se le diera muerte (1:13-15).

I. La noticia

"Yo entonces me puse sobré él y le maté..." (1:10).

Una vez más examinemos la historia. El amalecita llegó hasta Siclag (1:3), con los vestidos rotos y con tierra en su cabeza (1:2), pretendiendo tener duelo por Saúl y Jonatán (1:4).

Los que tienen el espíritu amalecita, son unos verdaderos actores. Son unos verdaderos hipócritas que juegan al preocupado por el ungido. Lo único que les interesa es capitalizar para su bienestar.

Aquel joven le anunció a David: *"El pueblo huyó de la batalla, y también muchos del pueblo cayeron y son muertos; también Saúl y Jonatán su hijo murieron"* (1:4).

Aunque dijo la verdad, le añadiría a la misma para su propia convivencia. Con una apariencia de duelo, dio la noticia de la muerte de Saúl y Jonatán a David, esperando ser favorecido por el ungido. El ungido tiene que tener cuidado con esos "carteros" que le llegan con noticias y paquetes para ser pagados en efectivo a la entrada.

Estos son individuos oportunistas, que quieren establecer las reglas, del juego a su favor. Hay que tener "oídos" y "ojos" ungidos para detectarlos. El ungido discierne inmediatamente las motivaciones de los que se le acercan.

Notemos con la arrogancia que habla el amalecita: *"Yo entonces me puse sobré él y le maté..."* (1:10). Era un "yoista" consumado. Se quiso hacer héroe ante los ojos de David. ¡Cuán equivocado estaba, los ungidos no pueden ser comprados!

II. Los sentimientos

"Y lloraron y lamentaron y ayunaron hasta la noche, por Saúl y por Jonatán su hijo..." (1:12).

El ungido había enseñado a sus asociados a ser sensibles. A tener un corazón que padeciera por las tragedias y por los dolores de otros. La muerte de Saúl y Jonatán no fue causa de regocijo para el ungido y sus compañeros.

El ungido necesita expresar buenos sentimientos hacia los que le han estorbado, han sido "malos" con él, han tratado de impedir el propósito de Dios en su vida.

La derrota y la muerte de un no ungido como Saúl, demostró el corazón "bueno" del ungido. El mismo estaba vacío del odio y la venganza hacia Saúl. Los ungidos nunca se regocijan con ver a los "Saúles" muertos. Pero los "Saúles" sí harán fiestas, sí dirán chistes, sí celebraran las derrotas, tragedias y muertes de los "Davides". El verdadero ungido es uno que sabe perdonar. La unción no solo es una expresión de poder, es también una manifestación de un carácter santo.

El verdadero ungido es uno que recuerda lo mejor de otros. Mahatma Gandhi declaró: "Es mejor resaltar las cualidades del enemigo, que señalar sus faltas".

III. El juicio

"Entonces llamó David a uno de sus hombres, y le dijo: Ve y mátalo..." (1:15).

David le preguntó a aquel joven: *"¿De dónde eres tú?"* (1:13) A lo que este respondió: *"Yo soy hijo de un extranjero amalecita"* (1:13). Ese amalecita no podía entender los sentimientos, ni el corazón del ungido, porque era *"hijo de un extranjero"*. Espiritualmente son muchos los que son *"hijos de extranjeros"*. Estos *"hijos de extranjeros"* son los que aunque conocen al pueblo de Dios, y se asocian con el mismo, tienen corazones de extranjeros. Todo el que no entiende o desconoce la visión del líder, es un *"hijo de un extranjero"*. Los hijos de la casa o los nacidos en casa, están familiarizados con el corazón del ungido.

Al asumir responsabilidad por la muerte de Saúl y de Jonatán, este amalecita que en realidad mentía, descubría su falta de respeto a la autoridad. David, el ungido, respetó a Saúl como autoridad puesta por Dios, y por lo tanto, la actitud del amalecita fue algo que le desagradó. En este amalecita se manifestaba un espíritu de mentira, de orgullo y de falta de respeto a la autoridad. Al ungido no le convenía asociarse con este amalecita. Si no respetó a Saúl, ¿quién aseguraría que este respetaría al ungido?

Los que expresan este espíritu amalecita deben ser "eliminados". Su futura compañía será desastrosa al ministerio del ungido. David le preguntó: *"¿Cómo no tuviste temor de extender tu mano para matar al ungido de Jehová?"* (1:14).

En esa pregunta, David le demostró su disgusto. Le dejó ver que la reclamación hecha en vez de agradarle, le disgustó. Los que se jactan de ser "asesinos" de ungidos, son gente peligrosa.

David llamando a uno de sus hombres le dio esta orden: *"Vé y mátalo"* (1:15) El veredicto de David se basó en lo siguiente: *"Tú sangre sea sobre tu cabeza pues tu misma boca atestiguó contra ti, diciendo: Yo maté al ungido de Jehová"* (1:16). Un ungido debe eliminar cualquier relación con aquellas personas, que aunque al parecer activos, tienen motivaciones equivocadas.

Conclusión

(1) El ungido tendrá oídos abiertos, para discernir las palabras de los que son oportunistas. (2) El ungido con sus buenos sentimientos, logrará que otros lo puedan emular. (3) El ungido siempre se interesará en conocer la identidad de los que le vengan con chismes. (4) El ungido eliminará de su relación a los que no respetaran la autoridad espiritual.

LA ENDECHA DEL UNGIDO

"Montes de Gilboa, Ni rocío ni lluvia caiga sobre vosotros, ni seáis tierras de ofrendas; Porque allí fue desechado el escudo de los valientes, El escudo de Saúl, como si no hubiera sido ungido con aceite. Sin sangre de los muertos, sin grosura de los valientes, El arco de Jonatán no volvía atrás, Ni la espada de Saúl volvió vacía. Saúl y Jonatán, amados y queridos; Inseparables en su vida, tampoco en su muerte fueron separados; Más ligeros eran que águilas, Más fuertes que leones" (2 S. 1:21-23).

Introducción

La elegía, endecha o poema fúnebre expresada por David(1:19-27), es clásico en todo el canon bíblico. En la misma se resalta el respeto del ungido hacia Saúl y Jonatán, un rey y un príncipe caídos en batalla en el monte Gilboa de Galilea.

El monte Gilboa es una cadena montañosa que ayuda a encerrar al valle de Jezreel o Esdraelón, conocido en la apocalíptica joanina como Armagedón. Una lectura analítica a esta endecha pone de relieve la verdadera naturaleza del ungido. La muerte de Saúl y de Jonatán le hizo estremecerse en su ser interior.

Para David esta endecha debería ser una lección para *"los hijos de Judá"* (1:8). En el llamado *"libro de Jaser"* (1:18), que al parecer mantenía las tradiciones de Judá, la endecha estaba registrada. Sin lugar a dudas del "libro de Jaser" esta elegía se incorpora en el relato de Segundo Samuel.

I. La exclamación

"¡Ha perecido la gloria de Israel sobre tus alturas! ¡Cómo han caído los valientes!" (1:19).

Esa exclamación: "*¡Ha perecido la gloria de Israel sobre tus alturas!*"; se lee en la *Versión Popular: "¡Oh, Israel herida fue tu gloria en tus montanas!*" Para el ungido, Saúl y Jonatán eran *"la gloria de Israel"*. Hasta los que consideramos amigos como Jonatán y los que clasificamos enemigos como Saúl, para Dios pueden ser *"la gloria"* que da a su pueblo.

Veamos la otra exclamación: "*¡Como han caído los valientes!*" Para el ungido, Saúl y Jonatán fueron dos valientes, que murieron con dignidad y en el desarrollo de una visión. Los hombres y mujeres de Dios, aun con fallas y debilidades, al morir hay que darles honor de valientes.

II. El secreto

"No lo anunciéis en Gat, Ni deis las nuevas en las plazas de Ascalón; para que no se alegren las hijas de los filisteos, para que no salten de gozo las hijas de los incircuncisos" (1:20).

El ungido es enfático, hay secretos que debe guardar el pueblo de Dios. Hay malas noticias que no se deben anunciar delante de los filisteos. El mundo quiere que le digamos que ha pasado con nuestros *"valientes"*. No podemos permitir que *"los incircuncisos"* se gocen de nuestras desgracias, de nuestras derrotas y de nuestras pruebas.

Los de Gat y Ascalón no deben ser informados cuando un Saúl y un Jonatán caen en batalla. Si se enteran que lo hagan por su cuenta. El mundo quiere saltar de gozo, cuando se entera de que algo malo nos ha ocurrido. Seamos sabios y reservados con las cosas que son privadas para su pueblo.

III. La profecía

"Montes de Gilboa, ni rocío ni lluvia caiga sobre vosotros, ni seáis tierra de ofrendas…" (1:21).

Los que hemos visitado la galilea, tierra fértil como ninguna otra de Israel, distinguimos inmediatamente los montes de Gilboa por su sequedad y aridez. Allí no se cultiva ningún fruto, de ahí la expresión: "ni seáis tierra de ofrendas". Al pie del monte Gilboa está el manantial de Harod, donde los trescientos valientes de Gedeón fueron probados y seleccionados.

Notemos con que autoridad profética el ungido le habla a los montes de Gilboa. A nosotros, la iglesia, se nos da autoridad espiritual para hablarle a los montes de los problemas de las adversidades y de las dificultades.

"*…si tuvieres fe como un grano de mostaza, diréis a este monte:*

Pásate de aquí allá, y se pasará; y nada os será imposible" (Mt. 17:20).

"Porque de cierto os digo que cualquiera que dijere a este monte; Quítate y échate en el mar, y no dudare en su corazón, sino creyera que será hecho lo que, lo que diga será hecho" (Mr. 11:23).

Consideremos esta declaración: *"Porque allí fue desechado el escudo de los valientes, el escudo de Saúl, como si no hubiera sido ungido con aceite"* (1:21).

Primero, probablemente aquí es registrada alguna especie de ceremonia religiosa militar, donde antes de una batalla los escudos eran presentados a Dios en un ceremonial religioso ungiéndolos con aceite consagrado.

Segundo, podría ser que los escudos eran mojados con aceite y aun con agua sobre su cubierta de piel; para darles resistencia en la batalla.

Tercero, quizá después de la batalla los escudos tenían que ser limpiados con aceite de la sangre que se les impregnaba.

Desearía tomar esto en el sentido de que no debemos ir a la batalla sin el escudo ungido. A todos Dios nos ha dado un escudo que debemos ungir. Si ese escudo es la educación tenemos que ungirla. Si ese escudo es algún talento, tenemos que ungirlo. Si ese escudo es alguna gracia especial, tenemos que ungirla.

Al parecer, el escudo de Saúl fue desechado, a nadie le interesó, no se tomó en cuenta que había sido ungido con aceite. ¡Cuantos escudos ungidos, ya no se les da ninguna importancia! Himnos que antes cantábamos; ya no se cantan. Sermones que antes escuchábamos, ya no se escuchan. Vigilias y retiros que antes se tenían, ya no se convocan. ¡Recojamos de nuevo esos escudos ungidos!

IV. El reconocimiento

"Sin sangre de los muertos, sin grosura de los valientes, el arco de Jonatán no volvía atrás, ni la espada de Saúl volvió vacía" (1:22).

La *Versión Popular* dice: *"Saúl y Jonatán, volvieron sin haber empapado espada y flechas en la sangre y la grasa de los guerreros más valientes"*. El ungido reconoce a Saúl y Jonatán como valientes entre los valientes. Hay quienes se hacen los fuertes entre los débiles, los grandes entre los pequeños, los valientes entre los cobardes, los espirituales entre los carnales, los buenos entre los malos, los trabajadores entre los vagos.

Saúl y Jonatán median sus fuerzas entre los fuertes, su valentía entre los valientes... Personas como estas merecen ser reconocidas. De *frente* atacaban a sus enemigos y en su lucha no retrocedían.

Jonatán era tremendo con su arco, cuando arrojaba las flechas daba siempre en el blanco. En la iglesia necesitamos buenos arqueros con sus dones y ministerios. Personas que sepan arrojar bien las *flechas*.

Saúl era tremendo con su espada. Nunca le regresaba la misma vacía. Cuando se la hundía al enemigo, le regresaba con prueba de su uso. De la Palabra de Dios se dice: *"Porque la palabra de Dios es viva y eficaz, y más cortante que toda espada de dos filos; y penetra hasta partir el alma y el espíritu, las coyunturas y los tuétanos, y discierne los pensamientos y las intenciones del corazón"* (He. 4:12).

La palabra en griego de la que se traduce *"eficaz"* es energes y de ahí se toma la etimología para enérgico. Implica actividad, acción y eficacia. Los que usan la espada de Dios, su Palabra, reconocen que cuando ella se mete en el corazón de alguien jamás regresará vacía. Sale y entra para cumplir su propósito.

V. La unción

"Saúl y Jonatán, amados y queridos; inseparables en su vida, tampoco en su muerte fueron separados" (1:23).

Hasta el final, Jonatán fue un buen hijo que honró a un padre como Saúl. Aunque para muchos pudo ser clasificado como malo, para Jonatán era un padre especial al cual él tenía que ser fiel.

En las buenas y en las malas estuvieron juntos. Nada debe asesorar la unión de un padre y un hijo. Veamos la comparación que de ellos hace al ungido. *"Más ligeros eran que águilas, más fuertes que leones"* (1:23).

Jesucristo es el Rey del universo; el amor es el rey de los sentimientos; la rosa es la reina de las flores; el león es el rey de los animales; el oro es el rey de los metales y el sol es el rey de los astros. A reyes se compara con reyes. Para David, Saúl y Jonatán eran águilas y leones, ligeros y fuertes.

VI. La invitación

"Hijas de Israel, llorad por Saúl, quien os vestía de escarlata con deleites, quien adornaba vuestras ropas con ornamentos de oro" (1:24).

Posiblemente esto sea una alusión a la prosperidad económica que Israel experimentó bajo el reinado de Saúl. El estado militar dirigido por él, benefició a muchos.

Ahora que estaba muerto había que recordarlo, había que llorarlo y había que mostrarle a través del duelo el aprecio nacional. David declaró un duelo nacional. Le dio honores de héroe.

VII. El dolor

"¡Cómo han caído los valientes en medio de la batalla! ¡Jonatán, muerto en tus alturas!" (1:25).

Solo los valientes mueren en batalla. Los cobardes huyen del campo de batalla. Saúl y Jonatán murieron con hombría. Dios está buscando hombres verdaderos y mujeres verdaderas.

La expresión "¡Jonatán, muerto en las alturas!", debe ser alusión a que él murió en los altos de los montes de Gilboa. Pero, es una figura poética que descubre que en la altura de su vida, este príncipe amigable y fiel fue tronchado de vivir.

En el versículo 26 leemos: *"Angustia tengo por ti, hermano mío Jonatán, que me fuiste muy dulce. Más maravilloso me fue tu amor que el amor de las mujeres"*. David encontró en Jonatán un amor ágape, espiritual no un amor eros que solo podía conseguir en las mujeres. El amor de un verdadero amigo nadie lo puede dar.

Leemos en el versículo 27: *"¡Cómo han caído los valientes, Han perecido las armas de guerra!"* Saúl y Jonatán eran como dos "armas de guerra".

En la guerra espiritual, los hombres y mujeres que Dios usa son *"armas de guerra"* en el mundo espiritual. Jonatán era un "arco" de guerra y Saúl era una "espada" de guerra. ¿Qué seremos nosotros, usted y yo? ¿Tanques de guerra? ¿Aviones de guerra? ¿Granadas de guerra? ¿Mísiles de guerra? ¿Fusiles de guerra? ¿Submarinos de guerra?… Nosotros podemos ser armas de guerra que Dios use para infligir daño en el ejército enemigo.

Conclusión

(1) El ungido sabe identificar aquellos líderes que son la gloria de su país. (2) El ungido enseña que los secretos del pueblo de Dios, no deben ser divulgados al mundo. (3) El ungido sabe que tiene autoridad para profetizarle a los montes. (4) El ungido reconoce a los que saben utilizar sus armas de guerra. (5) El ungido aplaude a los que se mantiene unidos hasta el final. (6) El ungido invita a respetar a los líderes caídos. (7) El ungido sabe quienes con su ministerio son ellos mismos "armas de guerra" espiritual.

LA ACEPTACIÓN DEL UNGIDO

"Y vinieron los varones de Judá y ungieron allí a David por rey sobre la casa de Judá" (2 S. 2:4).

Introducción

A la muerte de Saúl, los de Judá en la ciudad de Hebrón ungieron a David como rey de ellos. Pero el nuevo rey confrontaría una guerra civil, por una parte los de *"la casa de Saúl"*, y por otra parte aquella porción que le profesaba lealtad.

El ungido se encontró con un reino dividido. Los ungidos siempre se encontrarán con grandes dificultades en el desarrollo y establecimiento de su ministerio.

Con la muerte de un Saúl, no terminan los problemas para un David. Ahora el ungido tendría que demostrar la autoridad que requería la aceptación de su posición. Los ministerios exigen unción y las posiciones demandan autoridad. Con la unción se revelan los dones y con la autoridad se establecen las posiciones.

I. La consulta

"...David consultó a Jehová..." (2:1).

El ungido se caracteriza porque busca siempre para su vida la dirección divina. No sale a ningún lugar que Dios antes se lo haya confirmado. El ungido no se muda si Dios no le da permiso.

La pregunta del ungido a Jehová fue: *"¿Subiré a alguna de las ciudades de Judá?"* (2:1). La respuesta divina fue: *"Sube"* (2:1). Luego el ungido vuelve a pregunta: *"¿A dónde subiré?"* (2:1). Dios le vuelve a responder: *"A Hebrón"* (2:1).

Para cada interrogación del ungido, Dios le tiene una respuesta. Los ungidos y Dios siempre mantienen un dialogo, conversan mutuamente, se hablan a menudo y buscan estar de acuerdo.

Hebrón era la ciudad de Abraham donde fueron sepultados

los patriarcas Abraham, Isaac, y Jacob, y las matriarcas Sara y Rebeca en la cueva de Macpela. Allí por el recuerdo del pasado, y la memoria de los patriarcas, la fe del ungido se renovaría y se refrescaría. Hebrón es el lugar espiritual donde los ungidos deben subir de vez en cuando. La historia de los pioneros en la fe y su muerte victoriosa debe ser recordada de tiempo en tiempo.

II. La proclamación

"...y ungieron allí a David por rey sobre la casa de Judá..." (2:4).

La casa de Judá fue la primera en ungir o proclamar públicamente que David era su rey. A la muerte de Saúl y Jonatan la nación de Israel se quedó sin rey, inmediatamente la tribu de Judá proclama como tal a David y le hicieron una investidura pública.

"Judá" significa alabanza. Era la tribu que en la conquista de Canaán marchaba a la delantera. La alabanza y la adoración marchan delante de toda guerra espiritual.

Los que son de la alabanza o de Judá, son los primeros en reconocer o identificar a los ungidos de Dios. La alabanza nos permite identificar los propósitos divinos.

En medio de la alabanza o de Judá, se proclaman los ungidos de Dios. David no solo fue reconocido por la tribu de Judá, él era de la tribu de Judá. David fue ungido *"por rey sobre la casa de Judá"*. A partir de ese momento la nación se encontraba en guerra civil. Los de *"la casa de Saúl"* lucharían contra *"la casa de Judá"*. El espíritu y la carne lucharían por el control de la nación. Todavía la carne y el espíritu luchan por el control del cuerpo de los creyentes.

La *"casa de Saúl"* no opera, ni elige en la voluntad de Dios; la *"casa de Judá"* vive sometida a la voluntad de Dios. La *"casa de Judá"* también sería conocida como la *"casa de David"* (3:1). En 2 Samuel 3:1 leemos: *"Hubo larga guerra entre la casa de Saúl y la casa de David, pero David se iba fortaleciendo, y la casa de Saúl se iba debilitando"*.

La guerra entre la carne y el espíritu continúa, pero el espíritu se irá fortaleciendo y la carne se irá debilitando. Si alimentamos más el espíritu que la carne, esta se debilitará; pero si alimentamos más la carne que el espíritu, la carne se pondrá más fuerte.

Espiritualmente las que se identifican con la visión del ungido constituirán, su casa, pero los tradicionalistas, los nostálgicos y los legalistas serán de *"la casa de Saúl"*. No es de extraña que los de afuera descubran a los seguidores del ungido con el nombre de este. A los seguidores de Jesucristo, por vez primera en Antioquía los llamaron *"cristianos"* (Hch. 11:26).

III. La aceptación

"...las de la casa de Judá me han ungido por rey sobre ellos" (2:7).
A David se le notificó: *"Los de Jabes de Galaad son los que sepultaron a Saúl"* (2:4). El ungido siempre recompensará a todos los que han sido de un buen proceder.

Los de Jabes recibieron palabras de encomio y de bendición por el ungido: *"Benditos seáis vosotros de Jehová, que habéis hecho esta misericordia con vuestra Señor con Saúl, dándole sepultura: Ahora, pues, Jehová haga con vosotros misericordia y verdad, y yo también os haré bien por esto que habéis hecho. Ahora, pues Jehová haga con vosotros misericordia y verdad, y yo también os haré bien por esto que habéis hecho. Esfuércense, pues, ahora vuestras manos y sed valientes, pues muerto Saúl vuestro Señor los de la casa de Judá me han ungido por rey sobre ellos"* (2:5-7).

De las palabras expresadas por el ungido podemos formular varias aplicaciones.

Primero, *"benditos seáis vosotros de Jehová"*. El ungido pronuncia palabras de bendición a los que se niegan a sí mismos por ayudar la obra.

Las personas necesitan ser bendecidas. Esos locos de meter miedo, de maldición que producen "esquizofrenia" espiritual no deben tener cabida en nuestros púlpitos.

Muchos predicadores y predicadoras desde los púlpitos sangran por sus heridas. Sus predicas son enfermizas. Sus palabras no transmiten vida. Sus exhortaciones son catarsis emocionales. En lo que acusan a otros se justifican así mismos.

Desde nuestros púlpitos debe salir un rayo de esperanza, una lluvia de refrigerio, una nube de sombra, un techo de refugio, una terapia sanadora… una palabra de bendición.

Segundo, *"Jehová haga con vosotros misericordia y verdad"*. Ese es el buen deseo de David para con los de Jabes. El ungido desea la misericordia y el bienestar de Dios para los que han obrado bien y por iniciativa propia. El corazón del ungido está lleno de amor y de misericordia. En el mismo, el odio y la venganza no encuentran espacio ni lugar para acomodarse.

Tercero, *"esfuércense vuestras manos y sed valientes"*. El ungido siempre anima a otros. Los reta a ser valientes. Los ayuda a tener autoestima. Está siempre poniendo inyecciones motivadoras en otros. El que está cerca del ungido cambia la perspectiva que tiene de la vida. Visualiza un futuro brillante y lleno de éxito.

Cuarto, *"pues muerto Saúl vuestro Señor"*. A pesar de lo malo que Saúl llegó a ser con David, para los de Jabes, era su Señor. Su servicio y fidelidad estaba empeñada con este.

El ungido les recuerda que Saúl ha muerto. Muchos viven sirviendo a visiones muertas a tradiciones muertas, a líderes muertos. En su luto y duelo continuo no dan lugar a lo nuevo lo que ha nacido, la nueva visión. Con la muerte de Saúl murió una visión y con el ungimiento de David nació una visión nueva y fresca.

Quinto, *"las de la casa de Judá me han ungido por rey sobre ellos".* David fue ungido por Dios para ser rey, pero no se hizo rey, espero que lo hicieran rey. Aunque alguien haya sido llamado a un ministerio, no debe ponerse así mismo en él, sino esperar que lo pongan en el ministerio.

Muchos son pastores llamados, pero antes del tiempo de Dios, se han puesto ellos mismos en el pastorado. Otros son evangelistas fracasados, aunque llamados, porque no se han dejado discipular, ni enseñar y en un espíritu de rebeldía se han lanzado a la evangelización.

Esperar el tiempo de Dios es clave para tener éxito en el ministerio. Ningún ministerio será aprobado si los que servimos no nos ungen con su aprobación para el mismo.

Conclusión

(1) El ungido nunca debe moverse a un lugar sin que Dios se lo apruebe. (2) El ungido debe reconocer que con él se construye una visión, que tendrá que enfrentar la oposición dejada por el tradicionalismo. (3) El ungido nunca reclamará su posición, esperará que otros se la reconozcan.

LA PAZ CON EL UNGIDO

> "Así haga Dios a Abner y aun le añada, si como ha
> jurado Jehová a David, no haga yo así con él,
> trasladando el reino de la casa de Saúl, y
> confirmando el trono de David sobre Israel y sobre
> Judá, desde Dan hasta Beerseba" (2 S. 3:9-10).

Introducción

En Mahanaim, (2:8), Abner general del ejército de Saúl, proclamó a Is-boset, hijo de Saúl como rey de la casa de Saúl, que incluía los territorios de Galaad, Gesuri, Jezreel, Efraín, Benjamín y todo Israel (2:9).

Is-boset tenía cuarenta años de edad y reinó sobre la casa de Israel dos años (2:10). Solamente los de la casa de Judá siguieron a David (2:10). La capital de la casa de Judá, fue Hebrón, y desde allí David reinó siete años y cuatro meses (2:11).

En una incursión militar en Gabaón, Abner acompañado con los siervos de Is-boset (2:12), se encontró con el general Joab y los siervos de David (2:13). Allí se enfrentaron en duelo doce de cada casa, y los siervos de David vencieron a los siervos de Saúl (2:14-17). Ese duelo llevó a una reñida batalla que perdió la casa de Saúl.

Joab, Abisai y Asael eran hermanos, hijos de Sarvia la hermana del ungido (2:18). Asael persiguió a Abner, y el segundo los reconoció y le trató de disuadir en su empeño, pero Asael persistió en su propósito (2:20-22). Abner entonces le hirió con el regatón de la lanza por la quinta costilla, dándole muerte (2:23). Por su parte Joab y Abisai continuaron persiguiendo a Abner (2:24). Los de la tribu de Benjamín le hicieron un cerco de protección a Abner (2:25).

Abner le habló a Joab para que detuviera a sus hombres de la persecución (2:26), y Joab tocó el cuerno y los siervos de David no persiguieron más a los siervos de Saúl (2:28).

En esta batalla la casa de Saúl tuvo de baja trescientos benjaminitas (2:31) y la casa de David tuvo veinte bajas incluyendo a Asael (2:30-31). En 2 Samuel 3:1 leemos: *"Hubo larga guerra entre la casa de Saúl y la casa de David, pero David se iba fortaleciendo, y la casa de Saúl se iba debilitando"*.

La lucha entre la visión y la tradición, la visión y lo antiguo, la visión y el conformismo, la visión y el miedo, la visión y lo acostumbrado, la visión y el pasado... será una *"larga guerra"*. Pero la visión se irá fortaleciendo, mientras todo lo contrario se irá debilitando.

En 2 Samuel 3:2-5 se nos da un ligero cuadro de la procreación del ungido. No es de extrañar que en su época, y con una vida de beduino, David se haya casado con seis mujeres. De Ahinoam jezreelita, le nació Amnón, de Abigail de Carmel, le nació Quileab, de Maaca de Gesur; le nació Absalón, de Haguit, le nació Adonías; de Abitai, le nació Sefatías y de Egla, le nació Itream.

El ungido es una persona visionaria. Su visión es fecunda. De su visión nacen proyectos y misiones. Desde luego no podemos confundir la misión con la visión, ni los proyectos con la visión. La visión se desarrolla con la misión, con la visión y de la misión nacen proyectos, ya que estos suplen la necesidades de la misión y la misión actualiza la visión. Pero el ungido tiene que tener cuidado con los muchos proyectos en que se envuelve o lo quieren envolver, que a la larga pueden afectar su propia visión.

I. La causa

"...y dijo Is-boset a Abner: ¿Por qué te has llegado a la concubina de mi padre?" (3:7).

La guerra entre la casa de Saúl y la casa de David acrecentaba, y *"Abner se esforzaba por la casa de Saúl"* (3:6). Los Abner son líderes equivocados, que se esfuerzan en hacer las cosas. Su fidelidad a las tradiciones los lleva a luchar a capa y espada por la mismas. Abner luchaba por una tradición muerta y por un ideal del pasado.

Is-boset atacó verbalmente a Abner acusándole de que se había allegado a Rizpa, hija de Aja, concubina de Saúl (3:7). Las concubinas de un rey muerto pertenecían a su heredero al trono. Al Abner allegarse a Rizpa, Is-boset lo tomó como una pretensión al trono, demostrando con esto su inseguridad personal.

Is-boset al igual que su padre Saúl, era un rey inseguro. Desde luego, su posición ante Dios era ilegítima. Solo David era un rey aprobado por Dios y por ende, legítimo. Los que están en posición por la voluntad de Dios son líderes legítimos, los que están en posición por su propia voluntad o por derechos humanos son líderes espiritualmente ilegítimos.

II. El enojo

"Y se enojó Abner en gran manera…" (3:8).

Con enojo Abner responde a Is-boset defendiéndose de lo que parece ser una difamación y un ataque contra su carácter. Notemos su reacción: *"¿Soy yo cabeza de perro que pertenezca a Judá? Yo he hecho hoy misericordia con la casa de Saúl tu padre, con sus hermanos y con sus amigos, y no te he entregado en mano de David, ¿y tú me haces hoy cargo del pecado de esta mujer?"* (3:8).

La expresión *"cabeza de perro que pertenezca a Judá"*, alude al desprecio que la casa de Saúl sentía por la tribu de Judá. Is-boset trató a Abner con desprecio.

No obstante Abner protegió a Is-boset, a los hermanos de Saúl y a sus amigos. Is-boset llegó a rey porque Abner lo hizo rey. Los que ponen pueden quitar pero cuando Dios pone nadie puede quitar.

Prestemos atención a esta interrogante: *"¿y tú me haces hoy cargo del pecado de esta mujer?"* (2:8). Hay que leer entre líneas lo que Abner desea decir: *"No me acuses de haber pecado con esta mujer."* Sin vergüenza puede defender su integridad.

III. La decisión

"…si como ha jurado Jehová con David, no haga yo así con él" (3:9).

En ese momento la separación entre Abner e Is-boset tomó lugar. En sus palabras hirientes, malagradecidas y salpicadas de miedo Is-boset descubrió la deformación de su carácter ante Abner.

Primero, *"Así haga Dios a Abner y aun le añada"*. Abner comienza a ver todo espiritualmente. Sabe que tiene que moverse al lado de Dios si quiere ganar. Desea ver a Dios actuando en su vida. Empieza confesando la bendición sobre sí.

Segundo, *"si como ha jurado Jehová a David"*. Ahora entiende la palabra dicha por Jehová. Tiene una revelación de quién es el verdadero rey. Pudo distinguir entre posición por favoritismo y posición por ungimiento divino. Dios no alteraría su plan con David. Abner no quiere luchar contra Dios, rechazando y peleando contra el ungido.

Tercero, *"no haga yo así con él"*. Esto es una transición espiritual.

Es dejar la carne y moverse al espíritu. Es renunciar a la casa de Saúl y pasarse a la casa de David.

Cuarto, *"trasladando el reino de la casa de Saúl, y confirmando el trono de David sobre Israel y sobre Judá, desde dan a Beerseba"* (3:10). Abner profetiza la reunión de ambos reinos de ambas casas y señala sus límites geográficos. La casa de Saúl acababa de perder a un gran general, que retiraría sus tropas y las pondría al servicio del ungido. Aun hablando así al rey Is-boset, Abner muestra que era temerario, valiente y atrevido. Su convicción la pone por encima de su seguridad personal.

IV. El pacto

"...Haz pacto conmigo..." (3:12).

Mediante mensajeros Abner le comunica al ungido su reconocimiento y su intención de paz. Le envío a decir: *"¿De quién es la tierra?...Haz pacto conmigo, y he aquí que mi mano estará contigo para volver a ti todo Israel"* (3:12).

El ungido contesta: *"Bien; haré pacto contigo, mas una cosa te pido: No me vengas a ver sin que primero traigas a Mical la hija de Saúl, cuando vengas a verme"* (3:13).

La presencia de Mical era importante para el ungido: (1) Saúl se la prometió como recompensa al este derrotar a Goliat. (2) Saúl le puso un precio por ella de cien prepucios filisteos y este se los trajo. (3) Mical era una princesa israelita, y al David reclamarla como su esposa le daba credibilidad social al trono. (4) Mical sería una señal de seriedad del pacto entre Abner y David.

David procedió entonces a enviar mensajeros a Is-boset diciendo: *"Restitúyeme mi mujer Mical, la cual desposé conmigo por cien prepucios de filisteos"* (3:14).

El ungido reclama lo que le pertenece. A Is-boset no le quedó otro remedio que quitarla Mical a su marido Paltiel, y devolvérsela al ungido (3:15). Su marido la lloró y la acompaño hasta Bahurim. Allí Abner le dijo: *"Anda vuélvete"* (3:16). Él se tuvo que regresar. Abner le cumplió lo prometido al ungido.

Por medio del pacto al ungido se le hace restitución. Lo que era suyo le tiene que ser devuelto. En el nuevo pacto con Cristo Jesús, todo lo que Dios dispuso para el ser humano le fue y le será devuelto y restituido.

Luego Abner emprendió una campaña a favor de David con los ancianos de Israel diciendo: *"Hace ya tiempo procurabais que David fuese rey sobre vosotros. Ahora, pues, hacedlo porque Jehová ha hallado a David, diciendo: Por la mano de mi siervo David libraré a mi pueblo Israel de mano de los filisteos, y de mano de todos sus enemigos"* (3:17, 18).

La idea de que David fuese rey de Israel gozaba ya de tiempo, la simpatía de los ancianos. Abner citó una profecía que señalaba la visión y la misión del ungido.

Luego Abner fue a los de Benjamín y los convenció sobre el reinado de David (3:19). Posteriormente en Hebrón trató diplomáticamente a David y le habló de lo que esperaba Israel y Benjamín (3:19). En Hebrón David le hizo banquete a Abner y a los veinte hombres o delegados que le acompañaron (3:20).

La historia termina con estas palabras de Abner: *"Yo me levantaré e iré, y juntaré a mi señor el rey a todo Israel, para que hagan contigo pacto, y tú reines como lo desea tu corazón..."* (3:21).

Conclusión

(1) Los Abner son líderes fieles pero equivocados que se esfuerzan en apoyar y defender las tradiciones. (2) Los Abner son líderes que cuando son maltratados por sus superiores malagradecidos, reaccionan por su integridad personal. (3) Los Abner son líderes que cuando entienden que están contra Dios en su celo equivocado dan la vuelta y se asocian con el plan de Dios. (4) Los Abner reconocen a la verdadera autoridad espiritual en el ungido, y si tienen que restituirle algo como demostración de su pacto lo harán.

EL DAÑO AL UNGIDO

"Y saliendo Joab de la presencia de David, envío mensajeros tras Abner, los cuales le hicieron volver desde el pozo de Sira, sin que David lo supiera.

Y cuando Abner volvió a Hebrón, Joab lo llevó aparte en medio de la puerta para hablar con él en secreto; y allí en venganza de la muerte de Asael su hermano, le hirió por la quinta costilla, y murió.

Cuando David supo después esto, dijo: Inocente soy yo y mi reino, delante de Jehová, para siempre, de la sangre de Abner hijo de Ner" (2 S. 3:26-28).

Introducción

El ungido tiene que cuidarse de que los "escuderos", líderes fieles y con su visión; desarrollen alguna raíz de amargura, acompañada por un deseo de venganza que venga a interponerse a su visión. Esto porque alguien con el espíritu vengativo de Joab quiera dar muerte a algún Abner.

Ya Abner había rendido todo su corazón ante David. Se rindió a la visión y al ungido (3:21). Muchos aceptan la visión pero resisten al ungido, otros aceptan al ungido, pero resisten la visión. La unción y la visión siempre andan de la mano.

Con las promesas de Abner de unir al pueblo, de hacer pacto y de aceptar el reinado del ungido, todo ya estaba casi "planchado" (3:21). Pero un Joab "estrujaría" todo por su inmadurez, sentimentalismo e irracionalismo.

Durante todo este operativo diplomático entre David y el comandante Abner, Joab con los siervos de David, estaban en incursiones militares en el campo (3:22).

Leemos: "...Mas Abner no estaba con David en Hebrón, pues ya lo había despedido, y él se había ido en paz" (3:22).

Primero, *"pues ya lo había despedido"*. El ungido trató a Abner con todos los honores merecidos por un alto oficial, que por voluntad propia se constituyo en su aliado. Como tal lo despidió.

Segundo, *"y él se había ido en paz"*. Un tratado de paz se consolidó en *"la cumbre de Hebrón"*. David, aunque guerrero contra sus enemigos, era un hombre de paz con los que querían la paz.

I. El regaño al ungido

"Entonces Joab vino al rey, y le dijo: ¿Qué has hecho? He aquí Abner vino a ti; ¿por qué pues, le dejaste que se fuese?" (3:24).

De manos del enemigo, Joab y su ejército, tomaron un gran botín (3:22-23). A su regreso Joab fue informado: *"Abner hijo de Ner ha venido al rey, y él le ha despedido, y se fue en paz"* (3:23). Notemos la redundancia al final de 3:22 y 3:23, indicándose así el logro diplomático del ungido.

Inmediatamente llegó hasta el ungido y lo bombardeó con interrogantes y declaraciones. Se olvidó quién era la verdadera autoridad espiritual, y confundió su posición de poder con la posición de autoridad del ungido.

Primero: *"¿Qué has hecho? He aquí Abner vino a ti; ¿por qué, pues, le dejaste que se fuese?"* (3:24). Joab actúa como un verdadero entrometido. Estaba metiendo sus narices donde no le correspondía. Notemos con la arrogancia, que se pone a jugar al detective contra el ungido. Los ungidos o las ungidas muchas veces tomarán decisiones o harán cosas, que no le incumbirán a nadie.

"He aquí Abner vino a ti". En otras palabras: "David, no me niegues que ya te reuniste con Abner, porque me enteré de esa reunión". Le habló muy sarcásticamente, faltándole el respeto al ungido. Los ungidos tienen que ser respetados. *"¿Por qué, pues, le dejaste que se fuese?"* Ahora, Joab, regaña al ungido, acusándolo de ser flojo de carácter.

Segundo: *"Tú conoces a Abner hijo de Ner. No ha venido sino para engañarte, y para enterarse de tu salida y de tu entrada, y para saber todo lo que haces"* (3:25).

Joab juzgó el corazón de Abner, *"no ha venido sino para engañarte"*. El espíritu de venganza de Joab contra Abner, no le permitió discernir la sinceridad de su corazón. Un corazón lleno de venganza, solo pensará mal de otros.

Joab exageró la actitud de Abner, *"y para enterarse de tu salida y de tu entrada, y para saber todo lo que haces"*. Para Joab, Abner era un espía, su visita al ungido no era sincera. El único que no era sincero era el mismo Joab.

II. La muerte de Abner

"Y cuando Abner volvía a Hebrón, Joab lo llevó aparte en medio de la puerta para hablar con él en secreto; y allí, en venganza de la muerte de Asael su hermano, le hirió por la quinta costilla, y murió" (3:27).

Joab, a escondidas de David, mediante mensajeros hizo volver a Abner a la ciudad de Hebrón (3:26). Hebrón era una de las seis ciudades de refugio, separadas contra todo acto de venganza (Nm. 35:22-25; Jos. 21:13); por lo tanto, Abner aceptó sin temor la invitación a esta ciudad que le garantizaba seguridad.

Allí en Hebrón, Joab llamó a Abner aparte bajo excusa de hablarle secretamente, y en medio de la conversación, premeditadamente lo hirió de muerte por la quinta costilla, así como este había matado a Asael (2:23). El espíritu vengativo busca repetir en otros el mismo daño que se ha recibido. La venganza busca siempre cobrar lo que se le ha cobrado.

El ungido tiene que cuidarse de los que tienen espíritu de venganza y son sus asociados.

III. La maldición del ungido

"Caiga sobre la cabeza de Joab, y sobre toda la casa de su padre; que nunca falte de la casa de Joab quien padezca flujo, ni leproso, ni quien ande con báculo, ni quien muera a espada, ni quien tenga falta de pan" (3:29).

Joab con su acción puso en serios problemas al ungido. Para las tribus del norte, la casa de Saúl, esto podría significar un desafío abierto de guerra. El ungido estaba comprometido por el prejuicio de su subalterno Joab.

Leemos: *"Cuando David supo después esto, dijo: Inocente soy yo y mi reino, delante de Jehová, para siempre de la sangre de Abner hijo de Ner"* (3:28). El ungido proclamó su inocencia. En su reunión de prensa se declaró sin participación de este acto cobarde, y también exoneró a su reino de Judá o su casa de David. Públicamente señaló al culpable, llamándolo por su nombre Joab y le deseó todo el mal a sus descendientes según la costumbre de sus días (3:29).

El autor o compilador de Segundo Samuel hace una inserción histórica diciendo: *"Joab, pues, y Abisai su hermano, mataron a Abner, porque él había dado muerte a Asael hermano de ellos en la batalla de Gabaón"* (3:30). Los tres eran sobrinos de David, hijos de su hermana Sarvia (cp. 2 S. 23:18, 24).

Habrán momentos cuando los ungidos a causa de la visión,

tendrán que desasociarse públicamente de aquellos Joab, que por su falta de sabiduría matan a los que pueden contribuir a la visión.

IV. El luto del ungido

"Entonces dijo David a Joab, y a todo el pueblo que con él estaba. Rasgad vuestros vestidos, y ceñíos de cilicio, y haced duelo delante de Abner. Y el rey David iba detrás del féretro" (3:31).

Los versículos 31 al 39 presentan el duelo de David por Abner. El ungido ordenó a Joab, el asesino, y a todo el pueblo de que mostraran duelo público por Abner.

Leemos: *"Y el rey David iba detrás del féretro"* (3:31). A Abner se le dio un funeral oficial, de un alto dignatario gubernamental, en contraste con su asesinato político perpetrado por Joab. En Hebrón a Abner se le dio un entierro nacional, donde David lo lloró, al igual que todo el pueblo (3:32).

En su endecha el ungido en alta voz y con lloró dijo: *"¿Había de morir Abner como muere un villano? Tus manos no estaban atadas, ni tus pies ligados con grillos, caíste como los que caen delante de malos hombres"* (3:33, 34). Abner no murió como un hombre malo, ni un hombre prisionero, murió a mano de hombres malos cómo Joab y Abisai.

Luego David se abstuvo de comer todo el día (3:35). Leemos: *"Todo el pueblo supo esto, y le agradó; pues todo lo que el rey hacía agradaba a todo el pueblo"* (3:36). Todo lo que hace un verdadero ungido debe agradar a "todo" el pueblo. Lamentablemente, no todo lo que hace el ungido agrada "a todo el pueblo".

El ungido logró su objetivo: *"Y todo el pueblo y todo Israel entendió aquel día, que no había procedido del rey el matar a Abner hijo de Ner"* (3:37). La expresión *"y todo el pueblo"* se refiere a la casa de David, *"y todo Israel"* a la casa de Saúl. Dios reveló la inocencia del ungido a Israel.

A sus siervos el ungido le declaró: *"¿No sabéis que un príncipe y grande ha caído hoy en Israel?"* (3:38). Esta fue su proclama y citación oficial en memoria de Abner.

El relato termina con lo dicho por David a sus siervos: *"Y yo soy débil hoy, aunque ungido rey; y estos hombres, los hijos de Sarvia son muy duros para mí; Jehová dé el pago al que mal hace, conforme a su maldad"* (3:39).

Los ungidos también tienen debilidades presentes y tienen subalternos que le son duros, son aguijones y lo único que pueden hacer es entregarlos en las manos de Dios.

Conclusión

(1) El ungido tiene que manejarse cuidadosamente con aquellos líderes bajo sus órdenes, que de tiempo en tiempo confunden su posición de poder con la posición de autoridad del ungido. (2) El ungido se cuidará de líderes como Joab, que por un espíritu vengativo hacen daño a la visión. (3) El ungido si es necesario señalará públicamente el pecado de algún subalterno que lo pueda comprometer. (4) El ungido buscará de nunca defraudar a su pueblo.

LA PROCLAMACIÓN DEL UNGIDO

"Vinieron, pues, todos los ancianos de Israel
al rey en Hebrón, y el rey David hizo pacto con ellos
en Hebrón delante de Jehová; y ungieron a David por
rey sobre Israel" (2 S. 5:3).

Introducción

Este pasaje de 2 Samuel 5:1-3 se repite en 1 Crónicas 11:1-3. En el mismo se presenta la proclamación del ungido, es decir, David, como rey de Israel (5:3).

En 2 Samuel 2:4 leemos: *"Y vinieron los varones de Judá y ungieron allí a David por rey sobre la casa de Judá"*. Como el ungido de Judá, la tribu del sur, de la cual David procedía y era hijo geográfico, este reinó *"siete años y seis meses"* (5:5).

En Hebrón las tribus de Israel, del norte, que con Abner había pactado con David, incluyéndose también la tribu de Benjamín (2 S. 3:17-21), proclamaron y ungieron como rey único a David (5:3).

La *"casa de David"* que consistía de la tribu de Judá, tuvo por capital a Hebrón (5:5), y la *"casa de Saúl"* que eran las otras tribus de Israel, ahora también *"casa de David"*, tuvieron a Jerusalén como la capital del ungido *"treinta y tres años"* (5:5).

Con anterioridad se leía: *"Hubo larga guerra entre la casa de Saúl y la casa de David; pero David se iba fortaleciendo, y la casa de Saúl se iba debilitando"* (2 S. 3:1). También leímos: *"Como había guerra entre la casa de Saúl y la de David aconteció que Abner se esforzaba por la casa de Saúl"* (2 S. 3:6). El ungido reinó cuarenta años y seis meses. El número *"cuarenta"* es representativo del trato de Dios con el ser humano.

Así como la *"casa de Saúl"* tuvo que pactar con la *"casa de David"*, teniendo al ungido como el rey legítimo; la carne también tendrá que dejar que sea el espíritu el que reine en la vida del creyente.

Is-boset, hijo de Saúl, reclamó el reino de Israel, pero era un aspirante a rey ilegitimo. Su maltrato a Abner, quien le protegía en su posición, le quitó la fidelidad a este (2 S. 3:6-12), y se la transfirió a David. Después de la muerte de Abner, Is-boset fue asesinado por dos de sus capitanes llamados Baana y Recab (2 S. 4:5-7).

Al amalecita que se atribuyó la muerte de Saúl, el ungido ordenó darle muerte (2 S. 2:13-16). A Baana y Recab que buscaban ganarse el favor del ungido, haciendo reclamos de este homicidio, este los mandó a matar (2 S. 4:12).

El ungido siempre se cuidará de los que le hayan sido infieles a cualquier autoridad, y que por beneficio propio se hayan prestado o se presten para dar "muerte" a algún superior.

I. El reconocimiento

"Vinieron todos las tribus de Israel a David en Hebrón y hablaron, diciendo: Henos aquí, hueso tuyo y carne tuya somos" (5:2).

Llegará el día cuando los que rechazan la revelación del ungido, tendrán que reconocer su llamado y posición. Antes del ungido ser aceptado y reconocido por las tribus de Israel y de Benjamín, tuvieron que pasar *"siete años y seis meses"*. El *"siete"* es número de Dios y habla de perfecta voluntad, de reposo, de comienzo.

Esa expresión: *"Henos aquí, hueso tuyo y carne tuya somos"*. Nos invita a pensar en dos cosas:

Primero, en *la presentación*, *"henos aquí"*. Son ellos quienes tienen que venir al ungido, y rendir sus voluntades. El ungido no tuvo que buscar por ellos, estos buscaron al ungido.

Segundo, en *la aceptación*, *"hueso tuyo y carne tuya somos"*. Ya no veían al ungido como alguien "raro", un "extraño", ahora se identifican con él. Esa expresión *"hueso tuyo y carne tuya"* o *"hueso mío y carne mía"* (2 S. 19:13); es un hebraísmo que implica inclusivismo y participación. Son ellos los que aceptan al ungido y se le unen. La verdadera unidad no es que otros se nos unan, sino nosotros unirnos a otros. Por causa de la *unción* y la *visión* que descansa en el *ungido,* hay que buscar la unidad con él. Hay que allegarse al ungido y buscarlo ofreciéndole todo.

II. El recordatorio

"Y aun antes de ahora, cuando Saúl reinaba sobre nosotros, eras tú quien sacabas a Israel a la guerra, y lo volvías a traer" (5:2).

El tiempo de la cosecha le había llegado al ungido en el

presente, porque había sembrado en el pasado. En el ministerio hay un tiempo de siembra y otro tiempo de cosecha. Si la siembra es buena, abundante, en buen terreno, la cosecha será buena y abundante.

Las tribus recordaban que el ungido era el que los dirigía en las batallas, y que con él salían y regresaban. Andar con los ungidos es andar asegurados. El éxito y las victorias de los ungidos, son también de los que los acompañan. Lamentablemente, muchos nunca se recuerdan de las buenas acciones pasadas del ungido. De las victorias que a su lado y bajo su liderazgo tuvieron.

III. La profecía

"Además Jehová te ha dicho: Tú apacentarás a mi pueblo Israel, y tú serás príncipe sobre Israel" (5:2).

Dios ya le había hablado al ungido, le había dicho que dirigiría a su pueblo:

Primero, *"tú apacentarás a mi pueblo Israel"*. Esa expresión *"apacentarás"* (Reina-Valera) se lee *"pastorearás"* (Biblia de las Américas). Dios le dio al ungido corazón de pastor. Sin un corazón de pastor, el ungido difícilmente podrá servir a los que Dios le encarga dirigir.

Segundo, *"y tú serás príncipe sobre Israel"*. A sus ungidos Dios le da principados. Las realidades de las cosas espirituales y celestiales se descubren en las maternales y terrenales. En el mundo espiritual hay principados puestos por Dios, principados puestos por Satanás, y príncipes, hombres o mujeres que Dios designa sobre su obra.

Ese *"tú serás príncipe"*, es un mensaje de realeza de autoestima, de valorización y de identidad espiritual. Los ungidos y las ungidas tienen que verse así mismos como príncipes puestos por Dios.

IV. La aceptación

"…y ungieron a David por rey sobre Israel" (5:3).

Aunque David fue ungido con el cuerno de aceite por el profeta Samuel, temiendo a su padre y hermanos por testigos (1 S. 16:13); luego fue ungido por los varones de Judá (2 S. 2:4) como rey; todavía le faltaba ser ungido como rey de todos las tribus y se cumplió.

Al ungido, primero, Dios le entrega la familia; segundo, Dios le entrega su comunidad o barrio, tercero, Dios le entrega su nación. Esa ceremonia de ungimiento lo que hacia era confirmar la unción y la visión que ya Dios le había dado al ungido.

El ungimiento de David por Samuel fue privado; el de la tribu de Judá fue aislado; el de todo Israel fue de conocimiento público. Como ha dicho el pastor Nicolás Augustia, el ungido es "un patrimonio nacional", le pertenece a todos y es de todos. Los ungidos no son propiedad exclusiva de ningún grupo, son de todos.

Conclusión

(1) Al ungido hay que buscarlo y aceptarlo. (2) Las actuaciones pasadas del ungido nunca se deben olvidar. (3) El ungido nunca debe olvidar lo que Dios le ha profetizado. (4) Al ungido le llegará el día cuando todos lo reconocerán y lo proclamarán.

LA BURLA DEL UNGIDO

"Entonces marchó el rey con sus hombres a
Jerusalén contra los jebuseos que moraban en
aquella tierra; los cuales hablaron a David, diciendo:
Tú no entrarás acá, pues aun los ciegos y los cojos
echarán (queriendo decir: David no puede entrar acá).
Pero David tomó la fortaleza de Sion, la cual es la
ciudad de David. Y dijo David aquel día: Todo el
que hiera a los jebuseos, suba por el canal y hiera a
los cojos y ciegos aborrecidos del alma de David.
Por esto se dijo: Ciego ni cojo no entrará en la casa"
(2 S. 5:6-8).

Introducción

Los versículos 6 al 10 del capítulo 5 de Segundo Samuel presentan un cuadro de la conquista de Jerusalén por parte del ungido. Los jebuseos tenían en Sión su fortaleza militar, la cual parecía impenetrable pero el ungido y sus hombres penetraron a la misma por el túnel de agua, llegando a ser reconocida como *"la Ciudad de David"* (5:9) y *"Jerusalén"* (tierra de paz) (5:6).

Los ungidos son creyentes que toman las fortalezas del enemigo en el sentido espiritual. En la ciudad de Sión, los jebuseos tenían su fortaleza de contención en lo natural, pero en lo espiritual allí había una fortaleza de dominio y gobierno espiritual. Por medio del ungido Dios establece allí un principado espiritual en lo sobrenatural con él.

Los jebuseos con irónica burla le expresaron al ungido que este no podría entrar a su ciudadela, pero no sabían que le sería entregada a él por Dios y para su gloria.

I. La burla

"...Tú no entrarás acá, pues aun los ciegos y los cojos te ancharán (queriendo decir David no puede entrar acá)" (5:6).

Los jebuseos tratan de intimidar condicionar y desanimar al ungido. Le expresan un mensaje derrotista y pesimista. Buscaban enfocarlo en los imposibles, más que en las posibilidades. En asaltarle su fe con el enemigo de la duda.

Los ungidos son creyentes de marcha: *"marchó el rey con sus hombres a Jerusalén contra los jebuseos..."* (5:6). Muchos ungidos marchando espiritualmente han tomado fortalezas enemigos. Pero estas marchas deben ser iniciados por Dios mismo.

Los jebuseos sarcásticamente decían: *"Tú no entraras acá pues aun los ciegos y los cojos te echarán"* (queriendo decir: *David no puede entrar acá*) (5:6). Notemos su lenguaje de desprecio. O sea: *"Tú que ves, los ciegos podrán más que tú. Tú que andas, los cojos podrán más que tú"*.

La táctica del enemigo es buscar producir en los ungidos un complejo de inferioridad. Es de que desarrollen un actitud de impotencia mental de parálisis emocional y de dañarle su voluntad con la inseguridad.

II. La repuesta

"Y dijo David aquel día: Todo el que hiera a los jebuseos, suba por el canal y hiera a los cojos y ciegos aborrecidos del alma de David. Por esto se dijo: Ciego ni cojo no entrará en la casa" (5:8).

El ungido ya tenía el plan y la estrategia para la conquista de la fortaleza enemiga. A pesar de su seguridad y posición, el ungido descubre que aquel canal de suministro de agua, posiblemente el de Siloé, sería el canal de la conquista.

Por el mismo sus tropas se introdujeron y asaltaron sorpresivamente a los jebuseos. El ungido ordenó a sus tropas que hirieran *"a los cojos y ciegos aborrecidos del alma de David"*.

El ungido habló con fe, con aplomo y muy seguro de su victoria. Su lenguaje fue positivo, entusiasta y lleno de seguridad. La opinión de otros, no afectaba la opinión de sí mismo.

Además, el ungido establece una tradición que recordaría este suceso: *"Ciego ni cojo no entrará en la casa"*. El cojo que ponían a la puerta del templo llamada la Hermosa (Hch. 3:2); nos recuerda de la prohibición del ungido.

Muchos por su falta de visión espiritual y por no andar en la visión espiritual, también serán excluidos de la bendición espiritual. El que aborrece al *ungido visionario*, aborrece su *unción y visión;* la unción no se puede separar del ungido, ni la visión del visionario. Así como Moisés no se puede separar del Decálogo, ni Pablo de los epístolas.

III. La seguridad

"Y David moró en la fortaleza, y le puso por nombre Ciudad de David, y edificó alrededor desde Milo hacia adentro" (5:9).

El problema grave y serio de muchos es que toman fortalezas enemigas, pero no las ocupan. Hacen retroceder al enemigo pero no levantan cuarteles de contención. Tomar territorio espiritual sin ocuparlo, es perderlo posteriormente al enemigo. Evangelizar sin discipular es hacer la "gran omisión" con la "Gran Comisión".

Leemos: *"Y David moró en la fortaleza"*. La tomó y la ocupó. Ministrar sin el seguimiento de la consejería, es dejar a la persona expuesta.

Leemos: *"y le puso por nombre la Ciudad de David"*. La reclamó como posesión suya. En el mundo espiritual lo que le quitamos al diablo lo reclamamos como nuestro. Esos territorios espirituales hay que anexarlos al territorio del reino de Dios.

Leemos: *"y edificó alrededor desde Milo hacia adentro"*. La *Biblia de las Américas* lee: *"Y edificó David la muralla en derredor desde Milo hacia adentro"*.

Los ungidos saben edificar murallas alrededor de lo que han tomado. Establecen muros de protección alrededor de lo que tienen. Así como los ungidos le arrebatan al enemigo, este también quiere recuperar lo que tenía. Por esto las defensas serán más fuertes.

IV. El progreso

"Y David iba adelantando y engrandeciéndose, y Jehová Dios de los ejércitos estaba con él" (5:10).

Primero, *"y David iba adelantando"*. El ungido no se retrasa se adelanta. No se detiene se extiende. Su visión siempre lo adelanta. Se mueve al progreso. No es una laguna de aguas estancadas, es un río caudaloso que arrastra oportunidades y lleva bendiciones a otros.

Segundo, *"y engrandeciéndose"*. Dios lo hacia grande. En 2 Samuel 3:2 se dice también: *"pero David se iba fortaleciendo"*. El mundo da una grandeza distorsionada, Dios da una grandeza integrada. En Él se crece en todas las dimensiones.

Tercero, *"y Jehová Dios de los ejércitos estaba con él"*. Ese era el gran secreto del ungido; su comunión continua con el Dios del cielo. Para los hebreos su Dios era un Dios de guerra, que se interesaba en la seguridad y protección de su pueblo Israel. En nuestra guerra contra los espíritus de las tinieblas, Jesucristo es General en Jefe del ejército de la luz.

Conclusión

(1) El ungido no permitirá que sus enemigos lo desanimen. (2) El ungido será una persona de estrategia y de fe. (3) El ungido une la liberación con la ocupación. (4) El ungido progresa por causa de su relación con Dios.

EL TRIUNFO DEL UNGIDO

"Entonces consultó David a Jehová, diciendo: ¿Iré contra los filisteos? ¿Los entregarás en mi mano? Y Jehová respondió a David: Ve, porque ciertamente entregaré a los filisteos en tu mano. Y vino David a Baal-perazim, y allí los venció David, y dijo: Quebrantó Jehová a mis enemigos delante de mí, como corriente impetuosa. Por esto llamó el nombre de aquel lugar Baal-perazim" (2 S. 5:19-21).

Introducción

Una vez que David fue ungido como rey, los filisteos decidieron buscarlo con fines destructivos, pero se refugió en la fortaleza (5:17). En dos ocasiones diferentes el ungido consultó a Jehová si debía atacar o no a los filisteos, y Dios le dio el permiso para hacerlo (5:19, 22-23).

La primera vez la voluntad divina para él, era de subir (5:19); la segunda vez fue de no subir (5:23). El ungido tiene que saber cuando moverse en lo que Dios dice y cuando esperar en lo que Dios dice.

I. El peligro

"Oyendo los filisteos que David había sido ungido por rey sobre Israel, subieron todos los filisteos para buscar a David..." (5:17).

Las pruebas al ungido nunca se le terminarán. Después de una gran bendición, puede venir una gran tribulación. A los filisteos le llegó la noticia del ungimiento de David, y esta no fue de su agrado, se unieron y decidieron subir a buscar a David.

Los enemigos del ungido siempre lo estarán buscando, él ofrece peligro para su estabilidad. El que había dejado la baba correr por su barba delante del rey Aquis (1 S. 21:10-15), que por un tiempo moró con Aquis (1 S. 27:2-3), ahora se constituye en una amenaza política y militar. Ya no son soldados mercenarios que tiene con él, sino un ejército debidamente organizado y entrenado. El ungido es la autoridad de todo Israel, tiene poder de convocatoria colectiva y es un *administrador* excelente en todo su reino.

Ya David no era un ungido en potencia, sino un ungido en manifestación. Era el hombre fuerte de Dios y en todo tiempo Dios tiene hombres y mujeres fuertes en contraposición de los hombres y mujeres fuertes comisionados por los principados de maldad.

Dios puso a David en autoridad contra los filisteos y tenía poder sobre estos. Ellos los sabían y por eso le declaran la guerra. Los ungidos no solo tienen autoridad son autoridad de Dios en la realización de los propósitos divinos. Tienen que tener cuatro ojos velando a los que los andan buscando. Los ungidos son los "Más buscados" por el reino de las tinieblas.

Leemos: *"y cuando David lo oyó, descendió a la fortaleza".* Esta representa un lugar de refugio y protección. Los ungidos tienen fortalezas espirituales para resistir los ataques del enemigo. En algún lugar el ungido tendrá una fortaleza. Pero su mayor fortaleza está en Dios: *"Jehová es mi luz y mi salvación; ¿de quién temeré? Jehová es la fortaleza de mi vida; ¿de quién he de atemorizarme?"* (Sal. 27:1).

II. La victoria

"Y vino David a Baal-perazim, y allí los venció David, y dijo: Quebrantó Jehová a mis enemigos delante de mí, como corriente impetuosa. Por esto llamó el nombre de aquel lugar Baal-perazim" (5:20).

A pesar de su experiencia militar y de tener un ejército adiestrado y organizado, el ungido no emprendía ninguna maniobra militar sin antes consultar a su *General en Jefe,* Jehová de los ejércitos. El ejército de Israel no era espiritualmente hablando el ejército de David, sino el de Dios.

La palabra profética para el ungido fue: *"Ve, porque ciertamente entregaré a los filisteos en tu mano"* (5:19). Los ungidos aprenden a moverse en la palabra profética de Dios; y por eso tendrán sus oídos abiertos para escucharla.

Aquel lugar donde Dios entregó a los filisteos, el ungido le llamó *"Baal-perazim"* que significa "Quebranto" (5:20). Allí el ungido compuso un verso recordatorio: *"Quebrantó Jehová a mis enemigos, delante de mí como corriente impetuosa"*. Las victorias que Dios nos da deben ser recordadas y declaradas.

Leemos: *"Y dejaron allí sus ídolos, y David y sus hombres los quemaron"* (5:21). Notemos que detrás de esa guerra convencional y natural, había otra guerra espiritual. Los ídolos que representaban los dioses filisteos, se quedaron en el campo de batalla y el ungido con sus hombres *"los quemaron"*, como símbolo de su derrota por el Dios de Israel.

De nuevo los filisteos volvieron a la carga. El ungido consultó a Dios. Este le declaró palabra profética: *"No subas, sino rodéalos, y vendrás a ellos enfrente de las balsameras. Y cuando oigas ruido como de marcha por las copas de las balsameras, entonces te moverás, porque Jehová saldrá delante de ti a herir el campamento de los filisteos"* (5:23-24).

Muchas veces Dios ordena subir y otras veces ordena de no subir. La revelación divina no está programada. Por eso los ungidos no son personas de programas, aunque respetan los programas. Dios es arbitrario y Él hace como le plazca.

El ungido siguió al pie de la letra lás instrucciones recibidas del cielo hizo exactamente como Dios le dijo y Dios hizo lo que le dijo. Leemos: *"Y David lo hizo así, como Jehová se lo había mandado, e hirió a los filisteos desde Geba hasta llegar a Gezer"* (5:25).

En el pasaje paralelo de 1 Crónicas 14:8-17, se nos declara: *"sal luego a la batalla, porque Dios saldrá delante de ti y herirá al ejército de los filisteos"* (cp. 2 S. 5:24). Con Dios delante, el ungido vencerá siempre a sus enemigos.

El relato de 1 Crónicas 14:17, presenta esta conclusión: *"Y la fama de David fue divulgada por todas aquellas tierras, y Jehová puso el temor de David sobre todas las naciones"*. El ungido, por causa de la unción, se hace una figura temería y su nombre es conocido por muchos. A los ungidos Dios le entrega y los pone en autoridad sobre naciones.

Conclusión

(1) Las bendiciones del ungido muchas veces son seguidas de grandes pruebas. (2) La experiencia del ungido es secundaria a la palabra profética en la guerra espiritual.

LA ALEGRÍA DEL UNGIDO

"Fue dado aviso al rey David, diciendo: Jehová ha bendecido la casa de Obed-edom y todo lo que tiene, a causa del arca de Dios. Entonces David fue, y llevo con alegría el arca de Dios de casa de Obed-edom a la ciudad de David. Y cuando los que llevaban el arca de Dios habían andado seis pasos, el sacrificio un buey y un carnero engordado. Y David danzaba con toda su fuerza delante de Jehová; y estaba David vestido con un efod de lino" (2 S. 6:12-14).

Introducción

El ungido con treinta mil escogidos (6:1), decidió trasladar el arca de Jehová de Baala de Judá a Jerusalén (6:2). Para los hebreos, el arca era símbolo de la presencia de Jehová.

En un carro nuevo, el arca fue llevada a la casa de Abinadab, un sacerdote, siendo guiado el carro por Uza y Ahío, uno detrás y el otro delante (6:4).

En el desfile David y el pueblo celebraban con alegría la transportación del arca (6:6). La presencia de Dios era motivo de regocijo espiritual. En la era de Nacón, los bueyes tropezaban y el arca parecía que se iba a caer. Uza la trató de sostener y Dios se disgusto con él y lo castigó con la muerte (6:6-7). Uza se había entrometido en los negocios de Dios, queriendo proteger lo que Dios por sí mismo podía cuidar (6:7).

Este juicio divino entristeció al ungido, y aquel lugar se nombró *"Pérez-uza" ("el quebrantamiento de Uza")*, (6:8). Pero produjo temor reverente en el ungido hacia Jehová (6:9). El arca fue llevada donde Obed-edom, y él y toda su casa fueron bendecidos (6:10-11) los tres meses que estuvo allí.

Al saberlo el ungido, con alegría hizo llevar el arca a Jerusalén, su ciudad (6:12). La diferencia es que ahora la llevó con sacrificio, a los seis pasos, sacrificó un buey y un carnero (6:13). El ungido con vestido de lino fino (*"la justicia de los santos"*) danzaba delante de Jehová con toda su fuerza (6:14). El pueblo celebraba jubilosamente (6:15).

El arca fue depositada en un tabernáculo que el ungido mandó a levantarle y allí se hicieron sacrificios (6:17) y luego el pueblo participó de pan, carne y pasas (6:19).

Mical la esposa del ungido, en una actitud carnal critico a este, pero este le respondió con autoridad espiritual (6:21-22). A esta le vino la maldición de la esterilidad (6:23).

I. La transportación del arca

"Pusieron el arca sobre un carro nuevo, y la llevaron de la casa de Abinadad, que estaba en el collado; y Uza y Ahío, hijos de Abinadad, guiaban el carro nuevo" (6:3).

El arca era el objeto más importante del tabernáculo de Moisés, luego del tabernáculo de David y después del templo de Salomón. Era una caja de madera de acacia, cubierta de oro y tenía una tapa con dos querubines alados que se miraban.

La madera de acacia es tipo de la naturaleza humana de Jesucristo y el oro es tipo de su naturaleza divina. Los querubines representan la actividad angelical en lo relacionado con las manifestaciones divinas.

Dentro del arca había recuerdos de momentos cumbres en la vida del pueblo hebreo. (1) Los dos tablas de los Diez Mandamientos, fundamento de la ley y gobierno teocrático, presentaba las responsabilidades hacia Dios y hacia el prójimo. (2) La vara de Aarón que reverdeció, recordaba el poder divino y era tipo de la resurrección de Jesucristo. (3) El maná del cielo que por cuarenta años fue el sustento milagroso y que es tipo del Señor Jesucristo: el Pan de vida.

Pero lo más importante del arca es que era símbolo del pacto del ser humano y Dios y que representaba la gloria o *shekina* de Jehová, el Dios guerrero de la nación de Israel.

David quiso ser muy innovador en la manera de transportar el arca del pacto y se las ingenio para que fuera cargada en *"un carro nuevo"* halado por bueyes.

El ungido quiso abolir una tradición que establecía que el arca se tenía que llevar a pie, sobre los hombros y por hombres escogidos de la tribu de Leví.

Para esta nueva modalidad se puso el arca en *"un carro nuevo"*. Hoy día hay muchos *"carros nuevos"* que se están introduciendo para cargar la presencia de Dios. ¡Cuidado con los *"carros nuevos"* tirados por *"bueyes"* que se están moviendo en muchas reuniones!

Dios no quiere que su arca sea llevada en *"carros nuevos"*. Usted y yo tenemos que cargar el arca de Jehová en nuestros hombros, tenemos que sentir su peso.

Uza y Ahío, hijos de Abinadad, calificados para cargar el arca, *"guiaban el carro nuevo"* (6:3). Querían que las cosas hicieran su trabajo. De cargadores se volvieron guías del carro nuevo.

Mientras el arca se cargaba en *"un carro nuevo"* tirado por *"bueyes"*, a la manera humana y no a la divina, David y los israelitas ofrecían culto de alabanzas a Dios. Con espíritu de desobediencia querían alabar a Dios. Muchos de nosotros con *"carros nuevos"* queremos alabar a Dios.

II. La intervención por el arca

"Cuando llegaron a la era de Nacón, Uza extendió su mano al arca de Dios, y la sostuvo; porque los bueyes tropezaban" (6:6).

Aquí se enfatiza *"el arca de Dios"*. No era el arca de David, ni el arca de Uza. Lo que es de Dios es de Dios. Con sus cosas Dios es celoso. Él no quería que el arca se transportara como lo ordenó el ungido, y aquí entendemos porque. Los bueyes son tercos y exponían a peligro el arca de Dios.

Cuando Uza vio a los bueyes tropezar *"extendió su mano al arca de Dios."* Su intención fue buena pero su acción no le agradó a Dios. A los levitas se les prohibía tocar el arca de Jehová y de hacerlo el juicio de muerte los alcanzaría (Nm. 4:15-20).

Leemos: *"Y el furor de Jehová se encendió contra Uza, y lo hirió allí Dios por aquella temeridad, y cayó allí muerto junto al arca de Dios."* (6:7). Uza era el que iba detrás del arca, ya que se nos dice; "Ahío iba delante del arca" (6:4). Al ver que el arca se caería, Uza trato por miedo o temor, de ayudar a Dios. Hay ocasiones y momentos que a nosotros nos pasa igual, queremos proteger la obra de Dios más que Él mismo. Dios es suficiente para cuidar lo que le pertenece.

Este juicio divino sobre Uza llenó de tristezas al ungido y a aquel lugar se le llamo *"Pérez-Uza"*, que significa *"el quebranta-miento de Uza"* (6:8). David sintió temor y se preguntó: *"¿Cómo ha de venir a mí el arca de Jehová?"* (6:9). Entonces no la quiso traer a Jerusalén y el arca se trasladó a la casa de Obed-edom geteo (6:10). Como consecuencia de los tres meses que el arca estuvo allí: *"bendijo Jehová a Obed-edom y a toda su casa"* (6:11).

Dios le estaba enseñando al ungido que debe haber alabanza

con reverencia: y que no nos podemos adueñar de Dios. El ungido se preguntaba: "¿Cómo ha de venir a mí el arca de Jehová?"

III. La bendición por el arca

"Y estuvo el arca de Jehová en casa de Obed-edom geteo tres meses; y bendijo Jehová a Obed-edom y a toda su casa" (6:11).

Cuando el líder de la familia es bendecido la familia también se beneficia. De Obed-edom no sabemos mucho, a no ser que era un geteo prosélito, pero entendemos que tenía un corazón reverente y lleno de fe, por eso Dios lo bendijo.

Cuando el ungido se enteró que a causa del arca de Dios, Obed-edom era bendecido y todo lo que tenía decidió que también quería ser bendecido (6:12). El ungido tiene que tener el arca de Dios cerca de sí. La presencia de Dios y el ungido son socios.

En el versículo 13 no se nos indica cómo se llevó el arca, pero entendemos que se cargó en hombros y a la manera de Dios. A los seis pasos de haber andado un buey y un carnero fueron sacrificados (6:13). Con estos sacrificados se representaba la santidad del pueblo.

David vestido con un efod de lino iba danzando delante del arca (6:14); y todo Israel acompañaba el arca con júbilo y tocando trompetas (6:15). De aquí aprendemos que el ungido debe ser el primero en alabar a Dios y el pueblo lo imitará.

El arca de Dios llegó a Jerusalén, y fue depositado en el tabernáculo que el ungido mandó a levantar y allí se ofrecieron holocaustos y ofrendas de paz; el resultado fue: *"bendijo al pueblo en el nombre de Jehová de los ejércitos"* (6:18). ¿Quién bendijo? El ungido: ¿En qué nombre? En el nombre de Dios. ¿A quién? A todo el pueblo.

Leemos: *"Volvió luego David para bendecir su casa; y saliendo Mical a recibir a David dijo: ¡Cuan honrado ha quedado hoy el rey de Israel, descubriéndose hoy delante de las criadas de sus siervos, como se descubre sin decoro un cualquiera"* (6:20).

Mical actúa como una mujer carnal y espiritualmente fría. Crítica al ungido despiadadamente. Se preocupó más por la reputación y el que dirán, que por la integridad y lo que Dios decía del ungido.

El ungido con el coraje de un santo le responde: *"Fue delante de Jehová, quien me eligió en preferencia a tu padre a toda tu casa, para constituirme por príncipe sobre el pueblo de Jehová sobre Israel. Por tanto, danzaré delante de Jehová. Y aun me haré más vil que esta vez y seré bajo a tus ojos; pero seré honrado delante de las criadas de quienes has hablado"* (6:21-22).

El ungido habló con la autoridad de ungido. De dos cosas estaba seguro el ungido: (1) Era *el ungido* por Dios. A él lo había llamando Dios. (2) Era *constituido* por Dios. Él llegó a ser rey porque Dios lo puso.

La opinión de Dios era para el ungido más importante que la crítica de carnal y que la dogmática protocolar. A los ungidos la crítica de los carnales no los frenan en su actuación hacia Dios.

Conclusión

(1) Los programas son buenos sino substituyen los principios de Dios. (2) Hay que cuidarse de meter la mano donde Dios no lo ha ordenado. (3) El espíritu de Mical no puede frenarle la alabanza al ungido.

EL MENOSPRECIO HACIA EL UNGIDO

"Volvió luego David para bendecir su casa; y saliendo Mical a recibir a David, dijo: ¡Cuán honrado ha quedado hoy el rey de Israel, descubriéndose hoy delante de las criadas de sus siervos, como se descubre sin decoro un cualquiera!" (2 S. 6:20).

Introducción

Después del arca del pacto ser trasladada a la ciudad de David (6:13); el ungido con vestido de lino fino danzó fuertemente delante de Jehová (6:14). Con su espíritu efervescente y alegre, el ungido va a su casa para bendecir a su familia (6:20). Por causa de la bendición sobre los ungidos, Dios bendice a su casa. Al llegar a su casa, su esposa Mical, que tenía algo del espíritu de Saúl en ella, lo criticó severamente y lo trató como a *un cualquiera* (6:20).

El ungido le habló con el acento de un espiritual y le manifestó su verdadera motivación (6:21). La opinión negativa de una carnal Mical no le quitaría al ungido su espíritu de adorador (6:22). El castigo que parece haber recibido Mical como consecuencia de su crítica fue ser estéril toda su vida.

I. El deseo

"Volvió luego David para bendecir su casa..." (6:20).

El ungido quiso ser de bendición a su casa, es decir a su familia. ¿De qué vale bendecir a otros, y no bendecir a la familia? ¿Ganar a otros para Cristo, y no tener testimonio convincente con la familia?

Los ungidos buscan compartir su bendición con los suyos. El Señor Jesucristo le dijo al gadareno transformado: *"Vete a tu casa, a los tuyos, y cuéntales cuán grandes cosas el Señor ha hecho contigo y cómo ha tenido misericordia de ti"* (Mr. 5:19). El gadareno fue el primer misionero y evangelista en la *Decápolis*, en esas diez ciudades proclamó las maravillas de Jesús de Nazaret (Mr. 5:20).

Hoy día nos encontramos con muchas contradicciones a lo antes expuesto. A saber: pastores que no pastorean su familia, evangelistas que no ganan a su familia, conferencistas matrimoniales que están divorciados o que tienen problemas en su matrimonio.

Los ungidos son personas de familia. Salen y hacen ministerio, pero siempre regresan a su familia con la bendición. La familia es importante en el ministerio de cualquier ungido.

II. El menosprecio

"¡Cuán honrado ha quedado hoy el rey de Israel, descubriéndose hoy delante de las criadas de sus siervos, como se descubre sin decoro un cualquiera!" (6:20).

Una de las cosas que quizá produjo resentimiento en Mical, es que por medio de Is-boset esta le fue quitada a Paltiel (2 S. 3:15). Mical era una mujer resentida contra su marido David. Por eso en un momento tan espiritual, su resentimiento la lleva a juzgar al ungido.

El ungido se había *"vestido con un efod de lino"* (6:14). En Éxodo 28:42 leemos: *"Y les harás calzoncillos de lino para cubrir su desnudez; serán desde los lomos hasta los mulos."* Su vestido era más corto que el tradicional. Situación que aprovecho Mical para criticar al ungido.

Los carnales siempre andan velando a los ungidos para tomarlos en alguna falla y de esa manera fustigar los con sus críticas. Los ungidos están bajo la mirilla telescópica del enemigo. Por eso tienen que cuidarse en lo que dicen, dónde van, cómo visten y con quién andan. Los ungidos están entre los más buscados del enemigo y por sus cabezas hay grandes recompensas.

La actuación a veces extraña y ridícula de los ungidos, se presta para la crítica de los que no conocen bien su corazón. Mical menospreció al ungido porque no conocía bien su actividad religiosa, Dios la vio como una expresión de alabanza.

Primero, Mical le dice: *"¡Cuán honrado ha quedado hoy el rey de Israel...!"* En otras palabras acusa al rey de no haber guardado su decoro, su protocolo como monarca. Para ella ese día en que el rey danzó delante del arca vestido de lino fino, se deshonró así mismo.

Segundo, Mical le dice: *"¡...descubriéndose hoy delante de las criadas de sus siervos...!"* David no estuvo desnudo simplemente no se vistió de la manera tradicional. Los adoradores son innovadores, la tradición no los puede amarrar a patrones y a formas. Para Dios siempre se inventan algo nuevo.

Mical estaba más preocupada por la opinión de las criadas de los siervos, que por la opinión de Dios. Para el ungido lo que opina Dios es de más importancia que lo que el mundo pueda murmurar.

Tercero, Mical le dice: *"¡...como se descubre sin decoro un cualquiera!"* La carnal acusa al ungido de no ser espiritual. Lo estaba tratando como a *"un cualquiera"*. El ungido no es *"un cualquiera"*, es un príncipe de Dios, un apoderado del cielo, una persona muy importante.

III. La aclaración

"Entonces David respondió a Mical: Fue delante de Jehová, quien me eligió en preferencia a tu padre y a toda tu casa, para constituirme por príncipe sobre el pueblo de Jehová de Israel. Por tanto danzaré delante de Jehová" (6:21).

El ungido le aclara a Mical que danzó *"delante de Jehová"*. Su motivación fue mayor que su acción. Luego le aclara a Mical, que él había sido electo por preferencia divina, sobre Saúl su padre, y sobre la casa de ella. Mical aunque se había casado con el ungido, no había cambiado credenciales de la *"casa de Saúl"*, a la *"casa de David"*. Ella vivía todavía en el reino del mundo, y no había abrazado el reino del Espíritu. El ungido sabía que tenía el cuerpo de ella, pero no había conquistado su corazón. Muchos se casaron con el ministerio del ungido, pero no lo harán de corazón. Lo harán más por conveniencia que por entrega total.

El ungido le habló con aplomo: *"Por tanto, danzaré delante de Jehová"*. Ni ella, ni nadie, ni la crítica... nada frenaría al ungido de continuar danzando delante de Jehová.

Hoy día el espíritu de Mical que busca la rutina, la monotonía, el aburrimiento y el conformismo, necesita ser confrontado con el espíritu de David, el espíritu de la alabanza y la adoración.

Conclusión

(1) El ungido buscará siempre bendecir a su familia. Es decir, a todos los que están bajo su cobertura espiritual. (2) El ungido reconoce que sus actuaciones serán criticadas, y hasta menospreciados, pero no por eso se detendrán en su deseo de servir a Dios. (3) El ungido no permitirá que el espíritu de Mical lo haga un impotente en su adoración a Dios.

EL 42 RECORDATORIO AL UNGIDO

"Ahora, pues, dirás así a mi siervo David: así ha dicho Jehová de los ejércitos: Yo te tomé del redil, de detrás de las ovejas, para que fueses príncipe sobre mi pueblo, sobre Israel; y he estado contigo en todo cuanto has andado, y delante de ti he destruido a todos tus enemigos, y te he dado nombre grande, como el nombre de los grandes que hay en la tierra" (2 S. 7:8-9).

Introducción

Después del ungido haber tenido reposo de sus enemigos a causa de Jehová (7:1-2); y habitando ya en su casa; se sintió preocupado por la habitación del arca de Jehová (7:2). Es decir, pensó en levantarle un templo.

El ungido consultó con el profeta Natán, y este le dio la luz verde (7:3). Pero luego Dios se le reveló al profeta y este le dio la luz roja al ungido (7:4-17); dándole la promesa divina de Él levantarle una casa o descendencia al ungido, y de su linaje levantaría al que le edificaría casa (7:13).

El ungido, en vez de molestarse, se presentó a Dios en oración de gracias (7:18-29) por sus promesas, y terminó su oración: *"...y con tu bendición será bendita la casa de tu siervo para siempre"* (7:29).

I. La aprobación

"Y Natán dijo al rey: Anda, y haz todo lo que está en tu corazón, porque Jehová está contigo" (7:3).

El ungido preocupado por construir un templo a Jehová, donde el arca pudiera reposar, consulta al profeta Natán, buscando la voluntad divina. Él ya tenía su casa. Dios le había dado reposo de sus enemigos. Pero en su reposo su mente no se distancia de su Dios.

Para los ungidos Dios es lo más importante. Según el pastor Israel Suárez: "El contexto Dios es lo más importante en el ministro". David siempre se mantuvo atento a la voz profética de Dios. Primero, con el profeta Samuel su mentor y consejero. Segundo, con el profeta Natán, a quien consulta, y quien luego al ungido fallar, lo llama a cuentas. A los ungidos Dios siempre le tiene cerca alguna voz profética.

El profeta Natán entusiasmado con la preocupación del ungido, le declara: *"Anda, y haz todo lo que está en tu corazón, porque Jehová está contigo"*. El profeta habló desconectado y desenchufado de Dios. El mensaje parecía de Dios, pero no lo era. El ungido parecía de Dios, pero no lo era. Los ungidos tienen que discernir muchos mensajes que les dan, son agradables y tienen tono de bendición pero no han nacido en el corazón de Dios.

El ungido se quería envolver en un proyecto, que para el profeta Natán era sensacional y excitante, por eso con entusiasmo le da la luz verde. No todo los proyectos que tiene el ungido son nacidos en el corazón de Dios; aunque puedan beneficiar a Dios.

II. La desaprobación

"Aconteció aquella noche, que vino palabra de Jehová a Natán, diciendo: Ve y di a mi siervo David: así ha dicho Jehová ¿Tú me has de edificar casa en que y more?" (7:4-5).

No siempre lo que dicen, los profetas es *"palabra de Jehová"*. Natán le dio su palabra de aprobación al ungido, pero luego Jehová le dio su palabra de desaprobación.

El profeta le introduce el mensaje de Jehová al ungido con estas palabras a manera de introducción: *"¿Tú me has de edificar casa en que yo more?"* Con esta interrogación Jehová le revela al ungido que a él no lo escogería para construirle templo.

Dios le dejó ver a David que desde la salida del pueblo hebreo de Egipto, hasta ese momento, Él había habitado en tiendas (7:6-7). Luego Dios le recuerda al ungido cuando lo llamó del redil de las ovejas, para darle el principado de Israel (7:8). Le dio la victoria y le hizo de un *"nombre grande"* (7:9). Los ungidos no se hacen de nombres grandes, Dios les da un *"nombre grande"*.

También le recuerda de la seguridad que le daba a su pueblo (7:10). Notemos esta expresión: *"Asimismo Jehová te hace saber que él te hará casa"* (7:11). Aquí se alude a la *"casa"* del ungido. La palabra *"casa"* habla de reinado. Dios tenía un plan con David y con sus descendientes.

A muchos ungidos Jehová le levanta *"casa"*. De sus lomos se levantan ministerios pastorales, evangelistas, misioneros, ministerios de enseñanzas, de músicos y de liderazgo. Conozco ungidos que han sido un semillero ministerial, donde familias enteras son instrumentos en el establecimiento del reino de Dios.

Luego Jehová le revela al ungido David, que de él se levantaría un hijo que después de su muerte sería el encargado de edificarle templo. En cuanto a David la promesa divina sería de establecer el reino a ese hijo, el cual sabemos por la historia que fue Salomón (7:12-13).En el versículo 13, se da una revelación futura y mesiánica: *"... y yo afirmaré para siempre el trono de su reino"*. Este reino eterno es el del Mesías Jesús. En la carne el Mesías sería el descendiente directo de David.

Luego en el versículo 14 se vuelve al aludir a Salomón: *"Yo le seré a él padre, y él me será a mi hijo. Y si él hiciere mal, yo le castigaré con vara de hombres, y con azotes de hijos de hombres"*.

Dios no tiene hijos engreídos. Él los bendice, pero también los castiga si espiritualmente se portan mal. El mal siempre alcanzará al que obra impíamente, su pecado le traerá consecuencias.

Desde luego la puerta de la misericordia estaría abierta para Salomón: *"pero mi misericordia no se apartará de él como la aparté de Saúl, al cual quité de delante de tu rostro, y tu trono será estable eternamente"*.

Dios da promesas al ungido que incluirían su *"casa"* y su *"reino"*, en lo humano; y en lo espiritual le daría un *"trono"* que sería *"estable eternamente"*. Ese *"trono"* eterno sería el de Jesucristo, el cual en el milenio será visible y en la eternidad consumado.

III. La oración

"Y entró el rey David y se puso delante de Jehová, y dijo: Señor Jehová, ¿quién soy yo, y qué es mi casa, para que tú me hayas traído hasta aquí?" (7:18).

La oración del ungido está encerrada desde el versículo 18 hasta el 29. Es una oración de un creyente humilde y sumiso a la voluntad divina. Al ungido las bendiciones no le llenaron de orgullo, por el contrario, lo hacían sentirse pequeño ante el trono del Eterno. Por eso declaró: *"Señor Jehová, quién soy yo, y qué es mi casa, para que tú me hayas traído hasta aquí"* (7:18).

Los ungidos jamás deben olvidar que los logros y éxitos no se deben a lo que ellos son; sino a lo que Dios es. Sin el favor divino no se llega a ningún lado.

David le agradece a Dios por su *"casa"* o familia en el futuro (7:19). A Dios no necesita hablarle mucho: *"¿Y qué más puede añadir David hablando contigo? Pues tú conoces a tu siervo, Señor Jehová?"*

(7:20). Los ungidos nunca hablan demás, no tienen que añadir más a lo que son y hacen, porque saben que Dios los conoce.

Los versículos 21-24 son un repaso histórico a la presencia y actuación divina sobre su pueblo Israel. No podemos olvidar la historia pasada de Dios y su intervención con su pueblo.

El ungido luego ora para que la palabra profética se confirmara en su *"casa"*, tal y como lo había prometido Dios (7:25-29). Notemos el versículo 29: *"Ten ahora a bien bendecir la casa de tu siervo, para que permanezca perpetuamente delante de ti, porque tú, Jehová Dios, lo has dicho, y con tu bendición será bendita la casa de tu siervo para siempre"*.

El ungido le dice a Dios que esa bendición familiar, es bien recibida. Al decirle: *"lo has dicho"*, le demuestra su fe en lo que Dios dijo. Creía en Dios, pero creía en lo que Dios decía.

¡Que tremenda afirmación! Leemos: *"y con tu bendición será bendita la casa de tu siervo para siempre"*. Dios desea bendecirnos a nosotros y a nuestras casas. Esa bendición debemos confesarla sobre nosotros y nuestros descendientes. A Dios le interesa bendecir a nuestra familia.

Conclusión

(1) Los ungidos son personas de proyectos para Dios; pero la voluntad de Dios es más importante que los proyectos. (2) Los ungidos saben que los profetas también se equivocan, y que hoy pueden decirle algo en la carne y mañana otra cosa en el espíritu. (3) Los ungidos se someten a la voluntad de Dios orando y dándole gracias.

LA VICTORIA DEL UNGIDO

"Puso luego David guarnición en Siria de Damasco, y los sirios fueron hechos siervos de David, sujetos a tributo. Y Jehová dio la victoria a David por dondequiera que fue. Y tomó David los escudos de oro que traían los siervos de Hadad-ezer, y los llevó a Jerusalén. Asimismo de Beta y de Berotai, ciudades de Hadad-ezer, tomó el rey David gran cantidad de bronce" (2 S. 8:6-8).

Introducción

En 2 Samuel 8:1-14 se nos presenta un resumen de las victorias obtenidas por el ungido. Lo encontramos derrotando a los filisteos (8:1); a los moabitas (8:2); a los sobatitas (8:3); a los sirios (8:6); a los edomitas (8:14); los amalecitas (8:12); y a los edomitas (8:14).

El ungido se ve derrotando, sometiendo, demandando y despojando a los enemigos. La guerra espiritual no puede ser pasiva sino agresiva en el Espíritu y con la Palabra en el mundo espiritual.

En estos días Dios está derramando una unción especial de guerra espiritual. Un ejército de guerreros espirituales se están levantando en diferentes congregaciones, barrios, ciudades, naciones, y continentes, que con aplomo, poder y autoridad están arremetiendo y destruyendo fortalezas enemigas.

Lo que sucede en el escenario celestial afecta a lo que ocurre en el plano terrenal. Pero ungidos guerreando en el plano terrenal, afectan e infringen los principados, las potestades; los gobernadores de las tinieblas y las huestes espirituales en las regiones celestes (Ef. 6:11-12).

I. El avance de la victoria

"Después de esto, aconteció que David derrotó a los filisteos y los sometió, y tomó David a Meteg-ama de mano de los filisteos" (8:1).

Con la derrota de los filisteos el ungido se aseguraba el libre acceso a la costa occidental del Mediterráneo. Les quitó una ciudad principal y estratégica. El ungido los *derrotó* y los *sometió*. Al enemigo se tiene que derrotar y someter. Someter a alguien es ponerlo bajo la voluntad de otro, es ponerse en autoridad sobre otro.

Luego el ungido derrotó a los moabitas: *"y los midió con cordel haciéndolos tender por tierra; y midió dos cordeles para hacerlos morir, y un cordel entero para preservarles la vida, y fueron los moabitas siervos de David, y pagaron tributo"* (8:2).

Probablemente sea una alusión a la estatura, la medida de un cordel y dos cordeles. Los más altos y mayores que median dos cordeles murieron y los más chicos y jóvenes vivieron.

El ungido tiene que aprender a medir las cosas. Unas deben morir en su vida por su tamaño y otras vivir para su corrección. Dios también tiene medidas de cordel, unos la pasarán para vida y otros la pasarán para muerte. Los *orgullosos* miden dos cordeles y los *humildes* un cordel.

Luego el ungido derrotó a Hadad-ezer hijo de Rehob, rey de Soba, mientras este buscaba recuperar su territorio en el Éufrates (8:3). Al enemigo hay que vigilarlo para que no recupere su territorio perdido. Veintiún mil soldados fueron hechos prisioneros por el ungido, y le quitó los caballos a los carros, pero dejó cien carros listos (8:4).

A los siervos que salieron en apoyo militar de Hadad-ezer, David hirió a veintidós mil de ellos y los hizo tributarios (8:6). Allí en Damasco dejó establecida una fortaleza o guarnición (8:6). Los ungidos en su guerra espiritual tomaran barrios y ciudades y las asegurarán estableciendo cuarteles espirituales.

II. El secreto de la victoria

"...Y Jehová dio la victoria a David por dondequiera que fue" (8:6).

Detrás de todas esas victorias, de esas conquistas, había una causa sobrenatural, un poder espiritual, una mano mística, era Dios. "Y Jehová dio la victoria a David..." El ungido guerreaba por motivación divina. ¡Ganaba porque Dios lo ayudaba a ganar!

El ungido era un instrumento de guerra, una arma de guerra, Dios en sí era el Guerrero. *"...Por dondequiera que fue"*. El ungido andaba acompañado por Dios. Su presencia se movía con él.

III. El beneficio de la victoria

"Y tomó David los escudos de oro que traían los siervos de Hadad-ezer, y los llevó a Jerusalén" (8:7).

De los siervos de Hadad-ezer tomó escudos de oro y de las ciudades de Beta y Berotai, tomó bronce (8:8-7). Las riquezas del enemigo fueron dadas al ungido.

El rey Toi de Hamat, enemigo de Hadad-ezer, con su hijo Joram envío al ungido *"utensilios de plata, de oro y de bronce"* (8:10). Las riquezas llegaban al ungido. Los ungidos son bendecidos económicamente por el Señor. Dios le da finanzas al ungido para sus proyectos.

Leemos: *"los cuales el rey David dedicó a Jehová, con la plata y el oro que había dedicado de todas las naciones que había sometido"* (8:11). Dios dará finanzas a los ungidos para que se las dediquen a Él. Los ungidos diezman y ofrendan; ya que estos son parte expresiva de la adoración. Hay que ser sembradores de semillas financieras en el terreno fértil de Dios.

IV. La fama de la victoria

"Así ganó David fama. Cuando regresaba de derrotar a los sirios, destrozó a dieciocho mil edomitas en el Valle de la Sal" (8:13).

El Salmo 60 expone la oración del ungido en dicha ocasión. El *Valle de la Sal* es el área adyacente al *Mar Muerto.*

Los conflictos y guerras que enfrenta un ungido le elevan a un sitial de reconocimiento público. La fama que Dios da a sus ungidos llega acompañada de aflicciones, tribulaciones, oposiciones, pruebas y conflictos.

Los hombres y mujeres ungidos por Dios para alguna misión especial, como el candelabro de oro, son formados a golpe de martillo. El éxito a los ungidos no le llega accidentalmente, es el resultado del cansancio y del sudar en la obra.

La fama no se debe emplear para henchimiento personal, o proyección sociológica, debe ser una vitrina que exponga a Jesucristo. "Así ganó David fama". La fama se gana, no viene de gratis. Cuesta dedicación esfuerzo y determinación. Cuesta mucho de nosotros. No es un regalo, es un premio de Dios.

V. El fruto de la victoria

"Y reinó David sobre Israel; y David administraba justicia y equidad a su pueblo" (8:15).

Los versículos 16 al 18 dan un registro de los principales oficiales de David: Joab, era el general del ejército; Josafat, era el cronista; Sadoc y Ahimelec, eran sacerdotes; Seraías era escriba; Benaía supervisaba territorios; y los hijos de David eran príncipes.

Primero, *"y reinó David sobre todo Israel."* Al ungido Dios lo puso en autoridad *"sobre todo Israel"*. La autoridad de los ungidos es completa, abarca mucho y tiene efectos generales.

Segundo, *"y David administraba justicia y equidad a su pueblo"*. El ungido tenía el don de administrador. Era íntegro y ético. A todos trataba con igualdad social y humana. No tenía lagos de discriminación. Estaba comprometido con la justicia y la equidad.

Los ungidos son hombres y mujeres de una sola pieza, de un solo material, de una sola costura, con una misma marca y cortados de un mismo patrón. Los ungidos son servidores públicos de *"su pueblo"*. El darse y ayudar a *"su pueblo"*, es la manifestación de un altruismo desinteresado. Son gente de pueblo que piensan en su pueblo.

Conclusión

(1) Sin la ayuda divina, el ungido no llegará a ninguna parte. (2) El ungido sabe medir a los enemigos, los que no dan la medida deben morir. (3) El ungido se proveerá de muchas finanzas del enemigo, las reclamar. (4) El ungido es famoso por causa de Dios. (5) El ungido compartirá justicia y equidad con el pueblo que Dios le ha encargado.

LA BONDAD DEL UNGIDO

"Y vino Mefi-boset, hijo de Jonatán hijo de Saúl, a David, y se postró sobre su rostro e hizo reverencia. Y dijo David: Mefi-boset Y él respondió: He aquí tu siervo. Y le dijo David: No tengas temor, porque yo a la verdad haré contigo misericordia por amor de Jonatán tu padre; y tú comerás siempre a mi mesa. Y él inclinándose, dijo: ¿Quién es tu siervo, para que mires a un perro muerto como yo?" (2 S. 11:1-5).

Introducción

En 2 Samuel 9:1-13 se nos presenta al ungido como una persona bondadosa. Por medio de Siba, un siervo, de la casa de Saúl, el ungido se entera que había un hijo de Jonatán, que estaba lisiado de ambos pies (9:3), llamado Mefi-boset.

El rey David entonces lo mandó a buscar a Lodebar (9:4) donde este residía. Al ver al ungido Mefi-boset lo reverenció y se le presentó como su siervo (9:6). El ungido inmediatamente lo restauró, devolviéndole sus tierras y dándole un lugar de honor en su mesa real (9:7).

A Siba, el siervo de Mefi-boset, el ungido le encargó administrar todas sus tierras, con la ayuda de sus hijos y sus siervos (9:10). Aun el hijo de Mefi-boset, Micaía, sería bendecido (9:12). Mefi-boset entonces se trasladó a Jerusalén (9:13).

Esta es una historia donde la gracia se ejemplifica. Un Mefi-boset, incapacitado, inútil, afectado por el infortunio de la vida, es receptor de la gracia del ungido, y ocupa en la mesa un lugar de preferencia.

I. La investigación

"Dijo David: ¿Ha quedado alguno de la casa de Saúl, a quien haga yo misericordia por amor de Jonatán?" (9:2).

En 1 Samuel 20:14-15 leemos: *"Y si yo viviere, harás conmigo misericordia de Jehová, para que no muera, y no apartarás tu misericordia de mi casa para siempre. Cuando Jehová haya cortado uno por uno los enemigos de David de la tierra, no dejes que el nombre de Jonatán sea quitado de la casa de David".*

Entre David y Jonatán se hizo un pacto de caballeros, de palabra y de compromiso delante de Dios. Jonatán estaba bien centrado en la voluntad de Dios. En el *Padrenuestro* se nos enseña: "Hágase tu voluntad, como en el cielo, así también en la tierra" (Mt. 6:10) Sí él vivía deseaba que la misericordia de Jehová, manifestada por el ungido, le diera cobertura, pero si moría era su deseo que su nombre no fuera quitado de la casa de David.

El tiempo llegó ahora para que el ungido mostrara misericordia con el nombre de Jonatán. Según los hijos tienen la dentera de las uvas agrias que comen los padres (Jer. 31:29, Ez. 18:2), también reciben bendiciones a causa del pacto que los padres han hecho con los ungidos.

El ungido no sufría de amnesia ministerial. Ahora que ha llegado arriba se acuerda de los que están abajo, y los quiere ayudar a subir. Por eso hace una investigación para saber si ha quedado alguno de la casa de Saúl, para tenerle misericordia por amor a Jonatán.

Lo que el ungido no pudo hacer por Jonatán, lo haría por algún descendiente de este. La misericordia implica que a una persona se le da lo que no merece. Dios es un Dios de misericordia no nos da lo que nos merecemos.

Los ungidos buscarán siempre tener misericordia de los demás. En esto manifestarán el amor divino derramado en sus corazones. Son transmisores del corazón de Dios.

Por intermedio de Siba, siervo de la casa de Saúl (9:2), el ungido se entera que hay un nieto de Saúl, hijo de Jonatán, llamado Mefi-boset, lisiado de los pies (9:3). Al cual el ungido mandó buscar (9:4).

II. La compasión

"Y vino Mefi-boset hijo de Jonatán hijo de Saúl, a David y se postró sobre su rostro e hizo reverencia. Y dijo David: Mefi-boset. Y él respondió: He aquí tu siervo" (9:6).

Mefi-boset era un lisiado de ambos pies. A la edad de cinco

años su nodriza recibió la mala noticia de la muerte de Saúl, su abuelo y de Jonatán su padre, mientras esta huía con él se le cayó y de ahí su incapacidad física (2 S. 4:4).

Por causa de una mala noticia, se cayó y su vida se vio afectada. Hay muchos Mefi-boset que andan lisiados en su conducta, porque se les cayeron de los brazos a alguien que en vez de caminar con ellos, corrieron y les hicieron daño.

Esa incapacidad lo encerró en el cuarto del anonimato. De allí el ungido lo mandó buscar para tenerlo en la sala del palacio real. La compasión en el ungido hace que vea a Mefi-boset con ojos de estima y de valorización.

En esa vasija quebrantada por la caída, el ungido ve a un ser humano, a un ser necesitado de amor, a alguien que merece un trato de príncipe real. El lisiado era un príncipe de Israel. Y a los príncipes hay que darle trato de príncipes. La apariencia no puede quitar lo que somos.

El ungido inmediatamente lo llamó por su nombre: *"Mefi-boset"*. ¡Lo reconoció! Sabía quién era él. No vio a un lisiado, vio a Mefi-boset. Le devolvió la estima humana.

Mefi-boset pensaría que jamás nadie famoso, ni importante, lo llamaría por su nombre. El ungido sí lo llamó por su nombre. Le hizo sentirse importante, despertándole su dignidad de hombre y más que de hombre de ser humano, de hijo de Dios.

El ser humano necesita que se le haga sentir importante. Que se le devuelva un sentido de dignidad en nuestra sociedad llena de prejuicios y que tanto discrimina a otros por verlos diferentes. La estigmatización debe ser erradicada de nuestra sociedad. No podemos clasificar a las personas por nuestros prejuicios, ni por las etiquetas que le ponen los medios de comunicación.

Hay que llamar a la gente por su nombre, por lo que son. Hay que devolverle la identidad de ese nombre. ¡Yo soy mi nombre, mi nombre soy yo! Mefi-boset le respondió al ungido: *"He aquí tu siervo"*. Respondió al llamado del ungido. Su incapacidad no le quitó la agudeza de su oído. Todavía sabía escuchar. La gran necesidad de esta generación no es la de hablar, sino la de escuchar. Muchas veces no oímos a los demás cuando nos llaman. Hablamos más de lo que escuchamos.

III. La restauración

"Y le dijo David: No tengas temor, porque yo a la verdad haré contigo misericordia por amor de Jonatán tu padre, y te devolveré todas las tierras de Saúl tu padre, tú comerás siempre a mi mesa" (9:7).

Primero, *"no tengas temor"*. Era de esperarse que un príncipe de la casa de Saúl, del antiguo reinado, sintiera temor ante un rey como David. Políticamente su presencia ante el rey David podía significar su muerte. Era común en aquel entonces y épocas posteriores eliminar a cualquier príncipe de un reinado o gobierno anterior, ya que en un futuro podrían ser una amenaza a la seguridad nacional.

El ungido le comunica un mensaje de confianza y de seguridad. *"No tengas temor"*. Ese sentimiento de temor tenía que ser cambiado. Los ungidos ayudan a las personas a tener confianza. El temor destruye la potencialidad humana, rompe los diques del éxito y el triunfo, y es un despertador que nos quita el sueño del logro y la superación.

Segundo, *"haré contigo misericordia por amor de Jonatán tu padre"*. Mefi-boset no se merecía absolutamente nada. El afecto del ungido era un acto de gracia, era un favor inmerecido. Pero por amor a Jonatán, su amigo del pacto el ungido tiene que tratar a Mefi-boset diferente a lo que merecía. La misericordia opera por el sentimiento del amor. Dios nos perdona, nos restaura, nos ayuda por amor a su Hijo Jesucristo.

Tercero, *"y te devolveré todas las tierras de Saúl tu padre"*. A Mefi-boset todo se le había confiscado. Saúl lo perdió todo y su descendencia también. Pero el ungido le promete restaurarle lo que por causa de su abuelo Saúl había perdido.

Cuarto, *"y tú comerás siempre a mi mesa"*. ¡Que tremendo privilegio! El olvidado sería ahora recordado. Se sentaría a la mesa del rey, no por derecho sino por privilegio.

A pesar de todo lo declarado por el ungido, Mefi-boset con humildad de espíritu dice: *"¿Quién es tu siervo, para que mires a un perro muerto como yo?"* (9:8). No se veía ni como un perro vivo que por lo menos ladra, sino como un perro muerto. En él todo había muerto. Se definía como algo menos que un ser humano. Tenía lástima de sí mismo. Pero el ungido no lo miraba con lástima, sino con amor (cp. Jue. 7:5; 1 S. 17:43; 24:14; Ec. 9:4; Mt. 15:26).

El ungido no solo tenía palabras, practicaba lo que decía. Este llamó a Siba y le dijo: *"Todo lo que fue de Saúl y de toda su casa, yo lo he dado al hijo de tu señor. Tu, pues, le labrarás las tierras, tú con tus hijos y tus siervos, y almacenarás los frutos, para que el hijo de tu señor tenga pan para comer, pero Mefi-boset el hijo de tu señor comerá siempre a mi mesa"* (9:9-10).

De Siba, el siervo de Saúl, leemos: *"Y tenía Siba quince hijos y veinte siervos"* (9:10). Con estos números se nos da una idea de todo el trabajo que se haría a favor de Mefi-boset.

Todo le fue restaurado a Mefi-boset, tierras y siervos. Hasta se le dio a Siba para que fuese su administrador. Y se le recordó que Mefi-boset era un príncipe restaurado, que en la mesa del rey tendría un lugar de honor. Siba se comprometió de cumplir con las ordenanzas (9:11).

El ungido reafirmó: *"Mefi-boset... comerá a mi mesa, como uno de los hijos del rey"* (9:11). Mefi-boset recibiría el trato de un príncipe. No sería un mendigo a la puerta del palacio, sino un príncipe sentado en la mesa del rey.

También leemos que el hijo de Mefi-boset se llamaba *"Micaía"* (9:12). Su hijo también sería tan importante como él. La bendición alcanzaría la tercera generación de Jonatán.

Leemos: *"Y moraba Mefi-boset en Jerusalén, porque comía siempre a la mesa del rey, y estaba lisiado de ambos pies"* (9:13). De Lodebar (9:4) se trasladó a Jerusalén (9:13). Su incapacidad no lo privó de tener un lugar de honor, del privilegio de cortesano y de persona muy importante ante la presencia del ungido. Él no se sentaba en esa mesa por sus propios meritos, sino por la gracia que había sido imputada por un rey de pacto y de amor.

Conclusión

(1) El ungido jamás debe olvidarse de lo que ha prometido. (2) El ungido reconocerá a las personas por su nombre, y con esto le inculcará un sentido de valía. (3) El ungido ayudará a las personas a cambiar la manera negativa como estos piensan de sí mismos.

EL MALTRATO DEL UNGIDO

"Entonces Hanún tomó los siervos de David, les rapó la mitad de la barba, les cortó los vestidos por la mitad hasta las nalgas, y los despidió" (2 S. 10:4).

Introducción

Este capitulo 10 de 2 Samuel resalta las victorias alcanzadas por el ejército del ungido. El rey de los amonitas había fallecido, y su hijo Hanún lo sucedió en el trono (10:1).

David buscando las buenas relaciones con el nuevo rey; así como las tuvo con su padre, le envió delegados para apoyarlo emocionalmente a causa de la muerte de Nahas su padre (10:2).

Los príncipes amonitas vieron esta visita a su territorio como un acto de espionaje, y convencieron a Hanún, el cual *les rapó la mitad de la barba, les cortó los vestidos por la mitad hasta las nalgas, y los despidió"* (10:4).

Al ser informado el ungido, los mandó a buscar y se les pidió que se quedasen en Jericó hasta que les creciera la barba, para que se librasen de la vergüenza (10:5).

Los amonitas entonces al ver que su acción recibiría represalia de parte del ungido, contratan a los sirios como soldados mercenarios (10:6). Los dos sobrinos de David, Joab y Abisai, valientes de su ejército, enfrentaron a los enemigos del ungido y los derrotaron (10:9-10). Luego en el Jordán, el ungido con su gente, personalmente enfrentaron, a los enemigos (10:17).

I. La intención del ungido

"Y dijo David: Yo haré misericordia con Hanún hijo de Nahas, como su padre la hizo conmigo. Y envió David sus siervos para consolarlo por su padre..." (10:2).

Nahas, padre de Hanún, murió, tocándole al último ser su sucesor como rey amonita. Al enterarse el ungido de su deceso, decidió expresar un sentimiento de misericordia con el nuevo rey.

El ungido envió una delegación de sus oficiales para consolar al rey Hanún. Esto lo hacia en agradecimiento a la memoria del rey Nahas. La intención de David era sincera, su motivación era pura, no tenía ninguna agenda secreta, su acción era motivada por el agradecimiento.

Los ungidos nunca olvidan a los que en el pasado los trataron bien. Y si no pueden mostrarles a estos su agradecimiento, lo harán con algunos de su familiares.

En el trato de los ungidos la misericordia y la consolación son virtudes gemelas. No dan a otros lo que se merecen por sus malos hechos, y cuando ven a alguien pasando por el sufrimiento son un pañuelo de consolación. El ungido envió a sus siervos como delegados de consolación.

II. La sospecha al ungido

"Los príncipes de los hijos de Amón dijeron a Hanún su señor: ¿Te parece que por honrar David a tu padre te ha enviado consoladores? ¿No ha enviados David sus siervos a ti para reconocer e inspeccionar la ciudad, para destruirla?" (10:3).

Los príncipes amonitas sospecharon de la buena intención del ungido. La falta de fe, acompañada del miedo, hacen que uno malinterprete las buenas acciones de los demás.

Con mucha frecuencia los ungidos caerán bajo el manto de la sospecha. Los de mentalidad carnal juzgarán equivocadamente las motivaciones e intenciones de los ungidos.

A los príncipes amonitas se les ocurrió creer que el ungido bajo pretexto de consolar al rey, envió a un grupo de analistas militares, para estudiar las defensas militares de su ciudad y luego a su tiempo invadirla y destruirla.

Ellos manifestaron celo y prejuicio contra el ungido. Tenían miedo de que les fuera a quitar lo que tenían; además de que lo estaban juzgando antes de tiempo.

III. El maltrato al ungido

"Entonces Hanún tomó los siervos de David, les rapó la mitad de la barba, les corto los vestidos por la mitad hasta las nalgas, y lo despidió" (10:4).

Hagamos un poco de historia el rey Nahas había sido derrotado por el recién proclamado rey Saúl (1 S. 11:1-15). Este rey de Amón, hoy Jordania, se levantó contra Jabes de Galaad y los de ahí le declararon. "Has alianza con nosotros, y te serviremos" (11:1).

Este les contestó: *"Con esta condición haré alianza con vosotros, que a cada uno de todos vosotros saque el ojo derecho, y ponga esta afrenta sobre todo Israel"* (11:2).

Los ancianos de Jabes le pidieron siete días, con la esperanza de tener un salvador y de no hallarlo accederían a esta afrenta (11:3). Saúl fue ese defensor que junto a un ejército de seiscientos mil hombres, siendo la mitad de Israel y la otra mitad de Judá (11:6-8), derrotó a los amonitas.

Ese rey Nahas, posiblemente mostró su misericordia ayudando a David, cuando este huía de Saúl, recordando lo que el último le hizo a él, venciéndolo. Su hijo Hanún se dejó influenciar por sus príncipes y le rapo la mitad de la barba y le cortó los vestidos hasta las nalgas a los emisarios del ungido (10:4). Al Nahum afrentar a estos, también afrentaba al ungido. Maltratar a un subalterno de un ungido es maltratar a este, es afrenta indirecta a él. David los mandó a buscar *"porque ellos estaban en extremo avergonzados"* (10:5), y les envió a quedarse en Jericó hasta que la barba les creciera (10:5).

Los amonitas entonces tomaron veinte mil mercenarios de los siervos de Bet-rehob y de Soba; del rey Maaca mil y de Is-tob a doce mil hombres (10:6). En total un ejército mercenario de treinta y tres mil hombres.

Joab, comandante del ungido y su hermano Abisai enfrentaron con mucha estrategia al enemigo sirio y a los amonitas (10:7-10), infligiéndole derrota. Joab le declaró a Abisai su hermano: *"Si los sirios pudiere más que yo, tú me ayudarás; y si los hijos de Amón pudieren más que tú, yo te daré ayuda. Esfuérzate, y esforcémonos por nuestro pueblo, y por las ciudades de nuestro Dios; y haga Jehová lo que bien le pareciere"* (10:11-12).

Primero, *"si los sirios pudieren más que yo, tú me ayudarás"*. Joab, el más experimentado, enfrentaría la fuerza opositora aliada de los sirios. A pesar de su experiencia militar, Joab sabía que podía necesitar ayuda. Su seguridad no le eximia de tomar precauciones.

Segundo, *"y si los hijos de Amón, pudieren más que tú, yo te daré ayuda"*. Abisai también podía verse en aprietos y en ese caso su hermano Joab le ayudaría a ganar la victoria.

Tercero, *"esfuérzate, y esforcémonos por nuestro pueblo, y por las ciudades de nuestro Dios"*. ¡Qué lema maravilloso! ¡Esfuérzate, y esforcémonos! Hay que animar a otros y juntos animarnos a favor del pueblo y a favor de Dios. Los escuderos del ungidos son gente de ánimo, de unidad y de propósito compartido. La unidad hace eficaz la guerra espiritual.

Cuarto, *"y haga Jehová lo que bien le pareciere"*. ¡Que tremenda confianza en la providencia divina! Otro tremendo lema.

Los sirios le huyeron a Joab y los amonitas a Abisai (10:13-14). Los sirios se reunieron y buscaron refuerzos sirios del otro lado del Jordán (10:15-16). El ungido entonces entro al escenario, ya no era asunto de delegar, él personalmente tenía que liderar (10:17) y cruzó el Jordán a Helam, derrotando a sus enemigos. Le infligió a su infantería una baja de cuarenta mil hombres y mató a setecientos hombres de los carros de guerra, además de herir a Sobac, el general de ejército, que murió (10:18).

Leemos de los reyes enemigos del ungido y su pueblo: *"como habían sido derrotados delante de Israel, hicieron paz con Israel y le sirvieron; y de allí en adelante los sirios temieron ayudar más a los hijos de Amón"* (10:19).

Aquellos sirios que se pusieron a ayudar a los amonitas aprendieron la gran lección de su vida. Ayudar a los enemigos del ungido contra este tendrá siempre sus severas consecuencias.

Conclusión

(1) El ungido cuando tiene la oportunidad paga la ayuda que se le dio en el pasado. (2) El ungido estará consciente que muchos sospecharan carnalmente del motivo de sus acciones. (3) El maltrato que se le da a un asociado del ungido se le da a este.

EL PECADO DEL UNGIDO

"Y sucedió Un día, al caer la tarde, que se levantó David de su lecho y se paseaba sobre el terrado de la casa real; y vio desde el terrado a una mujer que se estaba bañando, la cual era muy hermosa. Envió David a preguntar por aquella mujer, y le dijeron: Aquella es Betsabé hija de Eliam, mujer de Urías heteo. Y envió David mensajeros, y la tomó; y vino a él y él durmió con ella. Luego ella se purificó de su inmundicia, y se volvió a su casa. Y concibió la mujer, y envió a hacerlo saber a David, diciendo: Estoy encinta" (2 S. 11:2-5).

Introducción

Era un tiempo de guerra, posiblemente el verano, y el ungido se quedó en su palacio en Jerusalén mientras Joab y sus siervos derrotaban a los amonitas (11:2). Una tarde el ungido vio a una hermosa mujer bañándose en su terraza, esposa de uno de sus siervos Urías heteo, la cual hizo llegar a él y tuvo relaciones íntimas, quedando embarazada (11:2-5).

El ungido trató de encubrir sus pecado, dándole a Urías heteo licencia del ejército para visitar a su esposa, pero este prefirió dormir a la puerta del palacio del rey (11:6-9). Luego trato de emborracharlo para ver si se allegaba a su esposa, pero esto también le falló (11:10-13).

Entonces mediante una carta a Joab, su sobrino y comandante del ejército israelita, pidió que a este se le pusiera en una posición de mucho peligro (11:14-16). Lo esperado sucedió, Urías heteo murió (11:17).

Con un mensajero, en un diálogo y un simulacro ya planificado, el rey sería informado de la muerte de Urías heteo (11:18-24).

Después de Betsabé guardar luto por su marido, el rey la hizo su mujer (11:26-27). El capítulo termina: *"Mas esto que David había hecho, fue desagradable ante los ojos de Jehová"* (11:26).

I. La ocasión

"Aconteció el año siguiente, en el tiempo que salen los reyes a la guerra, que David envió a Joab, y con él a sus siervos y a todo Israel, y destruyeron a los amonitas, y sitiaron a Rabá, pero David se quedó en Jerusalén" (11:1).

Posiblemente ese *"tiempo que salen los reyes a la guerra"* sea el verano. El ungido era un rey y ese tiempo de guerra era también su tiempo. El ungido debe ser un buen administrador de su tiempo. A cada cosa debe darle su tiempo. Hay tiempo de guerra y hay tiempo de paz; hay tiempo de trabajar y hay tiempo de descansar. Como lo expresa Eclesiastés: *"Todo tiene su tiempo"*.

El tiempo bien administrado puede ser el mejor aliado de cualquier ungido, pero mal administrado puede ser un tremendo enemigo. ¡Deje que el tiempo sea su amigo y no su enemigo!

David delegó a Joab y a sus siervos la dirección del ejército israelita en la guerra. Esa no era una guerra para ser delegada en otro. El ungido delegó en Joab lo que le tocaba hacer. Hay ministerios que no se pueden delegar a nadie.

A pesar de todo los amonitas fueron derrotados y la ciudad de Rabá sitiada. El éxito no siempre es señal de que el ungido está activo y cumpliendo con su deber.

Leemos: *"pero David se quedó en Jerusalén"*. El ungido mandó y no fue. Otros salieron y él se quedó.

II. La persona

"Y sucedió un día, al caer la tarde, que se levantó David de su lecho y se paseaba sobre el terrado de la casa real, y vio desde el terrado a una mujer que se estaba bañando, la cual era muy hermosa" (11:2).

"Y sucedió un día…" En un día muchas cosas pueden suceder. Lo que ha costado muchos días de consagración, de experiencias y de aprendizaje, se puede perder en un día. El testimonio de toda una vida se puede arruinar en un solo día.

"Al caer la tarde, que se levantó David de su lecho…" El ungido estaba durmiendo, cuando debería haber estado despierto. Ministros o ungidos que duermen cuando deben estar despiertos pueden ser victimas de situaciones que le pueden hacer daño espiritual.

"Y se paseaba sobre el terrado de la casa real..." En eso no había nada de malo, pero el tiempo y el lugar era malo. Muchas veces estar en el lugar y en horas equivocadas puede ser un desastre personal.

Probablemente David se paseaba en el terrado porque ya había visto en el pasado a Betsabé, y le estaba dando lugar en su corazón a la tentación o la estaba buscando con su corazón.

"Y vio desde el terrado a una mujer que se estaba bañando, la cual era muy hermosa". Todo coincidió a la misma vez para el ungido. Era como si él estuviera buscando la tentación. Por otra parte, era como si la tentación lo buscara a él.

III. La caída

"Y envió David mensajeros, la tomó; y vino a él, y él durmió con ella. Luego ella se purificó de su inmundicia, y se volvió a su casa" (11:4).

El pecado de Saúl fue contra la autoridad de Dios, el de rebelión. El pecado del ungido fue contra la santidad de Dios, el adulterio. Pecado es pecado, pero Dios trata con más severidad a los que se rebelan contra su autoridad.

El ungido al no refrenar sus pasiones naturales, y darle rienda a las mismas, violó la ética ministerial. El que había derrotado a un gigante, había vencido ejércitos, fue derrotado por una baja pasión.

Betsabé no hizo absolutamente nada por mantener la santidad de su matrimonio. No supo decir no. Se acostó con él, luego se purificó religiosamente y después se regresó a su casa muy tranquila.

Ambos adulteraron y violaron el contrato matrimonial. Por vez primera el ungido había perdido el brillo de la santidad. Se había transformado en un vaso deshonrado. El hombre fuerte se había hecho débil. En minutos se deslizo del esfuerzo que le había tomado toda una vida.

Flavio Josefo arroja luz a lo acontecido: *"Una tarde David fue a pasear por el terrado del palacio, como era su costumbre. Desde allí vio a una mujer muy hermosa bañándose en su casa con agua fría. Se llamaba Betsabé. Cautivado por su belleza e incapaz de refrenar su deseo envió a buscar a la mujer y durmió con ella. Quedando embarazada. Betsabé le pidió al rey alguna manera de ocultar su pecado, porque según las leyes merecía la muerte por adulterio"* (*Las obras esenciales*, publicado por Editorial Portavoz, p. 124).

Josefo señala varias cosas: (1) Betsabé estaba "bañándose en su casa con agua fría". Posiblemente para señalar que era la estación calurosa del verano. (2) David paseaba por el terrado "como era su costumbre". Dando a entender que era notorio a los vecinos y a Betsabé de estos paseos del rey. (3) La tentación para David fue irresistible: "Cautivado por su belleza e incapaz de refrenar su deseo envió a buscar a la mujer y durmió con ella". (4) Betsabé origina la idea de ocultar el pecado, "le pidió al rey alguna manera de ocultar su pecado". Con esta declaración Josefo muestra su simpatía por David. (5) Betsabé estaba consciente de la consecuencia de su pecado, "porque según las leyes merecían la muerte por adulterio".

IV. El resultado

"Y concibió la mujer, y envió a hacerlo saber a David, diciendo: Estoy encinta" (11:5).

El pecado cosecha pecado. Betsabé quedó encinta en su relación ilícita con el ungido. Al verse en este problema ella le hizo llegar esta noticia a David: "Estoy encinta".

Si ella no hubiera salido encinta, el pecado de ambos tendría más posibilidades de esconderse. Aunque no hay nada hecho en oculto que no salga público o a oscuras que no salga a la luz.

Betsabé se asustó: "Estoy encinta". En su vientre llevaba la consecuencia del pecado.

A David esa noticia lo estremeció. Si pudiéramos penetrar su mente y leer los pensamientos de aquel día, esto veríamos: "Ahora, la cosa se me ha puesto bien mal. Si alguien lo descubre, pierdo mi testimonio. Tengo que inventarme algo y así cubrir mi falta".

Lo que el ungido necesitaba era confesar su pecado y arrepentirse ante Dios; buscando la expiación de la sangre de un cordero, que sería la única cubierta. El ungido no podía disimular su pecado, tenía que confesarlo: aunque eso le costara el reino. Pero el ungido no lo haría, Dios tenía que descubrirlo públicamente.

Conclusión

(1) En tiempo de guerra, el ungido no se puede quedar inactivo. (2) La tentación siempre es atractiva de frente, pero horrible después que se va. (3) El ungido tiene que refrenar sus pasiones naturales. (4) Por más que se quiera es difícil refrenarse ante el pecado.

EL ENCUBRIMIENTO DEL UNGIDO

"Entonces David envió a decir a Joab:
Envíame a Urías heteo. Y Joab envió a Urías a
David. Cuando Urías vino a él, David le preguntó por
la salud de Joab, y por la salud del pueblo, y por el
estado de la guerra. Después dijo David a Urías:
Desciende a tu casa, y lava tus pies. Y saliendo Urías
de la casa del rey, le fue enviado presente de la mesa
real" (2 S. 11:6-8).

Introducción

Desde el momento en que Betsabé, esposa de Urías heteo, quedó encinta de David, este comenzó a ingeniárselas para encubrir su pecado. Aunque él había perdido su integridad, se preocupa por mantener su reputación. La integridad es lo que somos cuando nadie nos ve, la reputación es lo que queremos ser cuando otros nos ven.

David por intermedió de su sobrino y general Joab, hizo que Urías heteo llegara a él, y le dio licencia para visitar su hogar, enviándole un "presente de la mesa real" (11:8). Pero Urías heteo, durmió a la puerta de la casa del rey (11:9).

Al ser cuestionado por David, Urías le respondió: *"El arca e Israel y Judá están bajo tiendas, y mi señor Joab, y los siervos de mi señor, en el campo; ¿y había yo de entrar en mi casa para comer y beber, y a dormir con mi mujer? Por vida tuya, y por vida de tu alma, que yo no haré tal cosa"* (11:11).

Una vez más David se las ingenió invitándole a beber con él hasta que Urías se emborrachó, pero no visitó su casa (11:13). Finalmente, David se confabuló con Joab, para que pusiera a Urías heteo en el lugar más recio y peligroso de la batalla, para ser muerto (11:14).

Con todo un informe orquestado, David sería anunciado de las bajas militares y de su siervo Urías heteo (11:16-24).

David, actuando como un hipócrita experto, expresó palabras de ánimo a Joab, diciéndole al mensajero: *"Y tú aliéntale"* (11:25). Después de Betsabé guardarle luto a su marido, David tomó a la viuda por mujer y ella dio a luz un hijo.

El relato concluye con la opinión de Dios: *"Mas esto que David había hecho, fue desagradable ante los ojos de Jehová"* (11:27). David se podía engañar así mismo, podía engañar a otros, pero a Dios no lo pudo engañar. Dios nunca excusará el pecado ni de sus propios ungidos.

I. La licencia de descanso

"Después dijo David a Urías: Desciende a tu casa, y lava tus pies. Y saliendo Urías de la casa del rey, le fue enviado presente de la mesa real" (11:8).

El ungido le pidió a Joab que le enviara a Urías heteo. Este no era hebreo sino heteo. Uno que sacrificó su propio nacionalismo por ser un servidor y soldado de la casa de Judá a la casa de David.

Los Urías heteo representan a todos los que se niegan así mismos, por amor al ungido y a la visión de este. Pelean a favor del ungido y del visionario. En todo el relato de este negro capítulo, Urías aparece como la víctima, el incauto, el maltratado … pero él íntegro de la historia.

Cuando llegó a David este le preguntó: *"por la salud de Joab, y por la salud del pueblo, y por el estado de la guerra"* (11:7). Toda esta preocupación era un pretexto para lo que David le tenía tramado. Este en realidad no estaba preocupado por nadie, sino por sí mismo.

Cuando el ungido deja de relacionarse con la unción, su manera de pensar y su comportamiento se ve afectado. Los impulsos de la carne le dictan sus acciones. Notemos el mensaje que David le da a Urías heteo: *"Desciende a tu casa, y lava tus pies"* (11:8). Un soldado activo no podía visitar su casa en tiempo de guerra. David le da licencia oficial para que Urías se fuera a descansar a su casa. De esa manera este se allegaría a su mujer, y el embarazo de ella se le atribuiría a él.

Para darle ánimo, *"le fue enviado presente de la mesa real"* (11:8). O sea, le envió una buena cena de la preparada para el rey. Con esta lo estimulaba a tener una celebración con su mujer Betsabé.

Pero el siervo Urías *"durmió a la puerta de la casa del rey con todos los siervos de su señor, y no descendió a su casa"* (11:9). Aunque se le ofrecieron ventajas nos las tomó. Integridad, honestidad y servicio era su lema.

Cuando David le interrogó porque este no fue a descansar a su casa Urías le respondió: *"El arca e Israel y Judá están bajo tiendas, y mi señor Joab, y los siervos de mi señor en el campo; ¿y había yo de entrar en mi casa para comer y beber, y a dormir con mi mujer? Por vida tuya, y por vida de tu alma, que yo no haré tal cosa"* (11:11).

Urías reconocía sus responsabilidades como soldado. Sabía que era tiempo de guerra y a él no le tocaba estar en su casa para comer o tener relaciones intimas con su mujer. La razón de esto lo era la vida o seguridad de David como rey.

En tiempo de guerra David se quedó en su casa, mientras Urías no quería entrar a su casa. Él no quiso tener relaciones con su mujer con derecho y con permiso, David tuvo relaciones pecaminosas con esta sin derecho y sin permiso. Urías pensó en el rey, David no pensó en Urías.

Veamos la expresión: *"yo no haré tal cosa"*. ¡Qué tremendo porrazo para el ungido! ¡Un mensaje a la conciencia! ¡Eso yo no lo haré! David hizo lo que no temía que hacer y Urías no hizo lo que tenía derecho a hacer. ¡Un ejemplo de integridad!

II. El convite del engaño

"Y David lo convidó a comer y a beber con él hasta embriagarlo" (11:13).

David lo invitó a que se quedara hasta el próximo día. Luego lo invitó "a comer y a beber con él, hasta embriagarlo". David continuó complicándose la vida por causa de su pecado. Buscó que Urías heteo se embriagara pensando que este en un estado ebrio violaría su código de integridad y ética.

Los que son íntegros no se dejan comprar con comidas ni banquetes. No ponen su ojo derecho en la mesa de la negociación ni del compromiso ético. Son como los de Jabes de Galaad que no le entregaron sus ojos derechos a Nahas ("serpiente") amonita.

El pecado se excusa con otro pecado; pero el pecado se resuelve con el arrepentimiento. David encubre su pecado, pero no quiere confesar su pecado. El pecado es padre del pecado y el arrepentimiento es padre del perdón.

Esa tarde Urías heteo, se fue a dormir con los siervos de Joab, *"mas no descendió a su casa"* (11:13). Dios cuidaba la integridad de Urías heteo. Su servicio militar le era más importante que quedarse en su casa. Para muchos quedarse en la casa le es más importante que cumplir con su oficio y servicio al Señor.

III. La confabulación de muerte

"Y escribió en la carta, diciendo: Poned a Urías al frente en lo más recio de la batalla, y retiraos de él, para que sea herido y muera" (11:15). El ungido sin la unción puede tornarse en una persona peligrosa y dañina a otros; especialmente cuando trata de encubrir sus debilidades o su estado de pecado.

David dejó de pensar como el ungido y comenzó a pensar con una mente carnal. Le pidió a Joab que pusiera a Urías heteo en una posición susceptible en la batalla y que de esa manera muriera. Con él muerto, el ungido se casaría con Betsabé y su reputación se mantendría en la pantalla de la opinión pública.

No solo le quitó a un hombre su esposa, también le quitó su vida. De adultero se gradúo a homicida. Un pecado lo lleva a otro. Lo triste es ver que Joab su sobrino y principal general, conocía la doble vida del ungido, de su acción pecaminosa y no hizo nada por confrontarlo. Mas se presta para ayudarlo a encubrir su pecaminosidad.

Todo salió como anillo al dedo (11:22-24). Ante el mensajero, David declaró: *"Así dirás a Joab: No tengas pesar por esto, porque la espada consume, ora a uno, ora a otro; refuerza tu ataque contra la ciudad, hasta que la rindas. Y tu aliéntale"* (11:25).

David suena preocupado, pero satisfecho por la muerte de Urías. Habla como un profesional, pero sin sensibilidad humana. Él solo estaba interesado en él.

Con un Urías muerto David no tendría que responder humanamente a nadie. Pero se había olvidado que desde los balcones celestiales uno lo estaba vigilando. Después de Betsabé guardarle luto a Urías, David hizo a esta su mujer y le nació el hijo del fruto del pecado.

Pero dice el relato bíblico: *"Mas esto que David había hecho fue desagradable ante los ojos de Jehová"* (11:27). A otros le podemos esconder nuestro pecado, pero no a Dios. El pecado puede ser agradable a la carne pero a los ojos de Dios será desagradable. David buscaba reputación, Dios le exigía integridad.

Conclusión

(1) El pecado le corta la unción al ungido, y sin esta, el comportamiento se ve afectado. (2) La única cura contra el pecado es el arrepentimiento. El ungido no puede excusar su pecado lo tiene que confesar. (3) El ungido sin la unción puede ser una persona dañina a otros y actuar impulsado por la carne.

EL DESCUBRIMIENTO DEL UNGIDO

"Entonces dijo Natán a David: Tú eres aquel hombre. Así ha dicho Jehová, Dios de Israel: Yo te ungí por rey sobre Israel, y te libré de la mano de Saúl, y te di la casa de tu señor, y las mujeres de tu señor en tu seno; además te di la casa de Israel y de Judá; y si esto fuera poco, te habría añadido mucho más. ¿Por qué, pues, tuviste en poco la palabra de Jehová, haciendo lo malo delante de sus ojos? A Urías heteo heriste a espada, y tomaste por mujer a su mujer, y a él lo mataste con la espada de los hijos de Amón" (2 S. 12:7-9).

Introducción

Un año después del ungido haber cometido su pecado de adulterio con Betsabé, y haber conspirado para la muerte de su siervo Urías heteo, Jehová levantó al profeta Natán, quien llegó al ungido y le señaló su pecado.

Natán con respeto y protocolo, mediante una parábola, logró buscar la reacción del ungido y su propia sentencia.

Dios nunca pasará por alto o excusará el pecado de sus ungidos. La unción no le da licencia para pecar a los ungidos. Tarde o temprano el pecado de los ungidos saldrá en la plana mayor de Dios.

El ungido podrá olvidarse de su pecado, lo podrá suprimir en su subconsciente, podrá reparar grietas sociales y heridas emocionales; pero Dios le sacará en cara y públicamente su pecado privado y disimulado. Dios tratará severamente a sus ungidos que abusando de su unción y de su posición pecan con premeditación y alevosía.

I. El mensajero

"Jehová envió a Natán a David; y viniendo a él, le dijo: Había dos hombres en una ciudad, el uno rico, y el otro pobre" (12:2).

Dios siempre tendrá algún profeta de Él, guardado en algún lugar, que traerá al lugar donde esté el ungido. Natán vino a David porque Jehová Dios lo había comisionado.

Natán era un profeta de protocolo y de respeto. Ya David lo conocía, y ante este tenía credibilidad. Esa audiencia ante el rey, el ungido, no le fue difícil. Como profeta de Dios, y reconocido en su oficio, al identificarse ante el presidente de protocolo o el secretario de palacio, tenía acceso inmediato al monarca.

Natán no era un profeta que hacia alardes de su don de profecía. El poder llegar ante el ungido no le inflamaba su ego profético. Él se veía como un mensajero y un emisario del Dios celestial.

Se le introduce a David sin muchos rodeos mediante la narración de una historia. Con una alegoría, apela a la imaginación, sentimientos y voluntad del monarca.

Le habló de dos hombres, de clases sociales diferentes, uno rico y el otro pobre; pero de la misma ciudad. A pesar de sus muchas vacas y ovejas, propiedad del rico, y en contraste con una sola corderita, que era la mascota del pobre y de la familia; ante una visita inesperada, el rico se apropió de la corderita del pobre, para alimentar a su visitante (12:2-4).

Notemos la expresión *"una sola corderita"* (12:3). Representa todo lo que es de valor y es importante para alguien. La corderita era la felicidad de la familia del pobre. Comía de lo que estos comían y bebía de lo que ellos bebían, y aun compartía el lecho con ellos. Era un miembro indefenso de la familia.

David había sido pastor de *"pocas ovejas"* (1 S. 17:28). También había sido un niño pobre en una familia necesitada. Esa alegoría sin lugar a dudas apelaría a su justo juicio.

El ungido reaccionó con coraje. Leemos: *"Entonces se encendió el furor de David en gran manera contra aquel hombre, y dijo a Natán: Vive Jehová, que el que tal hizo es digno de muerte. Y debe pagar la cordera con cuatro tantos, porque hizo tal cosa, y no tuvo misericordia"* (12:5-6).

La reacción del ungido fue justa, pero él no fue justo; fue de misericordia, pero él no fue misericordioso; fue en contra del abuso, pero él fue un abusador. ¿Cuantas veces los ungidos no declaran para otros un juicio, que debe ser para ellos? Atacar a otros puede ser una proyección de juez, muchas veces para disimular la posición de acusado. Los que condenan mucho, las más de las veces quieren absolverse mucho.

II. La confrontación

"Entonces dijo Natán a David: Tú eres aquel hombre..." (12:7). Cuando un ungido le falla a Dios, algún profeta le aparecerá con un mensaje de confrontación. "El pez muere por la boca", es un dicho popular. El ungido se ató con sus propias palabras ante el profeta Natán. Sin arrogancia, el profeta descubre a David como el personaje malo de su pequeña historia.

En ese momento el Espíritu empieza a utilizar a Natán como interlocutor: *"Así ha dicho Jehová, Dios de Israel: Yo te ungí por rey sobre Israel, y te libre de la mano de Saúl, y te di la casa de tu señor, y las mujeres de tu señor en tu seno; además te di la casa de Israel y de Judá; y si esto fuera poco, te habría añadido mucho más. ¿Por qué, pues, tuviste en poco la palabra de Jehová, haciendo lo malo delante de sus ojos? A Urías heteo heriste a espada, y tomaste por mujer a su mujer, y a él lo mataste con la espada de los hijos de Amón"* (12:7-9).

Jehová le deja ver al ungido que este llegó a ser lo que era y a tener lo que tenía por su gracia y su misericordia. Los logros del ungido eran como resultado de la bendición de Dios en su vida. El ungido nunca se podía olvidar de dónde lo sacó Dios y dónde lo había puesto. Muchos ungidos, ya grandes, se olvidan de cómo Dios los ayudó, y los puso donde se encuentran. Todo lo que era de Saúl, Dios se lo entregó al ungido, trono, casa, harén, y aun le unió la casa de Israel con la casa de Judá. Y le quería añadir más.

El ungido le falló a Dios, le falló a su pueblo y se falló así mismo porque tuvo en poco la palabra de Jehová (12:8). Descuidó la Palabra de Dios en su vida. La Palabra ausente del corazón del ungido lo hará tropezar y fracasar.

El ungido tiene que ser gente del Libro. La Palabra debe influir en su vida. La unción no se puede separar de la Palabra. El ungido ama, obedece, se somete y vive en la Palabra. Esta es la que da dirección al ungido, le da fuerzas y lo alerta contra el pecado.

Notemos, *"y aun le quería añadir más"*. Esa añadidura que Jehová tenía para el ungido este la perdió. Desde el momento que pecó, ese "más" le fue cortado. Se cerró la llave de paso.

III. La sentencia

"Por lo cual ahora no se apartará jamás de tu casa la espada, por cuanto me menospreciaste, y tomaste la mujer de Urías heteo para que fuese tu mujer" (12:10).

Cuando un ungido peca contra la santidad de Dios, Él se siente menospreciado. Dios le declaró en su sentencia a David: *"Ahora no se apartará jamás de tu casa la espada"*. La *"espada"* simbolizaba la violencia que experimentaría la familia del ungido. El pecado del ungido puede afectar su familia y también aquellos a los cuales ha sido llamado a ministrar.

Dios le repitió mucho al ungido: *"y tomaste por mujer a su mujer"* (12:9); *"y tomaste la mujer de Urías heteo para que fuese tu mujer"* (12:10). Esa redundancia recordaba a David que su acción desagradó a Dios.

Como David no respetó una mujer ajena, sus mujeres serían tomadas por su prójimo, y violadas de día y públicamente (12:11). Por el consejo de Ahitofel que aconsejó a Absalón para que tuviera relaciones con las concubinas de David; en este se cumplió la profecía de juicio (2 S. 16:20). Leemos: *"Entonces pusieron para Absalón una tienda sobre el terrado, y se llegó Absalón a las concubinas de su padre, ante los ojos de todo Israel"* (16:22).

David tomó a Betsabé secretamente, pero su hijo le tomó a sus mujeres públicamente (12:12). Las consecuencias del pecado secreto del ungido puede tener efectos públicos. Lo que el ungido siembra, eso también cosechará.

IV. El arrepentimiento

"Entonces dijo David a Natán: Pequé contra Jehová. Y Natán dijo a David: También Jehová ha remitido tu pecado; no morirás" (12:13).

El pecado del ungido merecía la muerte. Pero le fue conmutada la sentencia cuando confesó, sin entrar en detalles, su pecado: *"Pequé contra Jehová"*. Esa admisión de pecado logró la remisión del mismo por parte de Dios.

En el Salmo 51 el ungido amplió su arrepentimiento y cantó su caída y restauración. Es un salmo de penitencia que resalta la gracia y misericordia divina.

En 2 Samuel 12:14 leemos: *"Mas por cuanto con este asunto hiciste blasfemar a los enemigos de Jehová, el hijo que te ha nacido ciertamente morirá"*.

Cuando el ungido peca, y por su pecado los enemigos de Dios blasfeman algo le tiene que morir. A David le fue su hijo, a otros parte de su ministerio.

Los versículos 15 al 23 describen el juicio de muerte que vino sobre el niño nacido en adulterio, a causa del ungido y de Betsabé. Aunque el ungido hizo oraciones con ruego, acompañados de la abstinencia alimenticia, durante siete días de enfermedad que

El descubrimiento del ungido

tenía el niño, finalmente murió y Dios cumplió su voluntad. Una vez fallecido el niño, el ungido *"se lavó y se ungió, y cambió sus ropas, y entró a la casa de Jehová, y adoró. Después vino a su casa, y pidió, y le pusieron pan, y comió"* (12:20). Esta extraña conducta sorprendió a sus siervos. Pero el ungido había realizado que todo lo acaecido era la voluntad divina para su vida. Él hizo lo que espiritualmente tenía que hacer y ahora tenía que ser realista y continuar viviendo en esperanza (12:22).

Este capítulo termina presentando al ungido como un consolador para Betsabé, y quedando esta encinta. Otro hijo les nació y el ungido le puso por nombre Salomón ("Príncipe de Paz"). Pero Dios a través de profeta Natán, le hizo llamar "Jedidías" ("Amado de Jehová", 12:24).

Conclusión

(1) Dios siempre levantará a un Natán para que amoneste al ungido cuando peque. (2) El ungido nunca debe olvidar que está donde está por la gracia y misericordia de Dios. (3) Las consecuencias de un pecado moral y secreto del ungido, puede tener consecuencias públicas y personales. (4) La aceptación de la culpa por parte del ungido que ha pecado, le puede librar de un juicio severo.

LA HONRA AL UNGIDO

"Entonces envió Joab mensajeros a David, diciendo: Yo he puesto sitio a Rabá, y he tomado la ciudad de las aguas. Reúne, pues, ahora al pueblo que queda, y acampa contra la ciudad y tómala, no sea que tome yo la ciudad y sea llamada de mi nombre. Y juntando David a todo el pueblo, fue contra Rabá, y combatió contra ella, y la tomó" (2 S. 12:27-29).

Introducción

Joab en un operativo militar sitió a Rabá, ciudad amonita, y la tomó (12:26). Pero en vez de acreditarse la toma de la misma, notificó al ungido para que tomara la gloria del asalto final (12:27-28).

Joab declaró: *"y acampa contra la ciudad y tómala, no sea que tome yo la ciudad y sea llamada de mi hombre"* (12:28). Él no estaba interesado en renombre, ni en reconocimientos públicos, le bastaba con tener el honor y el privilegio de combatir a favor del ungido.

Leemos: *"Y quitó la corona de la cabeza de su rey..."* (12:30). El ungido personalmente destronó al rey enemigo. Tuvo la gloria de quitarle su corona símbolo de su reinado. Joab ayudó al ungido a lucir bien públicamente.

I. El servicio

"Joab peleaba contra Rabá de los hijos de Amón, y tomó la ciudad real" (12:26).

Joab era un fiel servidor y colaborador del ungido. Se mantenía activo a favor de la causa y el ministerio del ungido. Fue un líder que había captado la visión del ungido. La visión siempre habla de dirección y propósito, y esto era algo que Joab entendía bien.

Rabá era una ciudad real. Por decirlo así, un distrito nacional, un distrito federal. Era cabecera de nación. El combatirla y tomarla era importante para la extensión territorial del reinado de David. Se le conocía como "la ciudad de las aguas" (12:27). Antiguamente se peleaba por las ciudades con manantiales, las cuales presentaban más resistencia a los invasores.

Hombres y mujeres ungidos deben rodearse de personas que reconozcan la importancia de servirles, protegerles y luchar a favor de ellos. Que no les interesen brillar ellos, sino de hacer brillar a sus autoridades.

En la toma de la ciudad de Rabá, Joab con sus hombres luchó a muerte; arriesgó su propia seguridad, pero con gozo y alegría sabía que lo hacia en servicio del ungido y en servicio a Dios.

Muchos se sienten "usados" por los ungidos, cuando en realidad es el Espíritu Santo el que los está usando. Joab nunca se vio como alguien usado por David, más bien se veía como un privilegiado en lo que hacia.

II. El derecho

"Reúne, pues, ahora al pueblo que queda, y acampa contra la ciudad y tómala, no sea que tome yo la ciudad y sea llamada de mi nombre" (12:28).

Joab envió mensajeros a David para infórmale que Rabá estaba sitiada, y que ya estaba tomada (12:27). La rendición de su fuerza de defensa era evidente. ¿Buscaría Joab la gloria de su rendición o pensaría Joab que a David le tocaba ese derecho? Él no pensó en sí mismo, detuvo el asalto final e invitó al ungido para que terminara la última fase de la misión.

Si Joab hubiera tomado la ciudad de seguro a esta se le hubiera llamado "Joabita". Pero eso de tener su nombre dondequiera no le interesaba a él. Cuando se tiene una revelación o una conciencia de la gloria del ungido, ningún subalterno pretendería la misma. El reconocer el lugar de la segunda gloria trae bendición. Cuando se usurpa el lugar de la primera gloria, que no corresponde, uno se corrompe y pierde el respaldo divino.

El servicio es más importante para Dios que el reconocimiento. Los que buscan honrar a sus líderes, sus autoridades espirituales, serán tarde o temprano honrados por Dios mismo.

Joab no quiso tomar a Rabá, quería que el ungido la tomara. Él declaró: "y acampa contra la ciudad". No se puede tomar lo que por derecho le corresponde al ungido, a no ser que ese privilegio sea conferido a la persona por el ungido.

III. La toma

"Y juntando David a todo el pueblo, fue contra Rabá, y combatió contra ella y la tomó" (12:29).

El ungido asaltó sin dificultad y sin mucho trabajo la fortaleza enemiga. Con el grupo de hombres que tenía, combatió y tomó oficialmente la ciudad. Tomar esa ciudad era la visión en realidad del ungido y no de su general subalterno.

Despojando al rey de Rabá de su hermosa y costosa corona de oro y de piedras preciosas, el ungido luego fue coronado con la misma (12:30), y era él rey de Rabá. Muchas coronas de los impíos Dios se las está dando a su iglesia y sus ungidos.

Leemos: *"Y sacó muy grande botín de la ciudad. Sacó además a la gente que estaba en ella, y los puso a trabajar con sierras con tríllos de hierro y hachas de hierro, y además los hizo trabajar en los hornos de ladrillos; y lo mismo hizo a todas las ciudades de los hijos de Amón. Y volvió David con todo el pueblo a Jerusalén"* (12:30-31).

Primero, *"y sacó muy grande botín de la ciudad"*. La Iglesia del Señor por causa de los ungidos será bendecida con muchos de los recursos que ha estado atesorando y guardando el mundo.

Segundo, *"sacó además a la gente que estaba en ella, y los puso a trabajar con sierras, con trillos de hierro y hachas de hierro, y además los hizo trabajar en los hornos de ladrillo"*.

Era costumbre antigua que a los conquistados se les expatriaba y eran convertidos en esclavos por los conquistadores. Notamos por lo referido que Israel y Judá era una nación industrializada donde el uso del *"hierro"*, ya empleado, y *"los hornos de ladrillo"*, indica que la industria de la construcción con estos materiales estaba avanzada.

Tercero, *"y lo mismo hizo a todas las ciudades de los hijos de Amón"*. Los ungidos tomarán ciudades y luego naciones. Los avivamientos persiguen afectar individualmente la congregación, otras congregaciones, el barrio, la ciudad y toda una nación. Es un fuego que se propaga y extiende.

Cuarto, *"y volvió David"*. El ungido regresa siempre victorioso a su ciudad una vez cumplida la misión de alcanzar naciones. Se declara: *"con todo el pueblo"*, del bando del ungido no hubo bajas. Estar al lado de los ungidos ofrece seguridad y estabilidad. Con ellos se sale y con ellos se regresa.

Conclusión

(1) Hay que luchar a favor de la visión del ungido. (2) Hay que tener una revelación de la gloria del ungido, y darle a este el honor de ser primero. (3) Hay que reconocer que el ungido despoja para que sea reconocido por los suyos.

LA CRISIS DEL UNGIDO

"Entonces Amnón dijo a Tamar: Trae la comida a la alcoba, para que yo coma de tu mano. Y tomando Tamar las hojuelas que había preparado, las llevó a su hermano Amnón a la alcoba. Y cuando ella se las puso delante para que comiese, asió de ella y te dijo: Ven, hermana mía, acuéstate conmigo. Ella entonces le respondió: No, hermano mío, no me hagas violencia; porque no se debe hacer así en Israel. No hagas tal vileza" (2 S. 13:10-12).

Introducción

Absalón y Tamar eran hermanos de padre y madre; y su medio hermano por parte de padre Amnón se enamoró de ella (13:1-2). Su amigo y primo Jonadab, hijo de Simea, hermano de David, le aconsejó que se fingiera enfermo cuando su padre lo visitara y que le pidiera que le enviara a su hermana para darle de comer (13:3-10). Ocasión que aprovechó Amnón para violarla a la fuerza (13:11-14).

Luego de este sádico y maniático sexual satisfacer su desenfrenado apetito la echó de su presencia (13:15-17). Tamar vestía un vestido de colores que era propia de las vírgenes (13:18); y echando cenizas sobre la cabeza rasgó el vestido e hizo pública su violación.

Aunque el ungido no se menciona, ni aparece en este capítulo, lo ocurrido señal una crisis en su familia. Es una historia de amor incestuoso, violación sexual, desprecio a la mujer y vergüenza humana. Con Tamar se identifican todas aquellas mujeres que han sido sexualmente abusadas y socialmente maltratadas.

I. Un amor imposible

"Y estaba Amnón angustiado hasta enfermarse por Tamar su hermana, pues por ser ella virgen, la parecía a Amnón que sería difícil hacerle cosa alguna" (13:2).

Tamar era *"una hermana hermosa"* de Amnón, y este *"se enamoró de ella"* (13:2). El nombre Tamar significa "palmera"; el cual describe adecuadamente su atractivo femenino.

Amnón entra en una obsesión amorosa por su hermana Tamar. Lo que le produjo un estado emocionalmente angustiado, con efectos enfermizos; es decir sicosomáticos.

Leemos: *"por ser ella virgen, le parecía difícil hacerle cosa alguna"*. En Israel las vírgenes tenían que ser respetadas. *"Por ser ella virgen"*. Dios da mucha importancia a la virginidad. Vivimos en una época cuando los valores morales se pisotean y la virginidad se tiene por muchas y muchos en muy poco.

Hay jóvenes a las que no les es importante ser o casarse vírgenes. Están dispuestas a entregar su virginidad por una demostración de amor. La virginidad es el más preciado tesoro que una mujer puede tener. Ese tesoro no se lo puede regalar a nadie, solo le pertenecerá al que empeñará y comprometerá su vida con la que será su esposa y compañera de sus días.

La *"virgen"* es la mejor representación de una iglesia que se guarda santa pura inmaculada y sin manchas para Cristo. Solo las "vírgenes" deben vestir traje blanco, corona y velo ante un altar. Cualquiera otra sería simplemente una impostora, una actriz y una engañadora de la sociedad. El blanco habla de santidad y pureza. Por eso la novia viste de blanco por fuera y por dentro. Se codea con un sequito de vírgenes y mancebos y carga un ramo de flores símbolo de su primavera.

"Le parecía difícil hacerle cosa alguna". Ese era el amor imposible, el deseo sexual prohibido. Un hermano con amor eros y no fileo hacia su hermana. Amnón miraba con los ojos de la pasión carnal a Tamar y no con los ojos del espíritu.

Se había corrompido sexualmente, era un enfermo de sus pasiones. Deseaba a su hermana materna. Bajo la ley estaba prohibida este tipo de relación o incesto. Amnón comenzó acosando sexualmente a su hermana Tamar. Las mujeres son la principales victimas del acoso sexual. El acoso sexual se le hace verbalmente con expresiones, palabras y chistes de insinuaciones sexuales. Cuando un hombre le dice sexualmente algo a una mujer con insistencia que esta no quiere escuchar, es acoso sexual.

El acoso sexual tiene que ver con aprovechamientos físicos,

con toques premeditados o con exhibiciones sexuales. La ley de los Estados Unidos de América y de otras naciones consideran el acoso sexual como un delito que puede castigarse hasta con la cárcel.

II. Una mentira disfrazada

"Y Jonadab le dijo: Acuéstate en tu cama, y finge que estás enfermo; y cuando tu padre viniere a visitarle, dile: Te ruego que venga mi hermana Tamar, para que me dé de comer, y prepare delante de mí alguna vianda..." (13:5).

Jonadab, hijo de Simea, hermano de David, aconsejó a su primo Amnón que fingiéndose enfermo le pidiera a su padre David que le enviara a Tamar para atenderlo (13:3-10).

Utilizaría la mentira y el engaño para tener acceso a su virgen hermana y abusarla sexualmente. Los violadores buscan siempre victimas indefensas, a las cuales ellos con fuerza física o armados puedan someter y sin escrúpulos robarle su derecho sexual.

Veamos algunas diferencias entre el acosador, el abusador y el violador sexual:

Primero, *el acosador*, ya he dicho algo sobre este individuo, que se goza en faltarle al respeto a las mujeres y que denigrándolas sexualmente busca proyectar su "machismo". Ve a la mujer como un objeto sexual un juguete para él entretenerse. Se siente con derecho a decir y a hacer con una mujer lo que le venga en gana. En esta categoría entra el "fisgón" o "tocador".

Segundo, *el abusador*. Sobre este diremos que es un sinvergüenza con todas la letras mayúsculas. Abusa de ambos sexos, prefiriendo los niños y las niñas. A los cuales va seduciendo con regalos, dinero y dulces. Se gana poco a poco la confianza de los chicos; y siempre les dice que no les digan nada a sus padres; porque estos se opondrán a que sean amigos.

También presenta amenazas de matar al padre y a la madre de estos, si son delatados por el niño y la niña lo que le da oportunidad del chantaje. Casi siempre son personas de confianza por parte de los padres. El menos que uno se imagina puede ser un abusador sexual. A estos les gusta tocar los genitales de las niñas e incitan a los niños a la sodomía. Se prestan para los niños toque sus genitales. Son descarados, malditos y merecen que el peso de la ley les caiga sin clemencia.

Tercero, *el violador*. Este emplea la fuerza para lograr sus propósitos. A veces está familiarizado con sus victimas, pero la mayoría de las veces estas cruzan accidentalmente en su camino.

Se satisface sexualmente viendo a sus victimas luchando para no ser violadas. Parecido al abusador, el violador, también experimentó algún grado de abuso y violación sexual. Muchas violadores cometen sus crímenes esporádicamente, a veces pasan años antes de atacar su próxima victima. Otros lo hacen en serie y pueden que nunca antes lo habían hecho. Muchas victimas son asesinadas por temor del violador de ser reconocido.

III. Un abuso ventajoso

"Y cuando ella se las puso delante para que comiese, asió de ella, y le dijo: Ven, hermana mía, acuéstate conmigo" (13:11).

El ungido accedió a la petición de su hijo Amnón (13:6); y le envió a Tamar para que le cocinara (13:7); lo cual ella hizo (13:8). Cuando le ofreció la comida él no quiso comer (13:9).

Amnón con todo programado dio esta orden: *"Echad fuera de aquí a todos. Y todos salieron de allí"* (13:9). Entonces le pidió a ella que le sirviera con sus propias manos (13:10).

Al ella acercársele, la tomó por la mano y le dijo: *"Ven, hermana mía, acuéstate conmigo"* (13:11). Amnón sabía que ella era su hermana, pero la deseo con pasión. su sistema de valores estaba alterado.

Tamar le declaró: *"No hermano mío, no me hagas violencia, porque no se debe hacer así en Israel. No hagas tal vileza"* (13:12). Le recuerda que aunque ella es mujer, lo ve a él como su hermano, y él la debe tratar con el respeto y pudor que como hermana merece.

Luego le añade: *"no me hagas violencia"*. En sus ojos y en el fuerte apretón con la mano, Tamar sentía el contacto de un violador. Las mujeres tienen un sentido que puede detectar cuando un hombre se interesa en ellas o tiene malas intenciones.

A eso te agrega: *"porque no se debe hacer así en Israel"*. Lo que Amnón quería hacer iba contra la ley de Israel. Amnón fue un acosador, abusador y violador, que ignoró el ruego y suplica de su hermana Tamar (13:13-14).

Leemos de su acción: *"Mas él no la quiso oír, sino que pudiendo más que ella, la forzó, y se acostó con ella"* (13:14). Técnicamente violación sexual es todo acto sexual que un hombre por la fuerza tiene con una mujer contra su voluntad.

El amor pasional que él tenía por ella se transformó en aborrecimiento y odio (13:15). La echó de su casa como a una cualquiera (13:16-17). Tamar echándose cenizas sobre su cabeza, rasgó su vestido de colores y salió a la calle gritando (13:19).

IV. Una venganza fratricida

"*Y los criados de Absalón hicieron con Amnón como Absalón les había mandado*" (13:29).

Absalón inmediatamente sospechó que el violador de su hermana Tamar, lo fue su medio hermano Amnón y le declaró: "*no se angustie tu corazón por esto*" (13:20). Quedándose esta en su casa (13:20).

Esto "*enojó mucho*" a David (13:21). Absalón no discutió el asunto con Amnón, aunque por lo que hizo a Tamar lo aborrecía (13:22). Absalón a los dos años, en tiempo de las trasquila, convenció a su padre David para que les permitiera a sus hermanos príncipes, incluso a Amnón, celebrar fiesta con él (13:23-26).

Absalón le dio órdenes a sus criados de matar a Amnón cuando estuviera borracho y esto lo hicieron así (13:28-29). Los demás hermanos huyeron en sus mulas (13:29). A David se le dijo que Absalón había dado muerte a todos los príncipes, y el ungido y sus criados rasgaron sus vestidos (13:30-31).

Jonadab, sus sobrino, le confirmó que el único muerto lo fue Amnón, en venganza porque este violó a Tamar hermana de Absalón (13:32-33). Un joven atalaya vio a los príncipes, hijos de David que venían (13:34). Los príncipes, el rey y sus siervos lloraron a Amnón (13:36).

Mientras tanto Absalón huyó (13:34) y se buscó refugio con Talmai hijo de Amiud, rey de Gesur (13:37). Allá se quedó en el exilio por tres años y David lo deseaba ver (13:38-39).

Conclusión

(1) Un cincuenta por ciento de las mujeres son victimas del acoso, abuso y violación sexuales. (2) Los violadores buscan siempre víctimas indefensas para cometer sus delitos sexuales. (3) La violencia sexual es todo acto sexual que un hombre por la fuerza tiene con una mujer contra su voluntad. (4) *David el ungido* descuidó a sus hijos y de ahí que un hermano violara a su hermana y que el otro hermano le diera muerte al violador.

EL MANIPULEO DEL UNGIDO

"Conociendo Joab hijo de Sarvia que el corazón del rey se inclinaba por Absalón, envió Joab a Tecoa, y tomó de allá una mujer astuta, y le dijo: Yo te ruego que finjas estar de duelo, y te vistas ropas de luto, y no te unjas con óleo, sino preséntate como una mujer que desde mucho tiempo está de duelo por algún muerto; y entrarás al rey, y le hablarás de esta manera. Y puso Joab las palabras en su boca. Entró, pues, aquella mujer de Tecoa al rey, y postrándose en tierra sobre su rostro, hizo reverencia, y dijo: ¡Socorro, oh rey!" (2 S. 14:1-3).

Introducción

El capitulo 13 de Segundo Samuel termina con estas palabras: *"Y el rey David deseaba ver a Absalón; pues ya estaba consolado acerca de Amnón, que había muerto"*.

Absalón huyó a Gesur, después de haber dado orden de muerte para su hermano Amnón, en venganza por la violación sexual que este le hizo a Tamar su hermana, y allá estuvo tres años (13:38).

Joab, sobrino de David, primo de Absalón y comandante del ejército de Israel, conociendo que David se inclinaba a favor de Absalón, utilizó a una mujer astuta de Tecoa, para que con una historia inventada, donde su marido había muerto, y en una riña de sus hijos uno mató al otro, y su familia le exigía que el que mató fuera muerto, y dejándola sin un heredero (14:1-7).

El ungido simpatizó con la supuesta causa de la fingida viuda de Tecoa (14:8-10). Ella hizo que el rey se comprometiera con su palabra dando seguridad y protección al supuesto hijo vivo y vengador (14:11).

Luego ella confrontó al ungido y le señaló su propia conducta al no permitir a Absalón regresar de su destierro (14;12-17). El ungido luego interroga a la mujer y confirma su convicción que detrás de todo esto estaba su sobrino Joab (14:18-20).

El ungido luego dio orden a Joab de que hiciera regresar a Absalón (14:21); lo cual agradeció Joab (14:22). El príncipe Absalón fue traído por Joab a Jerusalén, bajo condición de permanecer en su casa y no ver el rostro del ungido (14:23-24).

Absalón se describe como apuesto y galán, con larga cabellera, padre de tres hijos y de una hija llamada Tamar en memoria de su hermana (14:25-27). Durante dos años no vio el rostro del rey (14:28); en total cinco años sin ver al ungido. Absalón quiso entonces enviarlo al rey, pero Joab se negó (14:29). Dando órdenes a sus siervos de quemarle su campo de cebada, que estaba junto al de él (14:30).

Al Joab cuestionar el mal proceder de los siervos de Absalón contra él, le respondió: *"He aquí yo he enviado por ti, diciendo que vinieses acá, con el fin de enviarte al rey para, decirle: ¿Para qué vine de Gesur? Mejor me fuera estar aun allá. Vea yo ahora el rostro del rey; y si hay en mí pecado, máteme"* (14:32).

Joab intercedió ante el ungido por Absalón (14:33). La presencia de Absalón en el palacio real provocaría problemas futuros al ungido.

I. El entrometimiento

"Conociendo Joab hijo de Sarvia que el corazón del rey se inclinaba por Absalón" (14:1).

En la vida política del ungido, Joab usa intercambiablemente dos sombreros: el de sobrino como hijo de Sarvia hermana de David y el de comandante militar. Muchas veces no supo separar una posición de la otra.

Joab fue un tremendo guerrero, estratega militar y fiel escudero del ungido; pero también le fue un tremendo dolor de cabeza. Era un entrometido que se metía en lo que no le importaba.

Conociendo que el corazón del ungido se inclinaba y sentía por su hijo Absalón, Joab en vez de orarle a Dios para que arreglara las cosas, decide que él mismo arreglaría esa situación de padre a hijo de David con Absalón.

Es peligroso tratar de ayudar a Dios. Joab tenía el síndrome de "arréglalo todo". Por eso utilizó a una mujer de Tecoa, *"astuta"*, que la hizo pretender que era viuda, con dos hijos y que uno mató al otro, mientras la familia reclamaba justicia. Con esta historia se presentó delante del ungido (14:2-7).

Esta mujer *"astuta"* de Tecoa encarnaba la mentira y el engaño. Estaba dispuesta a mentirle en su cara al ungido. Leemos: *"Y puso Joab las palabras en su boca"* (14:3). Sería la interlocutora de Joab. No hablaría por sí misma, hablaría por otro.

Muchos se convierten en interlocutores de otros contra los ungidos. Se dejan usar por personas negativas que solo se interesan en manipular y aprovecharse de la bondad del ungido. El grave problema de Joab era que se entrometía en los asuntos personales del ungido, hablaba lo que no tenía que hablar y hacía lo que no tenía que hacer.

Con esta historia creada por Joab, la mujer de Tecoa apeló a los buenos sentimientos del ungido, y lo hizo hablar con justicia (14:8-11). Luego con la propia palabra del ungido, lo confronta con su actitud hacia su hijo Absalón y lo puso cara a cara con Dios.

Los ungidos son personas de palabra. Cuando empeñan su palabra comprometen su carácter. Por eso los ungidos no son ligeros en contestar u opinar. Se toman el tiempo para analizar lo que otros dicen. Hay que saber cuando, cómo y dónde contestar.

El profeta Natán le contó a David una parábola de la familia y el hombre que perdió la sola corderita a manos del rico, a lo que David reaccionó con molestia y dictó sentencia de muerte y de remuneración (2 S. 12:5-6). Por su propia palabra el profeta de parte de Dios le acusó y sentenció (12:7-15).

II. La intuición

"Entonces David respondió y dijo a la mujer: Yo te ruego que no me encubras nada de lo que yo te preguntare. Y la mujer dijo: hable mi señor rey" (14:18).

El ungido se mueve por intuición espiritual. En su espíritu discernía algo. sentía que detrás de toda esa conversación estaba en la mente de Joab. Algo que dijo esta mujer de Tecoa le encendió la luz roja.

Leemos: *"Y el rey dijo: ¿No anda la mano de Joab contigo en todas estas cosas? La mujer respondió y dijo: Vive tu alma, rey señor mío, que no hay que apartarse a derecha ni a izquierda de todo lo que mi señor el rey ha hablado; porque tu siervo Joab, él me mandó, y él puso en boca de tu sierva todas estas palabras. Para mudar el aspecto de las cosas Joab tu siervo ha hecho esto; pero mi señor es sabio conforme a la sabiduría de un ángel de Dios, para conocer lo que hay en la tierra"* (14:19-20).

El ungido tuvo la revelación que Joab era el autor intelectual de esa reunión y de lo declarado por aquella mujer. Esta inmediatamente confesó: *"y él puso en boca de tu sierva todas estas palabras"*.

También le aconsejó al ungido: *"que no hay que apartarse a derecha ni a izquierda de todo lo que mi señor el rey ha hablado"*. David no debería irse a los extremos sino buscar el centro, el equilibrio y hacer lo que en su corazón sería lo más correcto.

Anteriormente ella le dijo al ungido: *"mi señor el rey es como un ángel de Dios para discernir entre lo bueno y lo malo"* (14:17). Ahora le dice: *"pero mi señor es sabio conforme a la sabiduría de un ángel de Dios, para conocer lo que hay en la tierra"* (14:20).

De ambos pasajes aprendemos que los ángeles son sabios y que pueden discernir lo que es bueno y lo que es malo. El ungido poseía sabiduría y discernimiento. La unción debe andar acompañada por la sabiduría y el discernimiento en el ungido, para conocer la voluntad y el propósito divinos.

David decidió hacer venir a Absalón a Jerusalén y se lo comunicó a Joab. Leemos: *"Y Joab se postró en tierra sobre su rostro e hizo reverencia, y después que bendijo al rey, dijo: Hoy ha entendido tu siervo que he hallado gracia en tus ojos, rey señor mío, pues ha hecho el rey lo que su siervo ha dicho"* (14:22).

Joab conocía toda la logística del protocolo y la etiqueta social. Sabía salirse con las suyas con mucha elegancia. Era un mago de situaciones. Se sintió que ante el rey ganó una tremenda victoria, de ahí la expresión: *"he hallado gracia en tus ojos"*. Su ego se le alimentó bien.

Lo que revela la verdadera enfermedad, sicológica de Joab se extrapola de esta confesión dicha: *"pues ha hecho el rey lo que su siervo ha dicho"* (14:22). Se sintió con poder de controlar, con capacidad de dictar y como alguien de influencia sobre el ungido.

Joab era un dictador espiritual en control, que se conformaba con imponer con astucia y sagacidad una que otra idea. Sabía cómo mover los asuntos que a él le convenían. Todo ungido tendrá siempre a un Joab que querrá de vez en cuando que se hagan las cosas según sus deseos.

Joab fue a Gesur y trajo a Absalón (14:23). No obstante este fue sometido a un confinamiento domiciliario (14:24). Con esto el ungido se puso en el centro y evitó los extremos de la derecha o la izquierda.

III. El resultado

"Vino, pues, Joab al rey, y se lo hizo saber. Entonces llamó a Absalón, el cual vino al rey, e inclinó su rostro a tierra delante del rey; y el rey besó a Absalón" (14:33).

La apariencia física de Absalón contrastaba con su carácter. Leemos: *"Y no había en todo Israel ninguno tan alabado por su hermosura como Absalón, desde la planta de su pie hasta su coronilla no había en él defecto"* (14:25). Era una "señor universo" una estatua viviente de Miguel Ángel, el rompe corazones de las señoritas.

Se dice que anualmente se cortaba el cabello que pesaba *"doscientos siclos de peso real"* (14:26). Su cabello era cotizado en un precio alto. Tuvo tres hijos y su hija Tamar era muy bonita de rostro (14:27).

Durante dos años en Jerusalén, el rey no vio a Absalón (14:28). Leemos: *"Y mandó Absalón por Joab, para enviarlo al rey, pero él no quiso venir, y envió aun por segunda vez, y no quiso venir"* (14:29).

Como Absalón no era fácil, mandó que sus siervos le quemaran el campo de cebada a su primo Joab y así obligarlo a venir a él (14:30). Lo cual este hizo (14:31).

Notemos lo que Absalón le dice a Joab: *"¿Para qué vine de Gesur? Mejor me fuera estar aún allá. Vea yo ahora el rostro del rey; y si hay pecado en mi, máteme"* (14:32).

Absalón era un malagradecido un engreído, uno que quería siempre que las cosas se hicieran a su manera. Uno de esos que se le extiende la mano y toman el brazo; vienen por alojados y se quieren quedar con la casa.

Se había cansado de la disciplina, y se estaba rebelando contra la misma. Insiste en ver al rostro del rey, aunque eso le significara la muerte. El ungido alejó el problema, es decir, Absalón, Joab le acercó el problema y ahora el problema se quiere entrar en la casa del ungido. Muchos que son como Joab, aunque ayudan al ungido, también le causan problemas.

El espíritu de Absalón era muy arrogante: *"Vea yo el rostro del rey, y si hay en mí pecado, máteme"*. Su expresión no refleja arrepentimiento, ni restauración. Por fuera era como una copa de oro y por dentro estaba llena de veneno. Era un antojado y un insistente molestoso.

Leemos: *"Vino, pues, Joab al rey, y se lo hizo saber. Entonces llamó a Absalón, el cual vino al rey, e inclinó su rostro a tierra delante del rey; y el rey besó a Absalón"* (14:33).

Aquí se ve la cadena de presión sociológica, Absalón presionó a Joab y Joab presionó a David. Cuando Absalón llegó al rey, vino con una actitud nebulosa. No se refirió a él como *"mi señor el rey"*. No le pidió perdón. Aunque sí actuó con protocolo.

David fue diferente el ungido nunca se olvida que también es padre: *"y el rey besó a Absalón"*. Le expresó a su hijo rebelde, problemático y voluntarioso, su sentimiento de amor. Los ungidos son padres y son madres. Su unción no los insensibiliza del amor de padre o madre.

El padre del pródigo también le besó (Lc. 15:20). En ambos casos el beso habla de perdón, de aceptación y de restauración. El beso es el símbolo más grande del amor.

Un beso de un padre a un hijo o hija; de una madre al hijo o hija; de un esposo a la esposa o viceversa, lo dice todo aunque no se hablen palabras.

David y el padre del pródigo ilustran la capacidad de Dios para amarnos y perdonarnos, a causa de su propia naturaleza. Su amor es permanente.

Conclusión

(1) El ungido debe estar alerta de esos "arréglalo todo", que lo que hacen es dañarlo todo. (2) El ungido debe moverse por la intuición espiritual. (3) El ungido debe amar a sus hijos por encima de todas sus rebeldías.

 # LA SUBLEVACIÓN CONTRA EL UNGIDO

"Entonces envió Absalón mensajeros por todas las tribus de Israel, diciendo: Cuando oigáis el sonido de la trompeta diréis: Absalón reina en Hebrón" (2 S. 15:10).

Introducción

El capítulo 15 de Segundo Samuel es el dolor de cabeza del ungido. Con la llegada de Absalón llegó también un grave problema a la estabilidad del reino del ungido, no era división desde afuera, era desde adentro; no era por un particular, sino por un miembro de la familia. Uno que nació en la carne, pero no nació en la visión del ungido.

Con sagacidad Absalón se fue robando el corazón de Israel (15:6); mostrándose preocupado por el pueblo (15:1-3); y expresando su deseo de ayudar (15:4-5).

Durante cuatro años se fue preparando para darle el golpe político a su padre (15:7) y bajo pretexto de cumplir voto en Gesur, Siria, su padre le dio permiso para viajar y en Hebrón se proclamaría rey (15:9-10), y era seguido por gente sencilla, pero también de seguidores comprometidos (15:11-12).

Ante la noticia de la deserción del pueblo (15:13), el ungido con sus siervos y familia decidió huir de Jerusalén, dejando en su casa a diez mujeres concubinas (15:14-16). Sus siervos fieles lo siguieron (15:17-18).

Unos siervos fieles que reciben mención honorífica en la historia son: Itai geteo, que con su familia y sus hombres se decidió a vivir o a morir con el ungido (15:19-23). Sadoc, el sumo sacerdote que con los levitas y el arca decidió acompañar al ungido, pero este le aconsejó regresarse y desde Jerusalén ayudarlo (15:24-29). Con tristeza el ungido y sus seguidores subieron el monte de los Olivos, enterándose que Ahitofel, uno de sus consejeros, se le unió a Absalón (15:30-31). En la cumbre del monte adoró a Dios (15:32), encontrándose con Husai a quien aconsejó que regresara a Jerusalén como su espía (15:32-37).

I. La sagacidad

"Y acontecía que cuando alguno se acercaba para inclinarse a él, él extendía la mano y lo tomaba, y lo besaba. De esta manera hacia con todos los israelitas que venían al rey a juicio, y así robaba Absalón el corazón de los de Israel" (15:5-6).

Pronto Absalón *"se hizo de carros y caballos, y cincuenta hombres que corriesen delante de él"* (15:1). Poco a poco comenzó a levantar su guardia personal. Se estaba preparando para dar un golpe de estado. El espíritu de rebelión contra el ungido se estaba gestando dentro de él.

Por las mañanas se paraba a la puerta principal y se presentaba a los que querían ver al rey para expresarles sus problemas, mostrándose preocupado por ellos (15:2-3). Su deber como príncipe era el de representar al rey, el ungido, más por el contrario lo criticaba con disimulo y se representaba así mismo. Les decía: *"Mira, tus palabras son buenas y justas; mas no tienes quien te oiga de parte del rey"* (15:3).

Había emprendido una campaña de desacredito y de irresponsabilidad contra el reinado del ungido. Para montarse quería aplastar al ungido. Pisaba la credibilidad de otro, para resaltar su reputación. Dañando el carácter del ungido, retrataba el suyo propio.

Escuchemos la manera en que enfermaba el corazón de otros: *"Quién me pusiera por juez en la tierra, para que viniesen a mí todos los que tienen pleito o negocio, que yo les haría justicia"* (15:4).

Besaba y tocaba a los que se le acercaban a él (15:5) y así comenzó a robarse el corazón de los israelitas (15:6). El ungido por sus muchas responsabilidades, descuidó ese toque personal y se había alejado del pueblo al que tenía que ministrar. Absalón se aprovechó de ese descuido.

II. La conspiración

"...Y la conspiración se hizo poderosa, y aumentaba el pueblo que seguía a Absalón" (15:12).

Durante cuatros años, Absalón se fue robando el corazón de los de Israel (15:6-7). Notemos que no se lo fue ganando, porque era un usurpador, manipulador y aprovechador. ¡Era un ladrón de corazones!

Al cabo de los cuatro años pidió permiso al rey, para pagar voto a Jehová en Hebrón, y este se lo concedió (15:7-9). Se hizo acompañar por doscientos hombres sencillos e ignorantes de su plan (15:11). Ya había planificado que en Hebrón se proclamaría rey, y que entonces todas las tribus lo reconocerían (15:10).

Allí en Hebrón, se puso en contacto con Ahitofel, consejero de David (15:12). Probablemente fue Ahitofel el instigador y maestro de esta revuelta popular.

Leemos: *"Y la conspiración se hizo poderosa, y aumentaba el pueblo que seguía a Absalón"* (15:12). Esa era una división en potencia. El ungido tiene que discernir cuando hay planes en su contra. Él estaba tan seguro de sí mismo, que se descuidó en la seguridad de su gobierno. Perdió la lealtad de uno de sus consejeros llamado Ahitofel y Absalón se la robó.

III. La huida

"Entonces David dijo a todos sus siervos que estaban con él en Jerusalén: Levantaos y huyamos, porque no podremos escapar delante de Absalón; daos prisa a partir, no sea que apresurándose él nos alcance, y arroje el mal sobre nosotros, y hiera la ciudad a filo de espada" (15:14).

Al ungido se le notificó que el levantamiento militar y popular había tenido éxito (15:12). Sabía que tratar de resistir a Absalón en Jerusalén ponía en peligro a muchos civiles y traería destrucción a la ciudad que conquistó y reedificó, a la vez tenía que saber con cuantos fieles podía contar, lo mejor era huir por el momento (15:14). Sus siervos se pusieron incondicionalmente a sus órdenes (15:15). Los que tenían corazones de siervos se mantienen unidos para defender al ungido y a su visión. Ellos declararon: *"He aquí, tus siervos están listos a todo lo que nuestro señor el rey decida"* (15:15). ¡Que entrega total!

David salió acompañado de sus mujeres y dejó diez concubinas para custodiar la casa (15:16). En un lugar especificó se detuvo y vio desfilar a sus siervos, los cereteos, los peleteos, los geteos, seiscientos hombres que desde Gat vinieron a ayudarlo (15:17-18). A Itai geteo le pidió que se regresara con sus hombres (15:19-20).

Itai geteo le respondió: *"Vive Dios, y vive mi señor el rey, que o para muerte o para vida, donde mi señor el rey estuviere, allí estará también tu siervo"* (15:21). A esas palabras el ungido le respondió con la invitación formal de ser parte de un reino sin palacio y sin ciudad pero con unción y con visión (15:22). Por el torrente de Cedrón, pasó el rey y el pueblo con dirección al desierto mientras se lloraba el alejamiento del ungido (15:23). Cuando los ungidos se alejan, se llora su partida.

IV. Los fieles

"Entonces Sadoc y Abiatar volvieron el arca de Dios a Jerusalén, y se quedaron allá" (15:29).

Entre los fieles que acompañaron al ungido estaba el sumo sacerdote Sadoc, Ahimaas su hijo, y Jonatan hijo de Abiatar (15:24, 27), además de los levitas (15:24). Estos salieron con el arca del pacto. Sacaron de Jerusalén la bendición de Dios.

Pero el ungido le aconsejó regresar con el arca del pacto, por la fe en Dios, él volvería a verla en su tabernáculo. A ellos les dijo: *"Mirad, yo me detendré en los vados del desierto, hasta que venga respuesta de vosotros que me dé aviso"* (15:28).

Los ungidos saben que no se pueden adueñar de la presencia de Dios, no son dueños de los avivamientos, cuando se van no se llevan la bendición con ellos. El ungido no quiso dejar al pueblo sin culto y sin presencia de Dios. Con sus pies no destruiría lo que le costó trabajo construir con sus manos. Aunque a él lo rechazaban el ungido no quería que la presencia de Dios rechazara al pueblo que se quedaba atrás.

V. La tristeza

"Y David subió la cuesta de los Olivos; y la subió llorando, llevando la cabeza cubierta y los pies descalzos..." (15:30).

El ungido cruzó el torrente de Cedrón y ascendió el monte de los Olivos, llorando con la cabeza cubierta y descalzó, sus seguidores emulaban su ejemplo. Él lloraba por su reino, lloraba por su ciudad y lloraba por el pueblo que quedaba atrás.

También su descendiente, el Ungido Jesús, lloró por Jerusalén desde el monte de los Olivos. Uno lloró subiendo y el otro bajando (Lc. 19:41-44). Jesús lloró por Jerusalén porque no tuvo la revelación de la paz que Él traía, no conoció el tiempo de la visitación y se acercaba la destrucción.

Al ungido se le avisó de la traición de su consejero Ahitofel, y cómo este fue uno de los conspiradores con Absalón. Él oró a Dios: *"Entorpece ahora, oh Jehová, el consejo de Ahitofel"* (15:31). Estando en la cumbre del monte de los Olivos, Husai arquita, en estado de humillación se ofreció a seguir al ungido (15:32). David lo aconsejó a regresar a Jerusalén a ofrecerle fidelidad a Absalón, y a contradecir el consejo de Ahitofel ante Absalón (15:33-34).

Husai sería el espía del ungido y por intermedio de Ahimaas y de Jonatán hijos respectivos de los sacerdotes Sadoc y Abiatar, mantendría comunicado y al tanto al ungido (15:35).

Leemos: *"así vino Husai amigo de David a la ciudad; y Absalón entró en Jerusalén"* (15:37). Husai "amigo de David", guardaría su espalda y destruiría con sabiduría todo plan en contra del ungido. David era un estratega militar y se estaba preparando para pelear una guerra con logística. La falta de experiencia de Absalón le dejó ver que se estaba enfrentando a un "zorro viejo". Desde la distancia el ungido todavía controlaría a Jerusalén. Los años de experiencia capacitan a los ungidos para confrontar la oposición.

Conclusión

(1) El ungido no puede dejar de tocar al pueblo, porque si no, otros lo tocarán. (2) El ungido tiene que cuidarse de los que tienen el corazón de Ahitofel, que promueven la división. (3) El ungido sabrá cuantos le son fieles ante la persecución. (4) El ungido nunca se adueñara del culto o de la presencia de Dios. (5) El ungido sabrá cuando necesita tener espías entre el enemigo.

LA CRÍTICA AL UNGIDO

"Y vino el rey David hasta Bahurim; y he aquí salía
uno de la familia de la casa de Saúl, el cual se
llamaba Simei hijo de Gera; y salía maldiciendo, y
arrojando piedras contra David, y contra todos los
siervos del rey David; y todo el pueblo y todos los
hombres valientes estaban a su derecha y a su
izquierda" (2 S. 16:5-6).

Introducción

En 2 Samuel 16:1-4 se vuelve a introducir la figura del nieto de
Saúl y hijo de Jonatán, llamado Mefi-boset. En 2 Samuel 9, por
medio de Siba, siervo de la casa de Saúl, el ungido se había ente-
rado que Jonatán tenía un hijo lisiado desde los cinco años,
llamado Mefi-boset, al cual le mostró misericordia, le restituyó
las tierras de Saúl y le dio el privilegio de comer en la mesa real.
A Siba el rey le encargó la administración de los bienes de Mefi-
boset.

Ahora Siba aparece acusando a Mefi-boset de traicionar al
ungido, prefiriéndose quedar en Jerusalén, con la esperanza de
reclamar su derecho al trono. Por esta información el rey le
confiscó todo a Mefi-boset y se lo entregó a Siba.

Los versículos 5 al 14, presentan a Simei hijo de Gera, de la familia de Saúl que en Bahurim le salió al encuentro al ungido mal-
diciéndolo y arrojándole piedras. Abisal, sobrino del ungido y
hermano de Joab quiso dar muerte a Simei, pero David no se lo
permitió.

Los versículos 15 al 19 aluden a la entrada de Absalón, Ahitofel
y sus hombres a Jerusalén. También Husai, amigo de David,
aparenta lealtad a Absalón, para desde adentro ayudar al ungido.

Los versículos 20 al 23 introducen a Ahitofel, aconsejando a

Absalón, para que públicamente violara las diez concubinas del ungido.

I. La mentira

"Y dijo el rey: ¿Dónde está el hijo de tu señor? Y Siba respondió al rey; he aquí él se ha quedado en Jerusalén, porque ha dicho: Hoy me devolverá la casa de Israel el reino de mi padre" (16:3).

Pasando la cumbre del monte de los Olivos, Siba, el criado de Mefi-boset recibió al ungido con dos asnos, doscientos panes, cien racimos de pasas, cien panes de higos secos y un cuero de vino (16:1). Con esto se mostraba preocupado por las necesidades de la familia y criados del ungido (16:2).

Siba no daba nada por nada. Detrás de ese supuesto espíritu de generosidad se escondía un espíritu de envidia personal. Él envidiaba al lisiado Mefi-boset. No por lo que era, sino por lo que poseía.

La envidia es una obra de la carne (Gá. 5:21), es el pecado de desear lo que otros tienen. El envidioso nunca está satisfecho con lo que es y lo que tiene, envidia amistades, envidia cosas, envidia posiciones y envidia posesiones.

Cuando el ungido le preguntó por Mefi-boset, Siba lo acusó de traición al rey, y mintió diciendo que Mefi-boset había dicho: *"Hoy me devolverá la casa de Israel, el reino de mi padre"* (16:3).

El ungido ingenuamente se tragó la mentira de Siba se la creyó, hace juicio oyendo una sola parte. Cada historia o situación personal, tiene dos lados, el que involucra y quien está involucrado, el que acusa y quien es acusado, el que critica y quien es criticado.

David le dio a Siba el derecho a poseer todo lo que tenía Mefi-boset (16:4). A lo que le respondió: *"Rey señor mío, halle yo gracia delante de ti"* (16:4).

II. La maldición

"Y decía Simei, maldiciéndole: Fuera, fuera, hombre sanguinario y perverso!" (16:7).

Cuando el ungido tiene problemas, los antiguos enemigos se aparecen para apedrearlo. En Bahurim, Simei, de la familia de Saúl, le tiró piedras a David y al pueblo que lo acompañaba (16:5-6).

Siempre habrán personas con la mentalidad de la casa de Saúl, que espiritualmente serán de su familia. Estos son los que en sus corazones rechazan al ungido y a su visión. Y cuando tienen la oportunidad de verlo susceptible lo atacan. Solo viven esperando el día de la venganza.

Los hombres del ungido *"estaban a su derecha y a su izquierda"* (16:6). Eran sus escuderos. Estaban dispuestos a ser ellos apedreados, heridos y golpeados, para proteger al ungido. Los ungidos necesitan rodearse de "valientes" que protejan su carácter, su ministerio, su unción y su visión. Que les hagan círculo de protección contra los ataques del espíritu de Simei.

Simei maltrató verbalmente al ungido: *"Jehová te ha dado el pago de toda la sangre de la casa de Saúl, en lugar del cual tu has reinado, y Jehová ha entregado el reino en mano de tu hijo Absalón; y hete aquí sorprendido en tu maldad, porque eres hombre sanguinario"* (16:8).

Abisai, su sobrino, con su hermano Joab estuvo dispuesto a cortarle la cabeza a Simei por esta afrenta (16:9). Pero el ungido los detuvo entendía que en esto estaba la voluntad divina (16:10). Si su propio hijo buscaba atentar contra él, cuanto más un hijo de Benjamín (16:11). Con esto indicaba su falta de aceptación y popularidad entre muchos miembros de la tribu de Benjamín, fieles a la memoria de Saúl.

El ungido confiesa positivamente al decir: *"Quizás mirará Jehová mi aflicción, y me dará Jehová bien por sus maldiciones de hoy"* (16:12). El mal que Simei quería para él, el ungido ora que Dios lo transforme en bien.

El ungido también supo ignorar a Simei. Se comportó con altura y estilo espiritual. No se rebajó al nivel de su ofensor. No respondió a la provocación de su atacador. No se dejó descontrolar para ser controlado por Simei (16:13).

Con fatiga y cansancio, el rey y el pueblo llegaron al lugar donde descansarían (16:14). No permitió el ungido, que un Simei le quitara a él y a su pueblo su derecho a descansar. Cuando le llegó la hora del descanso lo tomó. Los ungidos saben descansar y no dejan que nadie, ni nada les robe el descanso.

III. El plan

"Aconteció luego, que cuando Husai arquita, amigo de David, vino al encuentro de Absalón, dijo Husai: ¡Viva el rey, viva el rey!" (16:16). El ungido sabe sorprender al enemigo. Sabe cómo infiltrar su gente de confianza en el círculo de sus enemigos. El "zorro viejo" David sabía cómo hacer sus maniobras "políticas", conocía la logística aplicada a las relaciones humanas. A control remoto influenciaría a Absalón.

Husai, fingió unírsele al príncipe rebelde con el saludo real. Le levantó su ego, su orgullo y pretensión al decirle: *"¡Viva el rey, viva el rey!"* (16:16). Le dijo lo que Absalón quería escuchar. Absalón le preguntó: *"¿Es este tu agradecimiento para con tu amigo?"* (16:17). La amistad de Husai con David era notoria a todos. Si algo sorprendió a Absalón, fue ver que Husai se quedó en Jerusalén y no siguió a su amigo David. Porque un verdadero amigo nunca abandonaría a otro cuando este lo necesita.

Husai le dice parafraseando: *"Si Jehová, el pueblo e Israel te han elegido, yo también seré tuyo y te serviré"* (16:18). Le dio palabra de fidelidad (16:19), y Absalón le dio entrada a su consejo.

IV. EL consejo

"Y el consejo que daba Ahitofel en aquellos días, era como si se consultase la palabra de Dios. Así era todo consejo de Ahitofel, tanto con David como con Absalón" (16:23).

Absalón desde el principio dependió mucho del consejo de Ahitofel. Leemos que le dijo: *"Dad vuestro consejo sobre lo que debemos hacer"* (16:20). Ahitofel fue el principal consejero de David y luego de Absalón.

Era tan respetado el consejo de Ahitofel, que se nos dice por el cronista: *"Y el consejo que daba Ahitofel en aquellas días, era como si se consultase la palabra de Dios"* (16:23). Cuando hablaba era como si Dios hablara.

Su palabra comenzó a sustituir y a suplantar *"la palabra de Dios"*. Es peligroso cuando la palabra del hombre toma el lugar de *"la palabra de Dios"*. Ahitofel no era profeta, pero David le llegó a dar más atención que a lo dicho por el profeta.

Absalón se sentía muy seguro y confiado con el consejo dado por Ahitofel. Toda decisión la consultaba con él. No sabía tomar decisiones independientemente.

David conocía de la sabiduría que revelaba Ahitofel, era su consejero político en la administración del reino. Por eso el ungido cuando supo que este lo traicionó y se unió a Absalón le oró a Dios: *"Entorpece ahora, oh Jehová, el consejo de Ahitofel"* (15:31).

Ahitofel le aconsejó a Absalón, que sobre el terrado, bajo una tienda violara las diez concubinas del rey y que el pueblo lo viera (16:22). Con esto se cumplió lo profetizado al ungido por labios de Natán: *"...tomaré tus mujeres delante de tus ojos, y las daré a tu prójimo, el cual yacerá con tus mujeres a la vista del sol"* (2 S. 12:11).

Ahitofel era un *"dictador espiritual"*. Sabía cómo controlar a los que estaban en autoridad con lo que decía y cómo lo decía. Muchos con el consejo manipulan y controlan a otros.

Conclusión

(1) El ungido tiene que discernir a los que se le acercan con

espíritu de mentira. (2) El ungido mantendrá siempre su compostura y no permitirá que nadie con su boca lo descontrole. (3) El ungido tiene que conocer los planes del enemigo. (4) El ungido se cuidará de no confundir palabra de hombre con palabra de Dios.

LA AYUDA AL UNGIDO

"Pero Ahitofel, viendo que no se había seguido su consejo, enalbardó su asno, y se levantó y se fue a su casa a su ciudad; y después de poner su casa en orden, se ahorcó, y así murió, y fue sepultado en el sepulcro de su padre" (2 S. 17:23).

Introducción

Ahitofel le propuso a Absalón que le permitiera organizar doce mil hombres para esa misma noche perseguir a David, y por el cansancio sorprenderlo a él y a sus hombres, dándole muerte al rey, y así vendría la paz (17:1-3).

A pesar de parecerle bien el consejo de Ahitofel (17:5-6). Husai le aconsejó al rey hacer lo contrario a lo sugerido por Ahitofel, pidiéndole que no atacara esa noche, que juntara a todo el ejército y que Absalón fuera también a la batalla (17:7-11). El consejo de Husai agradó a Absalón y a los de Israel (17:14), y detrás de todo estaba Dios, frustrando el consejo de Ahitofel para ruina de Absalón.

Husai le aviso a los sacerdotes Sadoc y Abiatar y estos a sus hijos Jonatan y Ahimaas, quienes se lo notificaron a David (17:15-17). Un joven que los vio con David, se lo comunicó a Absalón, y una mujer los escondió en un pozo y sobre el mismo puso una manta con grano (17:18-29). Cuando los criados de Absalón preguntaron por ellos, ella les dijo que habían cruzado el río Jordán (17:20). Luego cruzaron el río y avisaron a David para que pasara el río también (17:21-22).

Ahitofel al verse rechazado, se fue a su casa y se suicidó ahorcándose (17:23). Sabía que ya Absalón estaba perdido, y que de él caer prisionero pagaría un alto precio por la traición al rey David.

Amasa, sobrino segundo de Sarvia, y de David, substituyó a Joab como comandante del ejército de Israel (17:25). En Mahanaim, el ungido recibió abastecimiento y provisiones de sus aliados (17:27-29).

I. La propuesta

"Entonces Ahitofel dijo a Absalón: Yo escogeré ahora doce mil hombres, y me levantaré y seguiré a David esta noche... y mataré al rey solo" (17:1-2).

Ahitofel le propuso al ungido un plan de ataque sorpresivo para esa misma noche. Él personalmente escogería una infantería de doce mil hombres, que comandaría en la guerra contra el ungido. Con logística y estrategia militar daría un asalto al ungido. ¡Qué mejor que atacar de noche!

Él sabía que el ungido y sus hombres estaban cansados y débiles. El enemigo de nuestras almas busca siempre la ocasión para atacarnos. Especialmente si sabe que estamos cansados y débiles.

El creyente tiene que aprender a descansar en los brazos de Jesucristo:

"Venid a mí todos los que estáis trabajados y cargados, y yo os haré descansar. Llevad mi yugo sobre vosotros y aprended de mí, que soy manso y humilde de corazón; y hallaréis descanso para vuestras almas" (Mt. 11:28-29).

"Viniendo otra vez y los halló durmiendo, porque los ojos de ellos estaban cargados de sueño" (Mt. 26:43).

El creyente tiene que aprender a fortalecerse en la gracia y la misericordia de Dios:

"Dios es nuestro amparo y fortaleza, nuestro pronto auxilio en las tribulaciones" (Sal. 46:1).

"Jehová es mi luz y mi salvación, ¿de quién temeré? Jehová es la fortaleza de mi vida, ¿de quién he de atemorizarme?" (Sal. 27:1).

Ahitofel quería la cabeza del ungido: *"y mataré al rey solo"* (17:2). Claramente le dijo a Absalón: *"pues tú buscas solamente la vida de un hombre"* (17:3). A su juicio el ungido era el verdadero problema, y eliminando ese problema, todo sería mejor para Absalón.

El Señor Jesucristo declaró: *"Todos vosotros os escandalizaréis de mí esta noche, porque escrito está: Heriré al pastor, y las ovejas del rebaño serán dispersadas"* (Mt. 26:30).

El diablo busca y quiere destruir al ungido. Atacando al ungido, le ataca su visión. Sin visión el pueblo perecerá, o como se lee en la Reina-Valera 60: *"Sin profecía el pueblo desenfrena"*. El precio por la cabeza del ungido era alto, pero Satanás lo quiere eliminar. Leemos: *"Este consejo pareció bien a Absalón y a todos los ancianos de Israel"* (17:4). Los ancianos de Israel era parte de este complot político contra el ungido. El plan de Ahitofel recibió el voto por unanimidad de los ancianos y de Absalón

II. La enmienda

"Y dijo Absalón: Llamad también ahora a Husai arquita, para que asimismo oigamos lo que él dirá" (17:5).

Absalón llamó a Husai para preguntarle si se debía seguir el consejo de Ahitofel (17:5-6). Husai inmediatamente rechazó el consejo de Ahitofel: *"El consejo que ha dado Ahitofel no es bueno"* (17:7). Y acto seguido dio razones para atacar la postura de Ahitofel (17:8-10). Reconoció a David y a los suyos como hombres de guerra y persona precavida (17:8-9). Sus hombres acorralados pelearían y cualquier baja infligida a Absalón desmoralizaría a sus tropas (17:10).

Aconsejó a Absalón para que desde Dan a Beerseba, Israel se uniera a él (17:11), y le afirmó: *"y que tú en persona vayas a la batalla"* (17:11). Husai tenía que provocar a Absalón a salir a la batalla. Allí sería expuesto al peligro. Al enemigo se tiene que sacar de su lugar y confrontarlo en el campo de batalla.

Husai le dio esperanza de victoria a Ahitofel: *"Entonces le acometeremos en cualquier lugar en donde se hallare, y caeremos sobre él como cuando el rocío cae sobre la tierra, y ni uno dejaremos de él y de todos los que están con él"* (17:12-13).

III. La decisión

"Entonces Absalón y todos los de Israel dijeron: El consejo de Husai arquita es mejor que el consejo de Ahitofel..." (17:14).

Dios mismo estaba detrás del rechazo al consejo de Ahitofel: *"Porque Jehová había ordenado que el acertado consejo de Ahitofel se frustrara, para que Jehová hiciese venir el mal sobre Absalón"* (17:14).

Husai comunicó a Sadoc y Abiatar, sacerdotes, el consejo de Ahitofel y el de él (17:15). Quienes por intermedio de Jonatan y Ahimaas, sus hijos, expuestos al peligro, lograron comunicar todo al ungido (17:16-21).

Antes del amanecer ya el ungido con todos sus hombres había cruzado el Jordán (17:22). Para Ahitofel el rechazo a su consejo lo sumió en una profunda depresión, y sintiendo que ya estaba todo perdido, se fue a su casa, arregló todo y se ahorcó (17:23). Un caso único de suicidio en el Antiguo Testamento.

Luego Absalón con su ejército cruzó el Jordán, comandado el

mismo por Amasa, un sobrino segundo de David (17:24). En Galaad, hoy día Jordania, Absalón levantó campamento (17:25). En Mahanaim el ungido y sus hombres recibieron provisiones de algunos aliados (17:27-28). Dios les reveló a estos que: *"El pueblo está hambriento y cansado y sediento en el desierto"* (17:29). El capítulo termina con un pueblo cansado y sediento, pero recibiendo abundantes bendiciones. Dios proveía para sus necesidades. El que confía y depende de Dios nunca será avergonzado. De algún lugar vendrá su auxilio.

Conclusión

(1) El enemigo siempre estará tramando planes para tomar por sorpresa al ungido. (2) El ungido necesita de un Husai que sin comprometerse sepa cómo defender. (3) El consejo de Ahitofel, Dios lo frustró para mal de Absalón.

LA ORDEN DEL UNGIDO

"Y el rey mandó a Joab, a Abisai y a Itai, diciendo: Tratad benignamente por amor a mí al joven Absalón. Y todo el pueblo oyó cuando dio el rey orden acerca de Absalón a todos los capitanes" (2 S. 18:5).

Introducción

El capítulo 18 de 2 Samuel describe la muerte del príncipe Absalón. David organizó su ejército en tres divisiones, y al frente de cada división puso a sus dos sobrinos Joab y Abisai e Itai geteo (18:1-2).

Al deseo del ungido de ir a la guerra, sus hombres le pidieron que no fuera (18: 2-4). No obstante pidió que a Absalón lo trataran bien (18:5). ¡Amaba a su hijo!

Ya en el campo de batalla con unas veinte mil bajas entre combatientes (18:6-8), Absalón huyendo en su mulo, quedó trabado con su largo cabello en una gran encina (18:9). Joab fue avisado sobre esto, llegó al lugar le clavó tres dardos al corazón, y le ordenó a sus diez escuderos que le dieran muerte (18:10-15).

Por orden de Joab la guerra se detuvo y Absalón fue echado en un hoyo en el campo, que se cubrió con piedras (18:16-17), que contrastaba con la columna que había levantado en el valle del rey o torrente de Cedrón entre Jerusalén y el monte de los Olivos (18:18). Sin los honores de un príncipe, como un enemigo cualquiera terminó en una fosa común el príncipe Absalón.

I. La organización

"David, pues, pasó revista al pueblo que tenía consigo, y puso sobre ellos jefes de millares y jefes de centenas" (18:1).

El ungido conocía el principio de organizar al pueblo para el cumplimiento de una tarea. Él personalmente *"pasó revista al pueblo que tenía consigo"*. Los supervisó, evaluó y seleccionó para la guerra.

Hoy día, la temática de la guerra espiritual, no solo es sensación religiosa sino tema de mercadeo. Los cristianos también tienen sus "fiebres espirituales" y las editoriales, distribuidores y libreros se encargan de que las mismas se mantengan.

La guerra espiritual siempre ha sido una acción combativa de la iglesia. Las tácticas y logísticas varían, pero el principio siempre es el mismo. ¡Guerrear es un compromiso espiritual!

Muchos se entusiasman con la "guerra espiritual", la resumen en marchas, conciertos y gritos de combate, carentes de unidad, de sometimiento, de entrega espiritual y de apoyo económico a la obra de Dios. Más que soldados en la guerra, son niños y niñas escuchas. Juegan más a la "guerra espiritual", que pelear en la misma.

David estaba convencido que esta guerra contra Absalón, no era el juego de niños. Ese pueblo tenía que ser organizado. Él solo no los podía dirigir, los organizó en millares y centenas y jefes sobre estos, y sobre los jefes de millares puso a Joab, Abisai y a Itai geteo (18:2).

II. La participación

"Y dijo el rey al pueblo: Yo también saldré con vosotros" (18:2).

El ungido no es uno que manda, sino que va. Es fácil delegar en otros, cuando uno no es capaz de hacer algo. David nunca delegaba algo que él mismo no fuera capaz de poder realizarlo.

Sobre los tres comandantes David quería supervisar el operativo militar. Para el pueblo la participación del ungido en el campo de batalla no era lo más recomendable.

Leemos: *"Mas el pueblo dijo: No saldrás; porque si nosotros huyéremos, no harán caso de nosotros, y aunque la mitad de nosotros muera, no harán caso de nosotros, mas tú ahora vales tanto como diez mil de nosotros. Será, pues, mejor que tú nos des ayuda desde la ciudad"* (18:3).

El líder vale mucho, y debe ser cuidado del peligro. El pueblo era consciente que si se les perseguía, o la mayoría eran muertos en batalla, no sería tanta la pérdida si se comparaba con lo que le pudiera ocurrir al ungido.

Al ungido se le necesitaba dando dirección al pueblo con la visión. Mientras viva el visionario vivirá la visión. Aunque si algo le pasa Dios le transferirá la visión a otro. David no tenía que probarse nada así mismo, ni nada al pueblo que lo conocía. El buen maestro deja solo al alumno, pero se queda a su disposición. Muchos ungidos se queman o funden antes de tiempo, porque sus subalternos los quieren presentes en todos lados. Se les tiene que considerar su derecho a estar ausentes de muchos compromisos y tareas. Necesitan espacio psicológico.

A lo sugerido por sus hombres, David respondió: "....*Yo haré lo que bien os parezca...*" (18:4). El ungido supo prestar atención al cuidado y preocupación de sus subalternos. Les hizo caso. No se rebeló contra lo que convenía a su vida, y a la visión. El diablo puede utilizar nuestra propia terquedad e inflexibilidad para arruinar el plan y el propósito divino para con nosotros. Hay que escuchar esas voces que se preocupan por nosotros. Los que velan por nuestra seguridad y estabilidad. La voluntariedad es dañina y perjudicial.

No siempre los deseos del ungido, es lo que el pueblo sabe que más le conviene. Al ungido se le dijo: "*no harán caso de nosotros, mas tú ahora vales tanto como diez mil de nosotros. Será pues mejor que tú nos des ayuda desde la ciudad*" (18:3).

¿Qué hizo el ungido? Se puso de acuerdo con lo propuesto por sus hombres: "*Yo haré lo que bien os parezca. Y se puso el rey a la entrada de la puerta, mientras salía todo el pueblo de ciento y de mil en mil*" (18:4). Su función fue organizar delegar y supervisar a sus tropas. El líder de éxito es el que se sabe multiplicar en sus subalternos.

III. La petición

"*...Tratad benignamente por amor de mí al joven Absalón*" (18:5).

El ungido habló a sus tres generales, Joab, Abisai e Itai, a quienes les encargó encarecidamente la seguridad de Absalón. Ellos eran responsables de su orden.

Absalón había dado orden de matar a su hermano Amnón, el primogénito del rey David, que al igual que Quileab, su segundo hijo, Absalón, el tercero, Adonías el cuarto, e Itream, el quinto, nacieron en Hebrón (3:2-5). Luego en Jerusalén le nacieron otros hijos llamados. Samúa, Sobab, Natán, Salomón, Ibhar, Elisúa, Nefeg, Jafía, Elisama, Eliada y Elifelet (5:13-14). Además de las hijas tenidas. En total dieciséis hijos varones.

Absalón, era el hijo de Maaca, cuyo padre era Talmai, rey de Gesur (3:3). De ahí el que Absalón después de vengar con la muerte de Amnón, la violación de Tamar se fue a Talmai, hijo de Amiud, rey de Gesur (13:38). Allí se refugió con su abuelo y bisabuelo.

Los sentimientos del ungido estaban muy atados a su hijo

Absalón: *"Tratad benignamente por amor de mí al joven Absalón"* (18:5). Esa era la razón principal por la cual el ungido no podía participar activamente de este operativo militar. Cuando el ungido pone a la familia por encima de la visión. Y compromete su actuación pública por favorecer a sus hijos puede poner en una situación difícil a sus subalternos. David no estaba pensando como un *ungido visionario,* sino como un padre. Ir a la batalla hubiera significado interpretar los problemas por sentimientos y emociones y no por un razonamiento claro.

En el bosque de Efraín, las tropas rebeldes de Absalón, atacaron a las tropas fieles del ungido, dándose un saldo de veinte mil hombres (18:6). La batalla fue recia y sus efectos nacionales (18:7).

Absalón en el bosque, mientras montaba su mulo, se encontró con los fieles del ungido, y mientras huía de ellos, su largo cabello se le enredó en un árbol de encima, desmontándose accidentalmente de su mulo y quedándose colgado por su pelo (18:9).

Un siervo de David avisó a Joab y este le reprendió por no haberle dado muerte a Absalón (18:10-11), y aun lo hubiera recompensado. A lo que el hombre le recordó la orden dada por el ungido (18:12), además de que él no traicionaría al rey (18:13).

Joab le contestó: *"No malgastaré mi tiempo contigo"* (18:14). Acto seguido le tiró tres dardos al corazón de Absalón, su primo, quien continuó vivo y le ordenó a sus diez escuderos darle muerte (18:15).

Con el toque de trompeta detuvo a sus tropas de perseguir al ejército de Israel (18:6). En el mismo bosque cavaron un hoyo, echaron el cadáver de Absalón y lo cubrieron con piedras (18:7). Lo enterraron en una fosa común sin pompa funeraria y sin honores de príncipe.

Muchas veces los fieles al ungido tendrán que tomar decisiones raras, que no les agradarán y que el ungido desaprueba, pero que el tiempo justificará como sabias y prudentes. Con la muerte de Absalón se detuvo la guerra, la nación dividida se reunificó y el trono le regresó al ungido.

Absalón era el problema, era la causa de todo mal que ocurría, era el que quería matar al ungido y a su visión. Con su muerte ya se podía tocar la trompeta de la paz y de la victoria.

David nunca hubiera eliminado a Absalón. Ese problema él no lo podía resolver. Es más, lo hubiera mantenido por mucho tiempo. ¡La sangre pesa más que el agua!

Lo último que se nos dice de Absalón, que por no tener hijo, levantó en el valle del rey, una columna para perpetuar su memoria, llamada Columna de Absalón (18:18). Cuando se visita a Israel, en el valle de Josafat o torrente de Cedrón, hay un monumento, probablemente de la época macabea, que se le conoce como "El pilar de Absalón". En la edad media los padres judíos con sus hijos les arrojaban piedras y decían: "Absalón, hijo rebelde".

Conclusión

(1) El ungido para ganar la guerra se tiene que organizar. (2) El ungido no siempre tendrá que hacer las cosas, las debe delegar. (3) El ungido muchas veces no está apto para tomar ciertas decisiones, en especial en cuanto a su familia.

EL AVISO AL UNGIDO

"El rey entonces dijo al etíope: ¿El joven Absalón está bien? Y el etíope respondió: Como aquel joven sean los enemigos de mi señor el rey, y todos los que se levanten contra ti para mal" (2 S. 18:32).

Introducción

Ahimaas el hijo de Sadoc se ofreció para correr hasta David y darle la noticia de la victoria alcanzada (18:19), pero Joab, sabiendo que Absalón había muerto le dijo que se la comunicara otro día (18:20).

No obstante envió a un etíope, para que llevara la noticia arreglada a David (18:21). Ahimaas volvió a insistir en correr para llevar la noticia a David, y Joab le dejó ver que por eso no recibiría ningún premio (18:22), pero lo dejó correr como quería (18:23).

Ya el etíope había salido, pero Ahimaas corrió más ligero (18:24). El atalaya de David vio primero a un corredor y luego a otro (18:25-26). El ungido pensó que al ver un corredor solo era porque traía buenas noticias (18:25). El atalaya informó a David que el primero corría como Ahimaas, y David tenía la confianza de que le traería buena noticia (18:27).

Ahimaas con sabiduría le informó al rey de la victoria, pero solo dio la buena noticia, el etíope por su parte le dio la mala noticia sobre la muerte de Absalón (8:28-32). Lo cual produjo espíritu de turbación en el ungido (18:33).

I. El corredor de la nueva noticia

"Entonces Ahimaas hijo de Sadoc dijo: ¿Correré ahora, y daré al rey las nuevas de que Jehová ha defendido su causa de la mano de sus enemigos?" (18:19).

Ahimaas era un corredor profesional, que junto a Jonatan,

hijo de Abiatar, eran los carteros para el ungido (18:15-21). Ahimaas le pidió permiso a Joab para correr hasta el ungido y darle la noticia de que Dios había salido en defensa derrotando a sus enemigos.

Joab sabía que Ahimaas era hombre de buena noticia, por eso le aconsejó, que ese día no daría la noticia sino otro día. El mensajero de la buena noticia, la quiere llevar corriendo el mismo día. La misma no se puede dejar para luego, para después, tiene que ser para hoy. Esa buena noticia se tiene que entregar con "prisa".

Joab le encargó a un etíope que diera la noticia, lo cual este hizo con prontitud (18:21). Ahimaas volvió a insistir: "Sea como fuere, yo correré ahora tras el etíope" (18:22). Él correría por convicción y no por emoción, por convicción y no por recomendación.

Joab lo trató de desanimar: "Hijo mío, ¿para qué has de correr tú, si no recibirás premio por las nuevas?" (18:22). Aquí parece sugerirse que correr era su deporte y profesión. Probablemente era el mejor maratonista de Israel. Esa no era una carrera para ganar ningún premio.

Ahimaas responde: "Sea como fuere yo correré" (18:23). Él sabía que el etíope era el Jessie Owens de sus días, pero con todo y eso Ahimaas estaba dispuesto a correr.

Con esa motivación de llevar la buena noticia al rey, sin buscar ganar ningún premio pero tener esa satisfacción personal, tuvo el permiso para correr y corrió y le pasó por delante al etíope (18:23).

El atalaya le informó a David de que había visto a un hombre correr solo, y luego a un segundo hombre corriendo solo también (18:24-26). Leemos: "Y el atalaya volvió a decir: Me parece el correr del primero como el correr de Ahimaas hijo de Sadoc" (18:27).

Los hombres y mujeres que corren con la buena noticia, siempre se adelantan a los de la mala noticia. Y corren con un estilo que siempre son identificados. David declaró: "Ese es hombre de bien, y viene con buenas nuevas" (18:27).

Primero, "ese es hombre de bien". El ungido conoce a aquellos subalternos y asociados que son personas de bien. Gente sin maldad en su corazones que piensan bien de su autoridad espiritual. ¡Gente buena!

Segundo, "y viene con buenas nuevas". El ungido sabía que Ahimaas siempre le traía una buena noticia. Llegaba a levantarle los ánimos y no a bajárselos. Hay necesidad de pastores, evangelistas, maestros y líderes que sean portadores de la buena noticia.

El mensaje de Ahimaas al ungido fue: *"Bendito sea Jehová Dios tuyo, que ha entregado a los hombres que habían levantado sus manos contra mi señor el rey"* (18:28). Transmite su mensaje en un tono positivo. Sabía cómo decir las cosas. Hablaba con tacto y cuidado al ungido. No es lo que se dice sino cómo se dice, y que se dice.

David le preguntó: *"¿El joven Absalón está bien?"* (18:29). Ahimaas respondió: *"Vi yo un gran alboroto cuando envió Joab al siervo del rey y a mí tu siervo, mas no sé qué era"* (18:29). Él no le quiso dar la mala noticia. David entonces lo invitó a entrar, y él se quedó de pie (18:30).

II. El corredor de la mala noticia

"...Y el etíope respondió: Como aquel joven sean los enemigos de mi señor el rey, y todos los que se levanten contra ti para mal" (18:32).

El etíope salió primero, pero llegó segundo; corrió por compromiso, porque Joab se lo ordenó y no tenía otra opción. Lo que iba a ser ya estaba acostumbrado a hacerlo. Correr para él era una rutina en su vida personal.

Muchos predican y ministran por compromiso, porque es un trabajo que tienen que realizar (aunque el ministerio a tiempo completo es un trabajo). Se debe ministrar por convicción, con pasión del Espíritu Santo en el corazón, y con el deseo ardiente de ver a una iglesia edificada y a un mundo reconstruido.

Para el etíope correr era su trabajo. Se le ordenó hacerlo. No corrió porque quería, Ahimaas quería llevar el mensaje de la buena noticia primero al rey. Cuando el etíope llegó al rey le dijo: *"Reciba nuevas mi señor el rey, que hoy Jehová ha defendido tu causa de la mano de todos los que se habían levantado contra ti"* (18:32).

Básicamente su mensaje inicial y el de Ahimaas era el mismo. Se introdujo con la buena noticia, pero luego daría la mala noticia. Muchos comienzan hablando bien y terminan hablando mal. Halagan al pastor y a la iglesia y luego los critican. Se introducen como el cielo y dejan a los oyentes con el calor del infierno.

David le preguntó: *"¿El joven Absalón está bien?"* (18:32). Aquel le respondió: *"Como aquel joven sean los enemigos de mi señor el rey, y todos los que se levanten contra ti para mal"* (18:32).

El etíope le dio la mala noticia al ungido. Siempre hay personas que se dedican a traerles malas noticias al ungido. ¡Están siempre criticándolo todo! ¡Señalando las cosas que ven mal! ¡Hablando negativamente de los demás!

Esa mala noticia afectó emocionalmente al ungido, lo hizo encerrarse y se puso a llorar: *"¡Hijo mío Absalón, hijo mío, hijo mío*

Absalón! ¡Quién me diera que muriera yo en lugar de ti, Absalón, hijo mío, hijo mío!" (18:33).

Absalón representa el espíritu de la rebelión. Ese que se levanta contra el ungido, la unción, la visión y la autoridad que este representan. Los *Absalones* son hijos del ungido, han sido criados por este y hasta se parecen a él. Es más fácil sofocar la rebelión en un extraño que en un hijo de la casa. El ungido no tenía carácter para tratar, refrenar y corregir a su hijo Absalón.

Por otro lado el ungido tenía un "corazón pastoral", una gracia especial que Dios da. Joab veía en Absalón un corazón rebelde, a uno que no cambiaría nunca, a un asesino de la visión, y a un ladrón de la autoridad. David veía en Absalón a un hijo por cual podía llorar, a uno que se podía arrepentir, a uno que podía cambiar, a alguien para el cual todavía había un rayo de esperanza.

Los líderes o directores de ministerios eclesiales, servidores y colaboradores, necesitan tener una revelación de lo que es el "corazón pastoral", ser sensibles a lo que el Señor Jesucristo puede hacer con una vida.

Conclusión

(1) Ahimaas corrió a llevar la buena noticia al ungido, no para recibir reconocimiento, sino por convicción personal. (2) El etíope corrió porque ese era su trabajo, y se le hizo fácil ser portador al ungido de la mala noticia.

LA COMPOSTURA DEL UNGIDO

"Levántate pues, ahora, y ve afuera y habla
bondadosamente a tus siervos; porque juro por Jehová
que si no sales, no quedará ni un hombre contigo
esta noche; y esto te será peor que todos los males
que te han sobrevenido desde tu juventud hasta
ahora" (2 S. 19:7).

Introducción

Al capítulo 19 de 2 Samuel se le puede llamar: "El capítulo de la reconciliación y del perdón". La muerte de Absalón de victoria se transformó en luto (19:1); afectando el ánimo del pueblo que luchó a favor del ungido (19:2).

Joab, su sobrino, y general de su ejército, quien dirigió la muerte de Absalón, le hizo una severa y directa confrontación sobre la vergüenza que este había producido en el pueblo, teniendo en poco el sacrificio humano, y amando al rebelde Absalón (19:5-6). Con amenaza de una deserción de su ejército, Joab, lo presionó a dirigirse al pueblo, aunque ya Israel se había vuelto a sus lugares (19:7-8).

En Israel se comentaba que David había huido de Jerusalén y que Absalón al que ellos ungieron estaba muerto, tenían que hacer volver al ungido (19:9-10). Por intermedio de los sacerdotes Sadoc y Abiatar, el ungido, se ofreció regresar a Judá para que lo recibieran de nuevo como rey, y a Amasa, general de Absalón le ofreció sustituir a Joab (19:11-13). Con esta oferta y condiciones se ganó el corazón de Judá, y en Gilgal esta lo recibió (19:14-15).

Simei hijo de Gera, de Benjamín, en Gilgal llegó al ungido y se arrepintió por el maltrato que dio al ungido al salir este de Jerusalén (19:16-20). Estaba acompañado por un ejército de veinte mil hombres de Benjamín (19:17).

Abisai, hermano de Joab y sobrino del ungido, aconsejó al ungido para que diese muerte a Simei (19:21). El rey haciendo uso de su derecho real, le concedió la vida (19:22-23) y señaló el mal proceder de Abisai.

Mefi-boset, hijo de Jonatan, y nieto de Saúl, fue uno de los que descendió a recibir al ungido en actitud de humillación (19:24). Le explicó al ungido que no lo había acompañado porque fue engañado por su siervo, el cual lo calumnió (19:25-27). Apeló a la generosidad y justicia del rey, y este determinó que sus tierras confiscadas y dadas a Siba fueran ahora dividas (19:28-29). Mefi-boset no estaba interesado en tierras (19:30).

Barzilai galaadita, un anciano de ochenta años y rico, benefactor del ungido, vino a este, el cual le ofreció indemnizarlo por vida (19:31-34). Por su avanzada edad optó por recomendar a su siervo para gozar de los privilegios ofrecidos (19:35-40).

En Gilgal los de Judá y los de Israel cruzaron palabras violentas sobre el regresó y derecho de recibir al rey, hablando con más fuerza y argumento los de Judá (19:41-43).

I. La confrontación

"Levántate pues, ahora, y ve afuera y habla bondadosamente a tus siervos; porque juro por Jehová que si no sales, no quedará ni un hombre contigo esta noche..." (19:7).

La muerte inesperada de Absalón removió los sentimientos del ungido (19:1-2). La actitud del rey afectó al pueblo, haciéndolo sentirse avergonzado (19:3).

El ungido, en señal de duelo y luto, gritaba: *"¡Absalón, Absalón, hijo mío, hijo mío!"* (19:4). Necesitaba ventilar y exteriorizar sus sentimientos. Era rey, guerrero, adorador, músico, consejero... pero, también era padre. A pesar de lo malo que fue Absalón como hijo, en David tenía a un padre que lo amaba más allá de sus faltas y rebeliones.

Joab, frío, insensible y amparado en su posición como general, confrontó al ungido: *"Hoy has avergonzado el rostro de todos tus siervos, que hoy han librado tu vida y la vida de tus hijos y de tus hijas, y la vida de tus mujeres, y la vida de tus concubinas, amando a los que te aborrecen, y aborreciendo a los que te aman, porque hoy has declarado que nada te importan tus príncipes y siervos; pues hoy me has hecho ver claramente que si Absalón viviera, aunque todos nosotros estuviéramos muertos entonces estarías contento"* (19:5-6).

Joab sabía que el causante de ese dolor paternal lo era él. Violó la orden dada por el ungido. Se sentía culpable en su conciencia, pero militarmente cumplió con su deber. La muerte es la sentencia por traición, insubordinación y golpe de estado. No se percató de la manera en que habló al ungido. No le respetó sus sentimientos. Se sobrepasó a su autoridad delegada. Todo lo que le expresó fue la pura verdad, pero en un espíritu herido. Luego lo amenazó con la deserción del ejército y le profetizó maldición (19:7), obligándolo a levantarse y a dirigirse al pueblo, lo que hizo el rey (19:8-9).

II. La reconciliación

"Vosotros sois mis hermanos, mis huesos y mi carne sois. ¿Por qué, pues, seréis vosotros los postreros en hacer volver al rey?" (19:12).

Parece ser que los ancianos de Judá, tenían sus reservas en recibir al ungido. Por intermedio de los sacerdotes Sadoc y Abiatar, David anima a los ancianos de Judá, sus hermanos, sus huesos y su carne para que le hicieran volver (19:9-12).

El pueblo en general sabía que David había sido su héroe, y que huyó por miedo de Absalón, muerto Absalón no le quedaba otro camino que reinstalar a David, a su antigua posición degradando a Joab (19:13).

Con este compromiso el ungido se ganó el corazón del ejército de Judá, y este le pidió a él y a sus siervos que regresaran (19:14). En Gilgal el pueblo vino a recibir a David.

Los ungidos deben tener la sabiduría para entender cuando es necesario negociar, y aun cambiar a algún líder por causa de la unidad del pueblo.

III. La aceptación

"Y dijo el rey a Simei: No morirás. Y el rey se lo juró" (19:23).

¿Qué actitud tomaría el ungido contra los que lo maldijeron y la traicionaron? ¿Cómo trataría a los que lo ayudaron? ¿Se vengaría o perdonaría?

A Simei el hijo de Gera, hijo de Benjamín, de la casa de Saúl, que lo maldijo y le tiró piedras (16:5-13), el ungido lo perdonó (19:16-20). Este recibió al rey con veinte mi soldados, con Siba el criado de Saúl, con sus quince hijos y sus veinte siervos (19:16-17).

El ungido no pagó mal con mal, supo perdonar a Simei cuando este le pidió perdón (19:19-20). Abisai recomendó al ungido la muerte para Simei (19:20). El ungido contestó: *"¿Qué tengo yo con vosotros, hijos de Sarvia, para que hoy me seáis adversario?... ¿Pues no sé yo que hoy soy rey sobre Israel?"* (19:22). Sus sobrinos Joab y Abisai, se habían pasado de la raya con el ungido, y le llevaban la contraria. Basándose en la revelación de su autoridad reacciona. Dirigiendo a Simei declaró: *"no morirás"*, y lo hizo con juramento (19:23). Los ungidos tienen que hablar con autoridad y tomar la decisión que más convenga. A Mefi-boset, hijo de Jonatan, a quien su siervo Siba acusó de infidelidad al rey, al este descender a recibir al ungido, con una pobre apariencia, pero con una explicación al porque no acompaño al ungido (19:24-26), poniéndose bajo la justicia y la gracia del rey (19:27-28). El ungido determinó que las tierras fueran dividas entre Siba y Mefi-boset (19:29). Este último no estaba interesado en lo material, sino en saber que el rey volvió en paz (19:30). Demostró un espíritu desinteresado y satisfecho.

A Barzilai galaadita, que acompañó al ungido al otro lado del Jordán con la edad de ochenta años (19:31-32), y que de sus riquezas bendijo al ungido (19:32), le prometió sustentarle en Jerusalén (19:33). Barzilai prefirió que su siervo Quimam fuera recompensado y no él, a lo que David accedió y al que honró (19:35-40).

IV. La reclamación

"...Nosotros tenemos en el rey diez partes, y en el mismo David más que vosotros. ¿Por que, pues, nos habéis tenido en poco?..." (19:43).

Los hombres de Israel se quejaron al rey de David, porque los hombres de Judá habían llevado al rey y lo ayudaron a él y a las personas significantes a cruzar el Jordán (19:41).

De acuerdo a los hombres de Judá la razón es que David era su pariente y eso no era motivo para que aquellos se enojaran, ya que de él no recibían comida ni regalos (19:42).

Este conflicto nos recuerda de aquel en el Nuevo Testamento, cuando los griego murmuraron de los hebreos, porque sus viudas eran desatendidas (Hch. 6:1). Los doce convocaron a la multitud, le presentaron un plan de nominaciones y elecciones (6:2-3). Pero ellos era más importante la oración y el ministerio de la palabra (6:4). El resultado fue que se eligieron a siete "servidores" griegos (6:4-6).

Los hombres de Israel reclamaban: *"Nosotros tenemos en el rey diez partes, y en el mismo David más que vosotros..."* (19:43). David era rey no de dos tribus, Judá y Benjamín, sino de diez tribus más.

El líder nunca debe olvidar que su llamado es servir a todos, a todo el rebaño, buenos y malos, fieles e infieles, sinceros e insinceros. No puede tener favoritismo. Cada uno tiene derecho a su ministerio y su unción la debe compartir con los demás.

Los hombres de Israel se habían sentido que los de Judá los tenían en poco, y que de ellos nació la idea de hacer regresar al rey (19:43). Un grupo se tomaba el mérito que tenía que ser compartido.

Leemos: *"Y las palabras de los hombres de Judá fueron más violentas que la de los hombres de Israel"* (19:43). Ese grupo que habla con violencia, que quiere callar a otros, que siempre busca ganar, que hiere emocionalmente, que son agresivos en su conducta y trato, el ungido siempre los tendrá presentes. Por eso, necesita mucho tracto y cuidado para ser un buen arbitro de conflictos. Su sabiduría está en reconciliar las diferencias y armonizar los temperamentos, porque tiene que trabajar con todos.

Conclusión

(1) El ungido siempre se encontrará con el espíritu de Joab, el que hiere los sentimientos del líder como autoridad espiritual. (2) El ungido con sabiduría promoverá a algunos, y substituirá a otros líderes por amor a la visión. (3) El ungido sabrá siempre perdonar, restaurar y recompensar a otros. (4) El ungido buscará siempre reconciliar las partes en disputa y será el elemento aglutinado.

LA SUBLEVACIÓN CONTRA EL UNGIDO

"Así todos los hombres de Israel abandonaron a David, siguiendo a Seba hijo de Bicri; mas los de Judá siguieron a su rey desde el Jordán hasta Jerusalén" (2 S. 20:2).

Introducción

En 2 Samuel 20:1-22 se narra la historia de la sublevación de Seba, hijo de Bicri, de Benjamín (20:2). Seba convenció a los hombres de Israel para que desertaran de David (20:2). Mientras tanto el ungido recluyó perpetuamente a sus diez concubinas, sustentándolas, pero sin volver a tener intimidad con ellas (20:3).

A su nuevo general Amasa le encargó convocar el ejército de Judá (20:4), en tres días, al este tardarse comisionó a Abisai para perseguir a Seba. Joab con sus hombres, los certeros, los peleteos y los valientes lo acompañaron (20:5-7).

En el camino Joab se encontró con Amasa y le dio muerte a traición (20:8-10). Luego con su hermano Abisai continuó en persecución de Seba (20:10). En Abel-bet-maaca, Seba se refugio, pero Joab sitio esta ciudad (20:10-15). Una mujer que vio que la destrucción de la cuidad era inminente se comunico con Joab y negocio la cabeza de Seba; convenciendo luego al pueblo se la arrojó desde el muro (20:16-22) y salvó la ciudad de manos de Joab.

I. La sublevación

"Así todos los hombres de Israel abandonaron a David, siguiendo a Seba hijo de Bicri; mas los de Judá siguieron a su rey desde el Jordán hasta Jerusalén" (20:2).

El líder de esta sublevación fue Seba hijo de Bicri, de Benjamín;

que tocando trompeta invitó a Israel a quitarle el respaldo al ungido y lo logró (20:2).

Seba fue otro aspirante al trono de Jerusalén, otro que quería ser rey. La posición del ungido es codiciada y envidiada por muchos. El conflicto anterior entre Judá e Israel, una división en potencia (20:41-43), se concretiza ahora. Seba supo aprovecharse del conflicto para inducir la división del pueblo. Era un oportunista que creaba escándalos para él beneficiarse.

A pesar de que *"los hombres de Israel abandonaron a David"* para seguir a Seba, *"los de Judá siguieron a su rey desde le Jordán hasta Jerusalén"*. Aunque la casa se le divida al ungido, se le parta por la mitad, habrá el grupo de Judá, el de la visión, el de la fidelidad, el del compromiso, que siempre los seguirá.

Tan pronto el ungido llegó a Jerusalén recluyó a sus diez concubinas, sin nunca más allegarse a ellas, *"hasta que murieron en viudez perpetua"* (20:3). Para ellas era como si él hubiera muerto. El ungido tiene que morir a muchas cosas, y muchas cosas tiene que morir para el ungido. ¿Cuantas posiciones el ungido tiene que encerrar, sin practicarlas, hasta que mueran? Con este acto el ungido restauró su propio honor trayendo respeto a su investidura real.

II. La traición

"Y Amasa no se cuidó de la daga que estaba en la mano de Joab; y éste le hirió con ella en la quinta costilla, y derramó sus entrañas por tierra, y cayó muerto sin darle un segundo golpe" (20:10).

En el término de tres días, por orden del ungido, Amasa como su general tenía que convocar a los hombre de Judá para guerrear contra Seba (20:4), pero se demoró (20:5). Probablemente encontró resistencia de las tropas que continuaban fieles a Joab. David ordenó a Abisai la misión de perseguir al sublevado Seba (20:6).

A Abisai se le unieron los hombres de Joab, los cereteos, los peleteos y los valientes (20:7). Notemos que Joab, sin el mando general destituido de su posición, todavía mantenía control sobre muchos hombres. ¡Tenía su gente! ¡Seguía siendo un líder! ¡Todavía movía a otros!

Cerca de Gabaón, el lugar de una piedra grande, se encontraron con Amasa, la competencia de Joab y el que tomó su lugar, y por celo de posición Joab lo tomó por la barba para besarlo y le introdujo su daga por la quinta costilla de manera mortal (20:8-10).

Joab mató al general Abner también por la quinta costilla (3:26-27), luego mató al general Amasa también por la quinta costilla (20:10). Cualquiera que le pudiera hacer sombra lo eliminaba.

Era celoso de su posición y mataba a traición. Fue fiel al ungido, defendía al ungido, cuidaba al ungido, ayudaba al ungido... sin embargo por su terquedad y miedo a perder el primer lugar, metía al ungido en serios problemas.

Escuchemos lo que dijo uno de los hombres de Joab: *"Cualquiera que ame a Joab y a David, vaya en pos de Joab"* (20:11). Su nombre es puesto antes que el del ungido. Eso le gustaba a Joab, que se le reconociera y que se le citara.

Como Amasa todavía sangraba por la herida mortal en el camino, el pueblo que pasaba se detenía a mirarlo, uno de los hombres de Joab le arrojo una vestidura y el pueblo continuó su marcha militar (20:12-13). Joab humillaba a sus enemigos.

III. La negación

"... y la mujer dijo a Joab: He aquí su cabeza te será arrojada desde el muro" (20:21).

Las tribus de Israel también se juntaron a Joab, tenía el poder de la convocatoria, un don de gente (20:14). Seba se refugió en la ciudad de Abel-bet-maaca, y Joab con sus hombres sitio la misma y se dispusieron a destruir la muralla (20:15).

Una mujer intercedió ante Joab por la seguridad de la ciudad (20:16-20). Joab le dejo ver a ella que lo único que le interesaba era Seba el efraimita (20:21). La mujer le prometió arrojarle la cabeza de Seba desde el muro y convenció al pueblo, que le cortó la cabeza y la arrojaron a Joab (20:22).

La negociación es clave en las relaciones humanas. Esta mujer fue una tremenda relacionista pública. Una que tenía la capacidad de convencer con argumentos sólidos. A Joab le citó un proverbio de sus días que decía: *"Quien preguntare, pregunte en Abel; y así concluían cualquier asunto"*: (20:18). También le dijo: *"Yo soy de las pacíficas y fieles de Israel; pero tú procuras destruir una ciudad que es madre en Israel. ¿Por qué destruyes la heredad de Jehová?"* (20:19).

Ella le habló a Joab con aplomo y convicción, apeló a la tradición, apeló a la historia y apeló al favor de Dios. Supo la manera mejor de confrontar a Joab. Fue directa. La negociación implica unas demandas y unos ofrecimientos; exigir algo y dar algo a cambio. Para ganar algo se tiene que perder. Es preferible perder a alguien y no que todos sufran por ese alguien.

Con el toque de trompeta, el ejército se retiró de la ciudad y Joab regresó al rey que estaba en Jerusalén (20:22). El ungido estableció un nuevo organigrama de gobierno y administración (20:23-26).

Conclusión

(1) El ungido no se debe sorprender si antiguas rencillas en el pueblo vuelven a resurgir. (2) El ungido cuidará de los nuevos en el liderazgo, porque el celo de los viejos les puede hacer daño. (3) El ungido aprenderá de cómo otros negocian.

EL CANSANCIO DEL UNGIDO

"Volvieron los filisteos a hacer la guerra a Israel, y descendió David y sus siervos con él, y pelearon con los filisteos; y David se cansó" (2 S. 21:15).

Introducción

En 2 Samuel 21:15 al 22 se narra la destrucción de cuatro gigantes filisteos. Uno de ellos, *Isbi-benob,* trató de matar a David, que estaba cansado y *Abisai* le dio muerte (21:15-17).

En una guerra en Gob, *Sibecai husatita* mató al gigante *Saf* (21:18), llamado *Sipil* en 1 Crónicas 20:4. En otra guerra en Gob, *Elhanan de Belén,* mató a *Goliat geteo* (21:19), llamado *Lahrni* y presentado como hermano de Goliat geteo en 1 Crónicas 20:5. En la guerra que siguió en Gat, *Jonatán, hijo de Simea,* hermano de David, mató al gigante *de los veinticuatro dedos* (21:20-21).

Uno de esos gigantes intentó matar al ungido y el otro desafió a Israel (21:16; cp. 21:21). El relato resume diciendo: *"estos cuatro eran descendientes de los gigantes en Gat, los cuales cayeron por mano de David y por mano de sus siervos"* (21:22).

Gat fue una región de muchos hombres de exagerada estatura, quizás contrastando con el resto de los israelitas, aunque los del relato bíblico eran "fuera de serie".

El ungido David fue el primero en establecer la marca, por haber matado al gigante Goliat (1 S. 17:48-51). Ejemplo emulado por sus valientes. Esta capacidad de matar gigantes le fue transferida a sus hombres: Abisai, Elhanan, Sibecai y Jonatán. El ungido no es el héroe, de la narración de 2 Samuel 21:15-22, sino sus valientes y con ellos comparte el mérito (vv. 21-22).

I. El gigante Isbi-benob

"E Isbi-benob, uno de los descendientes de los gigantes, cuya lanza

pesaba trescientos siclos de bronce, y quien estaba, ceñido con una espada nueva, trató de matar a David" (21:16).

En una guerra que los filisteos le declararon a Israel, el ungido y sus siervos se les enfrentaron, pero *"David se cansó"* (21:15). Los ungidos también se cansan. Las muchas reuniones, la carga de la administración, las presiones del oficio, la entrega al ministerio, el dar el máximo en las tareas, cansan a los ungidos.

"David se cansó", pero en vez de descansar, de tomarse un tiempo de receso y de recuperación, ignoró la señal que el cuerpo le daba y continuó en su actividad contra los filisteos. Isbi-benob, descendiente de los gigantes de Gat, que tenía una lanza de tres kilos de peso, de bronce y nueva, trató de matar al ungido (21:16).

El nombre *Isbi-benob*, significa "morador en Hob". Representa el *oportunismo*, que se aprovecha de una situación, de un descuido, para tratar de matar al ungido. Este gigante sabe cuando estamos cansados, cuando nos sentimos débiles, cuando actuamos más allá de nuestras fuerzas físicas.

Leemos: *"Mas Abisai hijo de Sarvia llegó en su ayuda, e hirió al filisteo y lo mató…"* (21:17). Abisai, era sobrino de David, el hermano de Asael y Joab, tres valientes en el ejército del ungido. Él acompañó al David al campamento de Saúl y se ofreció para matarlo, y el ungido se lo prohibió (1 S. 26:5-9). Con su hermano Joab traicionaron y dieron muerte a Abner que dio muerte a Asael, y que David le recibió como general con su ejército (2 S. 18:24; 3:30). Los ungidos necesitan de un Abisai, que venga en su ayuda, que le den la mano, que no los dejen morir a manos del *gigante del oportunismo*.

Ante esta experiencia los hombres de David, decretaron: *"Nunca más de aquí en adelante saldrás con nosotros a la batalla, no sea que apagues la lámpara de Israel"* (21:17).

El ungido tenía que ser cuidado de no ser apagado en batalla. Por medio de él, Dios alumbraría su pacto, y su propósito. Era el portador de la visión y el recipiente de la unción.

II. El gigante Saf

"Otra segunda guerra hubo después en Gob contra los filisteos; entonces Sibecai husatita mató a Saf, quien era uno de los descendientes de los gigantes" (21:18).

En 1 Crónicas 20:4 se repite el relato, donde en lugar de "Gob" se lee "Cezar", y por "Saf", "Sipai". El nombre "Gob" significa "hoyo" y "Cezer" significa "precipicio". *Safes el gigante del hoyo.* Busca un hoyo para tratar de destruirnos. Nos quiere meter en el hoyo de la desesperación, el hoyo del fracaso, el hoyo de la baja estima, el hoyo del problema, el hoyo de la culpabilidad. Dicen las Escrituras, hablado de Dios: *"El que rescata del hoyo tu vida..."* (Sal. 103:4). Aunque el hoyo sea profundo, esté oscuro, sea muy peligroso, allí desciende nuestro Señor Jesucristo y nos rescata. La línea de emergencia nunca está ocupada en el cielo. ¡Alabado sea su nombre!

Sibecai husatita mató a Saf o Sipai y como resultado los filisteos fueron humillados (1 Cr. 20:4). Cuando se derrota al *gigante del hoyo*, se humilla al enemigo, se engrandece a Dios, se exalta su gloria y se magnifica su gran poder. Dios es el gigante de su pueblo.

III. El gigante Lahmi

"Hubo otra vez guerra en Gob contra los filisteos, en la cual Elhanán, hijo de Ajare-oregim de Belén, mató a Goliat geteo, el asta de cuya lanza era como el rodillo de un telar" (21:19).

En 1 Crónicas 20:5 se le llama Lahmi, y es presentado como hermano de Goliat geteo, el gigante que mató David (1 S. 17:4-6; 48:51). Al igual que su hermano Goliat, Lahmi tenía el asta de su lanza como el rodillo de un telar (1 S. 17:7; cp. 2 S. 21:19).

David de Belén mató a Goliat y Elhanan de Belén mató a Lahmi. El escritor de 2 Samuel lo llamó Goliat geteo como a su hermano gigante. En realidad este era el único hermano oficialmente reconocido de Goliat

Este gigante que recuerda al pasado, bien lo podríamos llamar el *gigante del pasado*. El pasado puede ser el peor enemigo para cualquiera que viva atado y condenado al mismo. A muchos que los malos recuerdos no los dejan avanzar en la autopista del éxito y los logros. ¡Muchos en vez de proyectarse al futuro se mantienen imantados al pasado! ¡Otros mantienen encerrados en el calabozo de las limitaciones que el pasado le impuso!

IV. El gigante de la exageración

"Después hubo otra guerra en Gat, donde había un hombre de gran estatura, el cual tenía doce dedos en las manos, y otros doce en los pies, veinticuatro por todos, y también era desciende de los gigantes" (21:20).

Este es el gigante sin nombre. Representa la exageración y los extremos. La exageración ha arruinado a muchas personas destruido ministerios y dividido organizaciones.

El exagerado siempre añade un poco más de lo que en verdad es.

El cansancio del ungido

Hace su testimonio personal más sensacional. Lo narra con exagerado dramatismo. Siempre lo está editando y añadiéndole algún nuevo capítulo. Siempre es el héroe o la heroína de su relato. Explota los números como evangelista o pastor. La asistencia a sus cruzadas y conversiones son números inflados. El número de miembros de su congregación la presenta en números que no se verifican.

El exagerado aumenta su experiencia espiritual.

Sus encuentros y reuniones con Dios y su ángeles son excepcionales, extremadamente personales. Hacen mucho turismo por el cielo.

Estas personas insisten mucho en lo que hacen por Dios y la manera en que se sacrifican por Él. Desean que otros sepan cuando oran y ayunan.

Se nos dice de este gigante: *"Este desafió a Israel, y lo mató Jonatán, hijo de Simea hermano de David"* (21:21). Abisai y Jonatan eran sobrinos del ungido. De su tío aprendieron a no temerle a los gigantes, a confrontarlos, a responder a su desafíos y a destruirlos.

De los retos uno no se huye, se confrontan. El reto puede ser una piedra en el camino que en vez de hacernos tropezar, nos ayude a levantarnos para tomarnos de la rama del éxito.

El ser humano necesita retos. (1) El reto a progresar. (2) El reto a educarse. (3) El reto a consagrarse y dejarse usar por Dios. (4) El reto de ser y hacer algo diferente.

Leemos: *"Estos cuatro eran descendientes de los gigantes en Gat, los cuales cayeron por mano de David y por mano de sus siervos"* (21:22). El pasaje puede significar que estos gigantes cayeron con el esfuerzo combinado de David y sus siervos, como podría referirse que otros gigantes David y sus siervos los habían derrotado. En todo caso el ungido es hecho participante de la derrota de ellos, aunque sus siervos los hubieran destruido pero su ejemplo los motivo a vencerlos.

Se nos dice que los *"cuatro eran descendientes de los gigantes en Gat"*. ¿Había entonces más gigantes? Eso es lo que el pasaje da a entender.

David no se equivocó al tomar cinco piedras lisas del arroyo (1 S. 17:40). Una se la dejó enclavado en la frente del mayor en edad de los gigantes Goliat (17:49); y las otras cuatros le recordaría que todavía quedaban cuatro gigantes más que tenían que ser destruidos, no por él, sino por sus siervos. Él lo hizo para que ellos aprendieran que también se podía hacer. En ellos el ungido se multiplicó.

Conclusión

(1) El gigante del oportunismo nos ataca cuando estamos cansados y tratamos de hacer lo que humanamente no podemos hacer. (2) El gigante del hoyo nos quiere tener bien abajo, pero allí descendió el Señor Jesucristo para sacarnos. (3) El gigante del pasado viene a traernos recuerdos, pero hay que ignorarlo y movernos hacia adelante. (4) El gigante de la exageración nos quiere atrapar con el autoengaño y lo que es falso, hay que derrotarlo con la verdad.

LOS VALIENTES DEL UNGIDO

"Estos son los nombres de los valientes que tuvo David: Joseb-basebet el tacmonita, principal de los capitanes; éste era Adino el eznita, que mató a ochocientos hombres en una ocasión" (2 S. 23:8).

Introducción

El ungido estuvo rodeado de hombres valientes y excepcionales, que fueron su fuerza de defensa militar. En el *"¿Quién es quién entre los valientes de David?"*, aparecen estos registrados en 2 Samuel 23:8-39. Esta relacionada con una lista similar en 1 Crónicas 11:10-47.

En 1 Crónicas se presenta la organización del gobierno David: (1) La organización de los *sacerdotes* (capítulo 24). (2) La organización de los *músicos* (capítulo 25). (3) La organización de los *porteros* (capítulo 26). (4) La organización *militar* (capítulo 27).

El ungido estableció doce divisiones militares de veinticuatro mil soldados cada una, para cada uno de los doce meses del año (1 Cr. 27:1-15), y sobre ellas puso un jefe, principal. En el primer mes tenía a Jasobean hijo de Zabdiel (27:2). En el segundo mes tenía a *Dodai ahohíta* (27:4). En el tercer mes tenía a *Benaía* hijo de Joiada (27:5). En el cuarto mes tenía a *Asael* hermano de Joab (27:7). En el quinto mes tenía a *Samhut izraíta* (27:8). En el sexto mes tenía a Ira hijo de *Iques* (27:9). En el séptimo mes tenía a *Heles pelonita* (27:10). En el octavo mes tenía a *Sibecai husatita* (27:11). En el noveno mes tenía a *Abiezer anatotita* (27:12). En el décimo mes tenía a *Maharai netofatita* (27:13). En el decimoprimer mes tenía a *Benaía piratonita* (27:14). En el decimosegundo mes tenía a *Heldai netofatita* (27:15).

De esta lista de "¿Quién es quién entre los valientes de David?", solo consideraremos a cinco que sobresalieron mas, que se destacaron, que fueron especiales.

I. El valiente Joseb-basebet

"Joseb-basebet el tacmonita, principal de los capitanes; este era Adino el eznita, que mató a ochocientos hombres en una ocasión" (23:8).

Muy probablemente sea el mismo Jasobean, incluido entre los treinta valientes, que con su lanza mató a trescientos hombres (1 Cr. 11:11). Se presenta como un valiente que sabía aprovechar al máximo las oportunidades que se le presentaban. La puerta de la oportunidad se abre y cierra rápido.

II. El valiente Eleazar

"Después de éste, Eleazar hijo de Dodo, ahohíta, uno de los tres valientes que estaban con David cuando desafiaron a los filisteos que se habían reunido allí para la batalla, y se habían alejado los hombres de Israel" (23:9).

Se le incluye en el círculo de los tres más valientes, que se mantuvieron con el ungido ante el desafío filisteo, cuando sus hombres se habían retirado. Este no dejó al ungido y con su vida lo defendió.

Luchó contra los filisteos, aunque cansado su mano, no soltó su espada y así murió (23:10). Su heroísmo favoreció la victoria a Israel. Murió sin soltar la mano de su espada. De acuerdo a 1 Crónicas 11:13-14, el pueblo de Israel huyó de los filisteos a una parcela llena de cebada, defendiéndola y venciendo a los filisteos. Necesitamos de hombres y mujeres que defiendan al ungido y al pueblo y que no suelten su espada.

III. El valiente Sama

"El entonces se paró en medio de aquel terreno y lo defendió, y mató a los filisteos; y Jehová dio una gran victoria" (23:12).

Sama desde un pequeño terreno de lentejas, después que el pueblo huyó de los filisteos, los defendió y mató a los filisteos (23:11-12). A Dios se le atribuye esa victoria (cp. 1 Cr. 11:27).

Este representa aquellos líderes que cuando otros huyen de la batalla, se para en medio de la misma, y poniendo su confianza en Dios derrota al enemigo, su camino es hacia delante, hacia la victoria.

IV. El valiente Abisai

"Y Abisai hermano de Joab hijo de Sarvia, fue el principal de los treinta. Este alzó su lanza contra trescientos, a quienes mató, y ganó renombre con los tres" (23:18).

Abisai fue sobrino de David, y hermano de Joab y Asael. Entre los tres primeros valientes ganó su lugar de respeto, entré los mejores fue uno de los tres mejores. Con su lanza pudo matar a trescientos hombres. Fue soldado de mil batallas.

También dio muerte al gigante Isbi-benob, cuando este aprovechando del cansancio del ungido, intento darle muerte (21:16-17). Representa a aquellos líderes que ayudan a su autoridad espiritual, cuando la misma se enfrenta al peligro. ¡Son escuderos espirituales! Cuidan y protegen a su autoridad espiritual.

V. El valiente Benaía

"...*Benaía hijo de Joiada, hijo de un varón esforzado, grande en proezas, de Cabseel. Este mató a dos leones de Moab, y él mismo descendió y mató a un león en medio de un foso cuando estaba nevando*" (23:20).

Del padre de Benaía se nos da a entender que era un hombre esforzado y destacado en hechos, llamado Joiada. Su vida y ejemplo influyó en la vida de su hijo Benaía.

A este valiente lo podemos llamar "el mata leones". Se le atribuye una marca de haber matado tres leones. Con un palo se enfrentó a un gigante egipcio le quitó la lanza y con ella misma le infligió la muerte (23:20-21). Goliat el de Gat medía de alto "seis codos" (unos tres metros); este otro gigante media "cinco codos" (1 Cr. 11:23) (unos dos metros y medio).

Entre "los tres valientes" fue incluido (1 Cr. 11:24), y distinguido entre "los treinta" (23:24). Fue el jefe de la guardia de seguridad personal del ungido (23:23). Gozaba de la confianza que le tenía David y su puesto lo atestiguaba.

Al final de 2 Samuel 23:39 leemos: "Urías heteo; treinta y siete por todos". Irónicamente el compilador de este libro histórico, pone al final de la lista a Urías heteo, como para darle un lugar especial de honor o como para dar a entender que sin este la lista estaría incompleta. David planificó su homicidio, después que adulteró con su esposo Betsabé y esta quedó embarazada. En 1 Crónicas 11:41 aparece su nombre, pero no al final.

VI. Los valientes incógnitos

"*Entonces los tres valientes irrumpieron por el campamento de los filisteos, y sacaron agua del pozo de Belén que estaba junto a la puerta, y tomaron, y la trajeron a David, mas él no la quiso beber, sino que la derramó para Jehová...*" (23:16).

A estos valientes anónimos e incógnitos se les clasificó como "*tres de los treinta jefes*" (23:13), pertenecían al segundo círculo militar. Eran una élite espiritual.

David estaba en "la cueva de Adulam" (23:13), y parece que desde ahí se refugiaba también "en el lugar fuerte" (23:14), que puede ser una referencia a Masada, que en hebreo significa "lugar fuerte" o "fortaleza". Posteriormente fue fortaleza de los macabeos en su guerra contra los sirios; fortaleza de Herodes el Grande, quien temía una invasión de Egipto enviada por Cleopatra; y de los zelotes, grupo nacionalista judío que desde el año 70 hasta el año 73 resistieron a los romanos y sobre los cuales el general Flavio Silva con la Legión X por fin triunfó con su asedio, pero desconcertado encontró que novecientos sesenta y nueve optaron voluntariamente por el suplicio, antes de darle al enemigo el placer de matar a muchos, esclavizar a sus hijos y violar a sus mujeres.

En Belén los filisteos tenían una guarnición militar (23:14). El ungido expreso: *"¡Quién me diera a beber del agua del pozo de Belén que está junto a la puerta!"* (23:15). Al expresar su deseo momentáneo, el ungido no pensó que nadie fuera a tomar tan seriamente sus palabras, pero así fue. Los ungidos tienen que cuidarse de lo que dicen y expresan, sus palabras tienen mucho peso y se toman al pie de la letra.

¿Por qué agua del pozo de Belén? El ungido nació en Belén; se crió en Belén; pastoreó en Belén; en Belén mató un león, y un oso; en Belén aprendió a usar su honda, y en Belén fue ungido como rey futuro por el profeta Samuel. Belén es el lugar de la nostalgia, del recuerdo, del compromiso, del llamado y de su comunión con Dios.

Tres de sus valientes, que tenían oídos para escuchar al ungido, sin este pedírselo, decidieron contestar su deseo, atravesando el campamento filisteo, y trayendo agua del pozo de Belén (23:16).

Cuando se la entregaron al ungido, este no quiso beberla y la derramó para Jehová (23:16). Su oración a Dios fue: *"Lejos sea de mí, oh Jehová, que yo haga esto. ¿He de beber yo la sangre de los varones que fueron con peligro de su vida?"* (23:17).

Muchos ungidos deben estar conscientes de los sacrificios, que sus valientes hacen por ellos, recordándoselo a Dios. Es imperativo abstenerse de privilegios que cuestan la seguridad de sus servidores.

Conclusión

(1) De los valientes del ungido se dijo: "los que le ayudaron en su reino, con todo Israel, para hacerle rey sobre Israel, conforme a la palabra de Jehová" (1 Cr. 11:10). Ellos constituyen el equipo del ungido. (2) Los que luchan a favor del ungido, tendrán una citación honorífica en su lista personal. (3) Muchos valientes del ungido harán cualquier cosa por satisfacer a este.

EL CENSO DEL UNGIDO

"Y dijo el rey a Joab, general del ejército que estaba con él: Recorre ahora todas las tribus de Israel, desde Dan hasta Beerseba, y haz un censo del pueblo, para que yo sepa el número de la gente" (2 S. 24:2).

Introducción

En 2 Samuel 24:1-17 se menciona la grave falta del ungido al ordenar a su general Joab, que censara el ejército de Israel y el de Judá (24:1-2). Joab lo trato de persuadir pero el rey persistió en su orden (24:3-4). A los nueve meses y veinte días, después de haber recorrido todo el territorio (24:5-8); Joab le dio el censo de ochocientos mil hombres en Israel y con Judá quinientos mil hombres (24:9).

Jehová le dio convicción en su corazón y le redarguyó de este pecado de censo (24:10). Por intermedio del profeta Gad, Jehová, le presentó una opción de tres juicios (24:11-12). Primero, siete años de hambre. Segundo, tres meses en los cuales David sería perseguido y huiría de sus enemigos. Tercero, tres días de peste (24:13). David optó por el juicio de la peste (24:14), donde murieron setenta mil hombres (24:15) Jehová detuvo al ángel de la muerte que iba a destruir a Jerusalén (24:16).

I. La preocupación

"Volvió a encenderse la ira de Jehová' contra Israel e incitó a David contra ellos a que dijese: Ve haz un censo de Israel y de Judá" (24:1).

En el relato de 1 Crónicas 21, ubica lo mencionado en 2 Samuel, el censo de Israel y Judá, como un acontecimiento en la postrimería del reinado del ungido. Diferente a 2 Samuel 24:1 donde se ve a Jehová como el que incita al ungido a realizar el censo, en 1 Crónicas 21:1 leemos: *"Pero Satanás se levantó contra*

Israel e incitó a David a que hiciese censo de Israel".

Esta discrepancia debe entenderse como que Dios al estar airado con Israel por algo desconocido, le permitió a Satanás influenciar a David con algo que ya este ya estaba cultivando en su corazón.

David se estaba preocupando por lo que humanamente tenía, por los recursos del poder militar humano, y en esa preocupación quería poner su confianza. En el poder humano, más que en el poder divino.

Las preocupaciones pueden apagar la fe la esperanza y la confianza en el gran poder de Dios. Un grado de preocupación es normal y hasta beneficia al ser humano, pero demasiado preocupación es anormal, enferma y genera miedo ante lo futuro. Esta daña la fe del ungido.

II. La persuasión

"Joab respondió al rey: Añada Jehová tu Dios al pueblo cien veces tanto como son, y que lo vea mi señor el rey; mas ¿por qué se complace en esto mi señor el rey?" (24:3).

El relato de 1 Crónicas 21:3 añade: *"...¿no son todos éstos siervos de mi señor? Para qué procura mi señor esto, que será para pecado a Israel?"* Joab a pesar de haberle dado al ungido tantos dolores de cabeza y haberlo metido en tantos problemas; trató de persuadir al ungido para que este no hiciera pecar al pueblo y él mismo también pecara.

Le recordó al ungido: (1) Dios podía multiplicarle en cien por ciento a su ejército. (2) Sus hombres estaban para servirle al ungido.

Notemos la pregunta de Joab: *"¿por qué se complace en esto mi señor el rey?"* (24:3). Hay cosas que el ungido desea hacer solo para su propia complacencia. No todo lo que nos complace a nosotros le agrada a Dios. David se interesó más en complacerse así mismo, que en complacer a Dios.

Leemos: *"Pero la palabra del rey prevaleció sobre Joab y sobre los capitanes del ejército. Salió, pues Joab, con los capitanes del ejército, de delante del rey, para hacer el censo del pueblo de Israel"* (24:4). En 1 Crónicas 21:4 se añade: *"Mas la orden del rey pudo más que Joab..."*

El ungido se impuso por encima del consejo de Joab. No lo escuchó, ni le hizo caso. Se trancó en su postura y no se abrió a la sugerencia que sus subalternos le presentaron. A estos no le quedó otra alternativa que obedecer la voz mandataria de sus autoridad, y emprendieron la labor del censo (24:5-7), que le tomó *"nueve meses y veinte días"* (24:8).

Joab le informó al ungido que Israel tenía ochocientos mil hombres fuertes y Judá quinientos mil hombres (24:9). En 1 Crónicas 21:5 se da el número de un millón cien mil los hombres de guerra de Israel y cuatrocientos setenta mil los de Judá. La discrepancia de estos totales es difícil explicarla. Los levitas y los benjaminitas no se incluyeron en el censo, y la razón fue: *"porque la orden del rey era abominable a Joab"* (21:6). La explicación puede ser que Joab no acabó de contar para el censo porque el juicio divino llegó (1 Cr. 27:24).

III. La convicción

"Después que David hubo censado al pueblo, le pesó en su corazón, y dijo David a Jehová: Yo he pecado gravemente por haber hecho esto, mas ahora, oh Jehová, te ruego que quites el pecado de tu siervo, porque yo he hecho muy neciamente" (24:10).

Esa expresión *"porque yo he hecho muy neciamente"* se lee en 1 Crónicas 21:8, *"porque he hecho muy locamente"*. El ungido reconoció y admitió que actuó como un necio y como un loco.

Esa orden de censar al pueblo fue una falla espiritual para el ungido: *"le pesó en su corazón"* (24:10) y *"esto desagradó a Dios, e hirió a Israel"* (1 Cr. 21:7). David admitió la gravedad de su pecado, lo confesó a Dios y se amparó en su misericordia (24:10).

Primer paso, *reconocer que se ha pecado, "yo he pecado gravemente por haber hecho esto"*. El pecado no se puede excusar por el ungido. después de su experiencia de 2 Samuel 12:1-15, el ungido aprendió que Dios es un detective espiritual, y que le saca a cualquiera su expediente del pecado.

Segundo paso, *pedir perdón por el pecado, "mas ahora, oh Jehová te ruego que quites el pecado de tu siervo"*. A pesar de su pecado, el ungido se ve como un *"siervo"*. Los siervos también pecan, aunque no quieran pecar, pero saben buscar el perdón de Dios.

Cuando se pierde la convicción de pecado, es porque la unción ya se ha ido, se ha perdido, ya no se tiene. Sin la unción se vive para el mundo, con la unción se vive para el cielo.

IV. La selección

"Ve y di a David: así ha dicho Jehová: Tres cosas te ofrezco, tú escogerás una de ellas, para que yo la haga" (24:12).

En su postrimería Dios le envía a Gad el profeta, a David, con tres juicios divinos, dándole a este la oportunidad de escoger uno (24:11). Samuel, Natán y Gad fueron tres profetas que influyeron en la vida y el llamado del ungido.

Jehová, por intermedio del profeta Gad, le ofrece tres

alternativas a David, y la que escogiera traería el juicio divino a la nación: (1) Tres a siete años de hambre (2 S. 24:13; cp.. 1 Cr. 21:12). (3) Tres días con la palabra de peste sobre la nación de Israel (2 S. 24:13; cp. 1 Cr. 21:12).

El ungido declaró al profeta Gat: *"En grande angustia estoy; caigamos ahora en mano de Jehová, porque sus misericordias son muchas, mas no caiga yo en manos de hombres"* (24:14).

El ungido sabía que Dios tenía misericordia, que caer en su mano sería mejor que experimentar hambre o ser derrotado en guerra. El juicio de la plaga de peste dejó una mortandad de setenta mil hombres (24:15). Ese juicio abarcó desde Dan a Beerseba (24:15).

Cuando el ángel de la muerte iba a tocar a Jerusalén, Dios se retractó del juicio y declaró al ángel: *"Basta ahora, detén tu mano. Y el ángel de Jehová estaba junto a la era de Arauna jebuseo"* (24:16).

De manera muy interesante el ángel se detiene precisamente en la era de Arauna Jebuseo, al lugar donde Abraham iba a sacrificar a Isaac (22:2), donde Salomón construyó el templo (2 Cr. 3:1) y que se reconocía como el monte Moriah, y que en su cima un día también Jesús de Nazaret fue crucificado.

Gad instruyó al ungido para que levantara un altar en la era de Arauna Jebuseo (24:18), lo cual este obedeció (24:19). Arauna recibió con beneplácito al rey y a su comitiva, ofreciéndole bueyes para el holocausto, con los trillos y yugos para leña (24:22-22).

El ungido le ofreció a Arauna cincuenta siclos de plata (24:24) que parece ser el precio por los bueyes y la era. En 1 Crónicas se dice que David pagó seiscientos siclos de oro y se refiere a toda la propiedad. Arauna y Ornan (1 Cr. 21:20-25) son la misma persona.

Leemos: *"Y edificó allí David un altar a Jehová, y sacrificó holocaustos y ofrendas de paz, y Jehová oyó las suplicas de la tierra, y cesó la plaga en Israel"* (24:25). Aquí el ungido se presenta como un sacerdote, fue también *profeta* (2 S. 23:1-7) y *rey*. Los tres regalos que los magos del oriente (Mt. 2:1) dieron al infante Jesús, oro, incienso y mirra (Mt. 2:11) simbolizan sus funciones mesiánicas del Rey, Sacerdote, y Profeta.

Cuando el ungido adulteró las consecuencias del pecado le afectaron solo a él (2 S. 12:11). Ahora por causa de su pecado las consecuencias alcanzaron a la nación de Israel.

David vio al ángel que destruiría al pueblo y le habló a Jehová: *"Yo pequé, yo hice la maldad, ¿que hicieron esta ovejas? Te ruego que tu mano se vuelva contra mí, y contra la casa de mi padre"* (24:17). Arauna o Ornan también vio al ángel (1 Cr. 21:20).

El pecado del ungido puede producir mortandad en el pueblo de Dios. Por lo que hizo David otros pagaron las consecuencias. El ungido tiene que cuidarse de no cometer un pecado que pueda molestar a Dios contra el pueblo al que dirige o ministra. El tabernáculo de Moisés estaba en Gabaón (1 Cr. 21:29). Pero David no fue allí por miedo al ángel de Jehová. Aquí se nos da la razón histórica de porque en la era de Arauna jebuseo se levantó el tabernáculo de David.

Conclusión

(1) Las preocupaciones pueden engendrar dudas en el corazón del ungido. (2) El ungido debe ser sensible y obediente al consejo de sus subalternos. (3) Cuando el ungido ha pecado, debe arrepentirse y confesar su pecado a Dios. (4) El pecado del ungido puede afectar a todo un pueblo.

LA USURPACIÓN AL UNGIDO

"Entonces, Adonías hijo de Haguit se rebeló, diciendo: Yo reinaré. Y se hizo de carros y de gente de a caballo, y de cincuenta hombres que corriesen delante de él" (1 R. 1:5).

Introducción

Aun los ungidos envejecen y se hacen parte de la generación que está por terminar. David no fue la excepción. Su tiempo también le llegó (1:1). Una doncella llamada Abisag, fue buscada para ofrecerle calor y cuidar de él (1:2-4).

Aprovechándose de la ancianidad del ungido, su hijo, Adonías, se auto proclamó rey (1:5); siendo apoyado por Joab y el sacerdote Abiatar (1:7). El sacerdote Sadoc, Benaía, el profeta Natán, Simei y Rei, la cúpula del ungido y gente sabia de su gobierno, no le dieron su voto de confianza a Adonías (1:8). En una reunión o banquete, Adonías invitó a un grupo selecto, pero dejó fuera a Benaía, a Natán, a Salomón y a otros líderes importantes (1:9-10).

Natán se introduce en la historia como una influencia espiritual en la vida de Betsabé que hace que ella reclame el derecho al trono de David para su hijo Salomón (1:11-14). Ella tomó su consejo (1:15-21) y con el apoyo del profeta Natán logró su objetivo ante el rey (1:22-27).

I. La rebelión

"Entonces Adonías, hijo de Haguit se rebeló, diciendo: Yo reinaré Y se hizo de carros y de gente de a caballo, y de cincuenta hombres que corriesen delante de él" (1:5).

Muchos ungidos llegarán a la tercera edad ocupando posiciones y sirviendo desde la plataforma del servicio ministerial.

David fue un ungido que llegó hasta el final en el ejercicio de su función.

Los achaques de *"viejo"* se hicieron presentes en el físico del ungido rey. Leemos: *"le cubrían de ropas, pero no se calentaba"* (1:1). Una hermosa virgen sunamita, llamada Abisag, fue la seleccionada para tan especial tarea (1:2-3).

Es importante leer: *"Y la joven era hermosa; y ella abrigaba al rey, y le servía, pero el rey nunca la conoció"* (1:4). No era una compañera sexual, sino una ayuda personal. El ungido fue un anciano serio y respetuoso. Se deduce que en lo moral terminaba bien su ministerio. ¡Lo nuevo calentaba a lo viejo!

Aprovechándose de la ancianidad de su padre, Adonías hijo de Haguit, su cuarto hijo (1:5; cp. 2 S. 3:5); que después de Absalón, sería el príncipe heredero, buscó adelantar el propósito en su vida, auto proclamándose rey.

Adonías *"se hizo de carros y de gente de a caballo, y de cincuenta hombres que corriesen delante de él"* (1:5). Con sagacidad, astucia y pompa Adonías presentaba una "vitrina" de poder y reconocimiento.

Se quiso proclamar a sí mismo como el ungido: *"Yo reinaré"* (1:5). Buscó y pretendió ponerse en una posición donde Dios no lo había puesto, ni lo había confirmado. ¡Dios pone en ministerio, uno no se pone! ¡Dios es el que llama, uno no se llama!

Adonías no tenía el derecho de reclamar el reino por sucesión, ya que esa tradición no estaba establecida, y ya se le había profetizado a Salomón (1 Cr. 22:9, 10; 28:4-7).

Leemos: *"Y su padre nunca le había entristecido en todos sus días con decirle: ¿Por qué haces así?* (1:6). Al igual que Absalón, se le describe de *"muy hermoso parecer"* (1:6). Muchos son hermosos por fuera, pero feos por dentro. Hermosos para el mundo y feos ante Dios. Adonías se retrata como un personaje "engreído", como "un niño mimado" que siempre se salía con la suya.

Los ungidos tienen que tener cuidado con esos "engreídos" o "mimados" en el ministerio, que se aprovechan de su cercanía y favor con ellos, para tomar ventajas personales.

Los ungidos tienen que corregir a esos hijos en el ministerio que representan una cosa por fuera y por dentro son otra. Aunque cause tristeza al ungido, este tiene que corregir y controlar a los "hijos de la visión", para que no se dañen o dañen la visión.

Joab, el general del ejército de Israel, anciano también, primo del ungido rey, se confabuló con el sacerdote Abiatar para apoyar el reinado de Adonías (1:17). Otra vez emerge la figura "dictatorial" y el carácter "enfermizo" de Joab. Este siempre fue "la migraña" del ungido. Lo ayudaba, pero lo metía, en demasiados líos, de administración. El ungido se tiene que cuidar de los que buscan estar del bando que parece ganar.

Leemos: *"Pero el sacerdote Sadoc y Benaía hijo de Joiada, el profeta Natán, Simei, Rei y todos los grandes de David, no seguían a Adonías"* (1:8). Un líder "grande" hace que sus líderes sean también "grandes". David tenía con él, los fieles y los que no negociaban su compromiso y fidelidad.

Adonías era seguido de una minoría insatisfecha, hambrienta de poder, envidiosos de prestigio; que estaban dispuestos a seguir a un hombre, pero no a una visión. Este tenía a la minoría. David tenía a la mayoría.

II. El consejo

"Entonces habló Natán a Betsabé madre de Salomón, diciendo: ¿No has oído que reina Adonías hijo de Haguit, sin saberlo David nuestro señor?" (1:11).

El profeta Natán es el héroe de esta situación, el consejero de Betsabé. Este le presentó a esta la inquietud sobre Adonías y la aconsejó a actuar. De Adonías llegar al poder, Betsabé y Salomón, estarían en peligro de muerte. La carne busca matar al espíritu. El carnal desea eliminar al espiritual. La ley ataca la gracia.

Natán le declara a Betsabé: *"Ven pues, ahora, y toma mi consejo, para que conserves tu vida, y la de tu hijo Salomón"* (1:12). Luego le aconsejó presentarse al rey, hacer el reclamo por su hijo Salomón (1 Cr. 22:8-13).

Betsabé llegó ante el anciano ungido y le contó todo. Le recordó de su juramento a favor de Salomón (1:17). Le informó que sin él saberlo, Adonías se autoproclamó rey (1:18). Le habló del banquete que hizo y de los que excluyó (1:19). Le pidió al ungido que nombrara oficialmente a Salomón como su heredero al trono (1:20).

Adonías no era un defensor de la unidad. Todo el que incluye a algunos y excluye a otros es enemigo de la unidad. En Hechos 2 aprendemos que la doctrina une, lo que separa son los dogmas. Uniformidad no es unidad. En la unidad hay tolerancia y aceptación.

Leemos: *"De otra manera sucederá que cuando mi señor el rey duerma con sus padres, yo y mi hijo Salomón seremos tenidos por culpables"* (1:21). Natán se lo profetizó y ella creyó al profeta. El problema de muchos ungidos es que no hacen provisión de quién les ha de suceder. Trabajan y ministran como si nunca se fueran a morir.

III. La intermisión

"Mientras aún hablaba ella con el rey, he aquí vino el profeta Natán" (1:22).

El profeta Natán después de ser presentado, saludó al rey y le declara: *"Rey señor mío, has dicho tú: Adonías reinará después de mí, y él se sentará en mi trono?"* (1:24).

Luego le habló del banquete ofrecido por Adonías, y como invitó a los hijos del rey, a los capitanes del ejército y al sacerdote Abiatar y que allí dijeron: *"¡Viva el rey Adonías!"* (1:25). También le informó de quiénes fueron considerados non gratos al banquete (1:26).

Volvió a preguntarle *"¿Es este negocio ordenado por mi señor el rey, sin haber declarado a tus siervos quién se había de sentar en el trono de mi señor el rey después de él?"* (1:27).

Natán estaba sobre avisando al ungido de un plan que venía en desarrollo. La proclamación de Adonías como rey no era un decreto salido del palacio. Era una conspiración por el poder. Su proclamación era inspirada por la carnalidad y no por la providencia divina. Nacía del orgullo y egoísmo humano.

Los profetas de Dios como Natán son custodios del propósito de Dios, vigilan con celo de Dios, que la voluntad humana no se imponga sobre la voluntad divina. Estos cuidan la visión futura del ungido, abogando a favor de los que la pueden tomar, dañar y afectar.

Conclusión

(1) El ungido tiene que corregir a los "engreídos" y "mimados" en el ministerio, que son unos oportunistas. (2) El ungido tiene que cuidarse del espíritu de Adonías que no promueve la unidad, sino la separación. (3) El ungido debe escuchar a los profetas de Dios que cuidan de la visión.

LA SELECCIÓN DEL UNGIDO

"Y el rey juró diciendo: Vive Jehová, que ha redimido mi alma de toda angustia, que como yo te he jurado por Jehová Dios de Israel, diciendo: Tu hijo Salomón reinará después de mi, y él se sentará en mi trono en lugar mío, que así lo haré hoy" (1 R. 1:29-30).

Introducción

La insistencia de Betsabé y la influencia del profeta Natán, lograron favorecer a Salomón como el próximo rey. A Betsabé el ungido le confirmó su promesa con Salomón (1:28-30), y luego instruyó a Sadoc, Natán y Benaía, para que llevaran a Salomón a Gihón (1:32-33), y que allí lo ungieran rey sobre Israel y que lo proclamaran como tal (1:34). Con una procesión real, llegaría a Jerusalén, seguido por Sadoc, Natán y Benaía, donde se sentaría como rey (1:35).

Jonatan hijo del sacerdote Abiatar, le dio la noticia a Adonías, de que Salomón había sido la preferencia de David como el rey sucesor (1:42-43). Además le informó de los pormenores ocurridos (1:44-48).

Adonías, se quedó solo, porque sus convidados tuvieron miedo y se fueron (1:49). Él viéndose perdido, buscó por misericordia asiendo de los cuernos del altar (1:50). Cuando fue traído ante Salomón, este lo perdonó (1:51-53).

I. El efecto

"...Tu hijo Salomón reinará después de mí, y él se sentará en mi trono en lugar mío; que así lo haré hoy" (1:30).

Adonías tenía el respaldo de Joab, la espada y de Abiatar, el altar (1:7); pero no gozaba del apoyo de Sadoc, del profeta Natán, ni de Benaía, personajes claves e influyentes en el reino del ungido.

Los ungidos siempre tendrán personas que serán de gran influencia sobre ellos. Pero estas personas deben cuidarse de no utilizar para mal, sino para bien ese poder de influencia.

Una combinación de personalidades, incluyendo a Betsabé, lograron que el ungido se decidiera por su hijo Salomón. Escuchemos al ungido hablarle a Betsabé: *"Vive Jehová, que ha redimido mi alma de toda angustia, que como yo te he jurado por Jehová Dios de Israel..."* (1:29-30).

El ungido confesó su estado de ánimo con anterioridad a su elección. Pero al tomar su decisión final sentía que tenía su alma en paz. Una de las señales que un creyente o ungido puede tener de que está haciendo la voluntad de Dios, es que cuando toma alguna decisión, su alma se siente en paz.

Además, el ungido honra su palabra. Lo que promete lo cumple. No es un mago de la retórica. Parece ser que él le había ya prometido a Betsabé que Salomón sería rey y que con el transcurso del tiempo se había olvidado. Pero a Betsabé no, y este tiene que honrar lo prometido.

Los ungidos tienen que cuidarse en lo que prometen y a quién lo prometen. Sus palabras tienen peso intelectual y emocional. Muchos no las tomaran a la ligera, sino que le darán crédito.

Notemos ese marcado énfasis: *"que así lo haré hoy"*. Los ungidos son personas de palabra y de tiempo. Decisiones que tienen que hacer "hoy", no las dejan para mañana.

El ungido ordenó al sacerdote Sadoc, al profeta Natán y a Benaía, para que montaran a Salomón en su mula real y que lo ungieran como rey en Gihón (1:32-34). Estos cumplieron con la orden del rey (1:39) y con el pueblo celebraron el ascenso de Salomón al trono, estableciéndose así la dinastía davídica.

II. El resultado

"Mas Adonías, temiendo de la presencia de Salomón, se levantó y se fue, y se asió de los cuernos del altar" (1:50).

La algarabía y la celebración del pueblo que festejaba el enfrentamiento del rey Salomón, llegó a oídos de Adonías, su hermano, con sus convidados (1:41).

Este preguntó: *"¿Por qué se alborota la ciudad con estruendo?"* (1:41) Jonatán el hijo del sacerdote Abiatar, hombre valiente y de buena noticia (1:42), le informó: *"Ciertamente nuestro señor el rey David ha hecho rey a Salomón..."* (1:43).

Jonatan le brindó un relato periodístico y detallado: (1) Habló de la alegría y el alboroto del pueblo al Salomón ser ungido (1:45). (2) De Salomón que se sentó en el trono del reino (1:46). (3) Declaró que Salomón fue bendecido por los siervos del ungido con estas palabras: *"Dios haga bueno el nombre de Salomón más que tu nombre, y haga mayor su trono que el tuyo"* (1:47). (4) El rey en su cama adoró y declaró: *"Bendito sea Jehová Dios de Israel, que ha dado hoy quien se siente en mi trono, viéndolo mis ojos"* (1:48).

El ungido supo cuando su tiempo le había llegado e hizo una transición fácil y aceptada. Dios ya había cumplido en él y con él su propósito (Sal. 138:8). Muchos ungidos arruinan el último capítulo de sus vidas porque no saben cuando ya su tiempo terminó o se resisten a admitirlo.

Leemos: *"Y el rey adoró en la cama"* (1:47). David era anciano y estaba enfermo de cama, pero allí tuvo su altar de oración. El ungido nunca dejó de ser un adorador.

¡Gloria sea a Dios! Veamos la bendición del ungido: *"Bendito sea Jehová Dios de Israel, que ha dado hoy quien se siente en mi trono, viéndolo mis ojos"* (1:48).

En vida el ungido formó parte de la selección de su sucesor. Y lo bendijo porque lo vio. Muchos ungidos mueren sin ver con sus ojos al sucesor. No saben quién tomará su lugar. ¡Pero Dios ya tiene a alguien preparado!

Los convidados de Adonías al enterarse de todo lo sucedido, lo dejaron solo en su banquete (1:49). Ninguno quería ya calentarse con un hombre que estaba "hirviendo". Fueron sus amigos hasta una distancia. Lo apoyaron hasta darse cuenta de que él estaba perdido. Según llegaron se fueron. Adonías al verse solo, se acordó que había un lugar donde la misericordia lo alcanzaría. Y era asiendo de los cuernos del altar y lo hizo (1:50).

A Salomón se le informó que Adonías tenía miedo y que asido de los cuernos del altar decía: *"Júreme hoy el rey Salomón que no matará a espada a su siervo"* (1:51). Él sabía cual era la sentencia que se merecía. Pero también conocía lo que era la misericordia.

Salomón habló con sabiduría prematura: "Si él fuere, hombre de bien, ni uno de sus cabellos caerá en tierra, mas si se hallare mal en él, morirá" (1:52). Cuando lo trajeron al rey Salomón, el nuevo ungido, este lo perdonó: "Vete a tu casa" (1:53). Salomón fue justo al tratarlo con misericordia. No le dio lo que Adonías merecía y eso se llama misericordia.

Hoy día hay crisis de líderes misericordiosos. Una política "santa" se ha infiltrado en las instituciones cristianas y en el liderazgo ministerial. Pero por encima de esa política "religiosa", debe prevalecer el acto misericordioso.

Conclusión

(1) El ungido cuando toma alguna decisión siente paz en su alma. (2) El ungido sabrá reconocer cuando su tiempo ya se terminó y dará paso a otro sucesor, bendiciéndolo en vida.

EL TESTAMENTO DEL UNGIDO

"Llegaron los días en que David había de morir, y ordenó a Salomón su hijo, diciendo: Yo sigo el camino de todos en la tierra, esfuérzate, y sé hombre" (1 R. 2:1-2).

Introducción

Los ungidos también llegarán a viejos y morirán (2:1). *David el ungido* ante la inminencia de su muerte, le expresó a Salomón un testamento verbal sobre su relación con Dios (2:3-4) y su trato para con Joab y Simei, hombres malos y perversos (2:5-6; 8-9). Y a la familia de Barzilai galaadita, los cuales le ayudaron cuando este huía de Absalón, pidió para ellos misericordia (2:7).

Con esta exposición nos estamos acercando al final de la vida del ungido. Estamos por abrir la puerta final de su existencia terrenal. Por escuchar sus últimas palabras, por analizar su voluntad testamentaria. Esta es una de las escenas más tristes, porque la muerte del ungido nos hace llorar a todos.

I. La persona de Salomón

"Yo sigo el camino de todos en la tierra esfuérzate, y sé hombre" (2:2).

El ungido sabía que la muerte era una experiencia ineludible, y que aun los ungidos tienen que morir. Pensar en la muerte es un problema, si dejamos que el miedo o su guadaña se apodere de nosotros. Pero ante la cercanía de la misma debemos enfrentarla con valor y dignidad humana. Por eso declaró: *"Yo sigo el camino de todos en la tierra..."* (2:1).

Luego le dijo a Salomón: *"...esfuérzate, y sé hombre"* (2:1). Él tenía que pensar, actuar, reaccionar y ser un hombre de verdad, de carácter y de integridad, ser un hombre de corazón y de mente. Hombres así escasean en nuestra sociedad y aun en el ministerio.

Primer consejo: *"Guarda los preceptos de Jehová tu Dios, andando en sus caminos, y observando sus estatutos y mandamientos, sus decretos y sus testimonios, de la manera que está escrito en la ley de Moisés para que prosperes en todo lo que hagas y en todo aquello que emprendas"* (2:3).

David quería que su hijo Salomón fuera un hombre del libro de la ley, del Pentateuco. Sabía que apartado de ese libro, no tendría el consejo divino. Para prosperar en sus acciones y decisiones necesitaba ser un alumno del cielo y un discípulo de Dios.

Segundo consejo: *"Para que confirme Jehová la palabra que me habló, diciendo: Si tus hijos guardaren mi camino, andando delante de mí con verdad, de todo su corazón y de toda su alma, jamás dice, faltará a ti varón en el trono de Israel"* (2:4).

Aquí el ungido David hace suya la palabra profética de Dios y se la traspasa al ungido Salomón. Dios levantaría dinastía al ungido, pero condicionada a la obediencia de este y su descendencia a su voluntad. El ungido debe saber y recordar lo que Dios le ha hablado para él y sus hijos, y tomando esa palabra bendecir su progenie.

II. La persona de Joab

"Tú, pues, harás conforme a tu sabiduría, no dejarás descender sus canas al Seol en paz" (2:6).

Joab fue comandante del ejército del ungido (2 S. 2:12-32). A espalda del rey, dio muerte al general Abner que había hecho pacto con David, por venganza de la muerte de su hermano Asael (2 S. 2:16-23; cp. 3:26-27). Después de haber sitiado la ciudad de Rabá, Joab hizo llegar al ungido y le dio el honor de tomarla aunque ya estaba derrotada (2 S. 12:28).

Con Absalón, el hijo rebelde y golpista del ungido, se confabuló para hacerlo venir a Jerusalén (2 S. 14:1-21). Pasando por alto la orden del rey dio muerte a Absalón, trayendo tristeza al corazón del monarca (2 S. 18:14-15). También mató cobardemente a Amasa, el general que lo substituyó (2 S. 20:8-10).

Joab hizo por el ungido muchas cosas buenas, pero también le causó problemas muy grandes, que ponían en peligro la seguridad del rey y su nación. Ante el dolor del ungido tuvo un corazón de hierro (léase 1 Reyes 2).

En 2 Samuel 19:22 leemos: *"David entonces dijo: ¿Qué tengo yo con vosotros, hijos de Sarvia, para que hoy me seáis adversarios? ¿Ha de morir hoy alguno en Israel? ¿Pues no sé yo que hoy soy rey sobre Israel?"*

Simei había maldecido al ungido, y al regresó de David, este con los hombres de Judá salió a recibir al rey (2 S. 19:16-17). Abisai, hermano de Joab, pensó en matarlo por haber maldecido al rey (19:21).

Tanto Abisai como Joab son clasificados como "adversarios" por el ungido. Para los griegos un "adversario" era un *Satanás*. En ese aspecto ellos eran *Satanás* para el ungido, porque muchas veces se opusieron al plan y al propósito que Dios tenía con este. Ellos fueron escuderos del ungido, dirigieron su ejército, defendieron su posición, pero no entendieron su corazón.

Posteriormente Joab se unió al usurpador Adonías, hermano de Salomón (1 R. 2:22; 28). Al verse descubierto huyó al tabernáculo de Jehová, *"y se asió de los cuernos del altar"* (2:28), buscando misericordia. Pero Salomón le ordenó a Benaía hijo de Joiada que le diera muerte (2:29-34). El ajusticiador Benaía fue promovido a la vacante dejada por Joab. Joab fue un líder que solo se interesaba en sí mismo. Fue fiel a un visionario, el hombre David, pero no a la continuación de la visión en la persona de Salomón.

III. La persona de Simei

"Pues ahora no lo absolverás; pues hombre sabio eres, y sabes cómo debes hacer con él; y harás descender sus canas con sangre al Seol" (2:9).

Simei hijo de Gera de la casa de Saúl en Bahurim, maldijo y arrojó piedras sobre el ungido cuando este huyó de Absalón (2 S. 16:5-8). Abisai hijo de Sarvia estuvo dispuesto a matarlo, pero el ungido se lo impidió (16:9-14). Cuando David regresó a su capital Jerusalén, Simei fue uno de los que con los hombres de Judá vino a recibirlo (19:16-20). Una vez más Abisai le quiso dar muerte (19:21-22), pero el ungido le mostró misericordia, no lo trató como se merecía (19:23).

Simei estaba en la visión, pero no con la visión. Se sometía a la autoridad del ungido, pero no tuvo el corazón del ungido. Solo esperaba la oportunidad para ser infiel a David y en la acción golpista de Absalón le llegó. Esta clase de personas solo esperan un momento de debilidad, de flaqueza de derrota... para atacar verbalmente el carácter del ungido (1 R. 2:8).

¿Qué hizo Salomón con Simei? Le dio una oportunidad, permitiéndole edificar casa en Jerusalén para vivir en confinamiento, sin salir de ella perpetuamente (2:36). Si este rompía su confinamiento sería condenado a muerte (2:37). Por mucho tiempo Simei se sometió a la sentencia (2:38). A los tres años salió a Aquis en Gat, buscando a dos esclavos fugitivos (2:39-40). Cuando Salomón lo supo, lo hizo venir le señaló que faltó a su juramento y al mandamiento, recordándole lo que le hizo a su padre David (2:42-44). Leemos lo que Salomón profetizó: *"Y el rey Salomón será bendito, y el trono de David, será firme perpetuamente delante de Jehová"* (2:45). El nuevo rey había creído a Dios, hizo suya la profecía divina aceptó el propósito de Dios para él y sus descendencia. Declaró que la bendición tenía más poder que la maldición.

Salomón ordenó a su general Benaía hijo de Joiada, que lo matara (2:46). El efecto fue: *"Y el reino fue confirmado en la mano de Salomón"* (2:46). Todo ministerio o posición, de alguien llamado o separado por Dios tiene que ser confirmado en su tiempo. Con la muerte de Joab y Simei, el nuevo monarca demostró su posición de autoridad.

Conclusión

(1) El ungido aconsejó a su sucesor a obedecer la palabra escrita de Dios y a creer la palabra profética de Dios. (2) El ungido pidió a Salomón que ajusticiara a Joab, aunque fuera anciano porque le causó muchos problemas y también se los causaría a él. (3) El ungido solicitó de Salomón que aplicara su justicia al maldecidor Simei, pero que lo hiciera con sabiduría.

LA
MUERTE
DEL UNGIDO

"El tiempo que reinó sobre Israel fue cuarenta años. Siete años reinó en Hebrón, y treinta y tres reinó en Jerusalén" (1 Cr. 29:27).

Introducción

La guadaña de la muerte corta la vida terrenal al ungido. El hombre de las batallas, el matador del gigante Goliat, que probó que a los gigantes se podían matar, llegó a la recta final del maratón de la vida.

Con la muerte se cerró el capítulo final de una vida heroica, ejemplar, tentada, pero siempre manteniendo un corazón conforme a Dios. El ungido comenzó y terminó bien su hoja de vida.

I. Su reinado

"El tiempo que reinó sobre Israel fue cuarenta años. Siete años reinó en Hebrón, y treinta y tres años reinó en Jerusalén" (29:27).

Este relato se introduce: *"Así reinó David hijo de Isaí sobre todo Israel"* (29:26). Mantuvo un reino unido. El ungido fue un embajador de la unidad. Los ungidos buscan siempre la unidad de todo el cuerpo. Son personas que unen y se unen a otros. Buscan la reconciliación y la paz, para beneficio de todos.

El que tiene corazón de ungido no promueve la división, la discordia, el antagonismo, por el contrario promueve un espíritu unido. Bajo el liderazgo del ungido no hay dos pueblos, ni tres pueblos, sino un pueblo.

En total el ungido reinó siete años en Hebrón sobre Judá y treinta y tres años sobre todo Israel. Reinó una generación completa. El ministerio de los ungidos es a largo plazo. ¡Saben cumplir con su ministerio! ¡Empiezan algo y lo terminan!

II. Su vida

"Y murió en buena vejez lleno de días, de riquezas y de gloria; y reinó en su lugar Salomón su hijo" (29:28).

El ungido llegó hasta la *"buena vejez"*. Vivió todas la etapas del ciclo humano. El que vive bien con Dios envejecerá y morirá bien con Dios. Llegar hasta la *"buena vejez"* es un privilegio que solo Dios puede conceder. Muchos llegan a su vejez solos, amargados, seniles, viendo todo lo que trabajaron destruido, lejos de la familia, aborrecidos y hastiados de tanto vivir. El ungido murió en *"buena vejez"*.

Es decir, murió con las botas puestas, en su puesto de mando, viendo emerger la figura del nuevo rey, su hijo Salomón. Leemos del ungido que murió *"lleno de días"*. Vivió y llegó a anciano con bríos, ánimo y entusiasmo. ¡Amaba la vida! Además llegó a la vejez lleno *"de riquezas y de gloria"*. ¡Tenía de todo! ¡Lo logró todo! ¡Terminó todo! ¡Fue un líder realizado!

Se nos declara: *"y reinó en su lugar Salomón su hijo"*. Su trono fue ocupado por uno tan bueno como él. Por un hijo que tenía su corazón, y que Dios lo había llamado a ser su sucesor. En vida el ungido participó de la selección del sucesor.

III. Su recuerdo

"Y los hechos del rey David, primeras y postreros, están escritos en el libro de las crónicas de Samuel vidente, en las crónicas del profeta Natán, y en las crónicas de Gad vidente" (29:29).

El ungido siempre estuvo cerca de sabios consejeros, de hombres que conocían el corazón de Dios y que le daban dirección espiritual a su vida. Nunca se quedó sin un líder espiritual. Tenía a quien recurrir en tiempos de crisis personal.

Su vida primera y postrera fue tema de escritura. Fue un texto de ejemplo humano, de consagración espiritual y de fe perseverante para su generación y la nuestra.

¿Qué se podrá escribir de nosotros? ¿Qué otros podrán leer de usted y de mí que los pueda inspirar? ¿De qué manera nuestro ministerio ha influido en la vida de otros?

Todo lo que hizo el ungido quedó registrado, bueno o malo, espiritual o carnal. En las crónicas de Dios todo lo que hacemos o pensamos está registrado de principio a fin. La vida del ungido es un libro abierto, todo es de acceso público en su inventario público. En él no hay nada escondido (29:30).

En Hechos 13:36 leemos: *"Porque a la verdad David, habiendo* servido a su propia generación según la voluntad de Dios, durmió, y fue reunido con sus padres, y vio corrupción".

Primero, "habiendo servido a su propia generación". David fue un diakono (gr.) o "servidor" a su generación durante cuarenta años. Vivió desgastándose en el servicio a otros.

El ungido es un ministro a la generación con la cual le toca vivir. Deja huellas impresas en la historia de otros y afecta sus vidas. Influye en su generación. El ungido no vive para ser servido por su generación, sino para servir a su generación. En lo que hace influye en otros.

Segundo, "según la voluntad de Dios". David fue la voluntad de Dios a su generación. Por eso en el Salmo 138:8 en su oración cantada expresó: "Jehová cumplirá su propósito en mí..."

Dios tiene contigo y conmigo un "propósito", un plan somos parte integrante de su agenda divina. A parte de nosotros nada ni nadie podrá alterar el itinerario divino. ¡Dios hará con nosotros lo que le permitamos que haga!

Los ungidos están en la voluntad de Dios, hacen la voluntad de Dios y son la voluntad de Dios en el paréntesis de su generación. ¡Son gente ordinaria que sirven a un Dios extraordinario, haciendo cosas extraordinarias.

David fue ejemplo a reyes posteriores que hicieron lo recto y se les comparó a él (Ezequías, 2 Cr. 29:2; Josías, 2 Cr. 34:2). Por el contrario, de otros como el rey Acaz se dijo: "mas no hizo lo recto ante los ojos de Jehová, como David su padre" (2 Cr. 28:1).

En 2 Samuel 23:1-7 el cronista inserta lo que denomina "las palabras postreras de David" (23:1). Es introducido como: "David hijo de... aquel varón que fue levantado en alto, el ungido del Dios de Jacob, el dulce cantor de Israel" (23:1). David comienza sus palabras declarando: "El Espíritu de Jehová ha hablado por mí, y su palabra ha estado en mi lengua" (23:2). El ungido pronunció lo que parece ser su último discurso en un tono profético (23:3-7). Él se inició en su ministerio profetizándole al gigante Goliat, su derrota (1 S. 17:45-47); y cierra su ministerio con palabra profética.

Conclusión

(1) El ungido con su ministerio une. (2) El ungido que llega a su vejez cosechará lo que sembró en su juventud. (3) El ungido servirá a su generación y sus hechos serán recordados.